承擔與試煉：觀察、追蹤變動世界

目錄

前言：在變動時代下對話……余範英……10
序一：世界怎麼了？……施振榮董事長……14
序二：以「東方矽文明」為願景，讓臺灣與國際夥伴攜手共創價值……薛琦教授……17
序三……19

楔子：承擔與試煉

前言……22
引言……王健壯……22
處於世界大變化，臺灣不能退化……南方朔……24
臺灣經濟何處去……朱敬一……28
國際與兩岸新形勢下的臺灣……蘇起……33
Q&A……蘇起、朱敬一、南方朔……40

輯一：經濟全球化下的前景與困境

第一篇：經濟全球化的困境與前景……44

前言……44

引言……邱正雄……45
主講……劉遵義……48
對談……邱正雄、劉遵義……63

第二篇：全球化下發展與分配的省思與挑戰……69
前言……69
經濟全球化與所得分配不均……劉遵義……70
所得分配為何不均？……陳添枝……83
臺灣所得分配變化與均衡謀求……何志欽……87
Q&A……劉兆漢、劉遵義、葉萬安……90

第三篇：分配正義新詮釋下的發展與規劃……94
前言……94
臺灣經濟成長、股利分配與所得分配的回顧與展望……邱正雄……95
亞洲基礎建設投資銀行的成立與影響……華而誠……101
全球化下的分配正義……胡勝正……105
全球化下租稅改革的新思維……何志欽……109
回應與結語……葉萬安、李高朝、余範英……116

輯二：國際經貿

第一篇：掌握經濟前景　宏觀決策的韌性與開放 …… 120

國際金融動盪　臺灣經濟前景與深思 …… 薛琦 …… 121

中國迎向全球化　金融體的改革與挑戰 …… 胡祖六 …… 126

正視非經濟因素干擾　為宏觀決策協調溝通 …… 許嘉棟 …… 131

從世界角度　透析臺灣經濟前途 …… 陳聖德 …… 136

建議 …… 薛琦 …… 142

第二篇：中美貿易戰下　臺灣因應之道 …… 143

引言　由國際經貿動態　端看中美之爭 …… 薛琦 …… 143

中美雙輪謀求互利之計　貿易戰加速生產鏈變化 …… 劉遵義 …… 147

關注貿易戰 引發匯率戰　金融市場變動難預測 …… 許嘉棟 …… 152

貿易戰實為美、中兩大技術之戰 …… 陳添枝 …… 156

貿易風雲中的價值認識　王道思維裡的世界定位 …… 施振榮 …… 160

結語 …… 薛琦 …… 163

第三篇：貿易戰的未來 …… 165

天塌不下來！美中貿易戰應尋求共贏之道 …… 劉遵義 …… 167

為貿易戰算總帳　關鍵在服貿 …… 薛琦 …… 181

因應全球化新變局　思考營運新模式……徐小波……188
中美貿易戰技術競爭會是持久戰……陳添枝……193
綜合討論……陳文茜、劉遵義、薛琦、徐小波、陳添枝……198

輯三：產業數位轉型

第一篇：數位時代　把握轉型……214
國際經貿的變局　臺灣因應的思考……許勝雄……214
數位轉型　新價值與新變革……詹文男……219
掌握產業知識 擴展企業布局　經濟規模不可忽視……杜書伍……221
善用數據營運　深化無形資產……周延鵬……224
重視軟體、數據　塑造契機與新價值……林榮賜……227
數位時代　檢視學院教育生態與變革……朱雲鵬……231
知識分子　危機中的責任……馬凱……234
結語……陳添枝……239
第二篇：數位建設翻轉臺灣……240
數位風雲中沉思　影響社會經濟的歷程……王雲……241
藉助硬體優勢　「共創」系統整合……劉克振……244
深入第三波ＡＩ革命　驅動未來產業發展……游直翰……247

營造投資環境　改善兩岸關係是本……王伯元……250
正視無形資產　國際競爭數據布局……周延鵬……253
倡導東方矽文明　翻轉思維……施振榮……256
臺灣數位環境　借鏡愛沙尼亞……曾銘宗……259
數位環境政府要奠基　法規、人才、市場重要……陳添枝……262
第三篇：金融科技衝擊產業政策……266
建構創新生態鏈　加快金融科技監理……鄭貞茂……267
防止金融危機　各國監理應有共識……Lawrence G. Baxter……270
金融科技衝擊營運模式　軟實力是決戰點……王儷玲……272
運用ＡＩ反洗錢　反詐欺……趙亮……275
大數據結合ＡＩ　金融科技新利器……管其毅……275
透過ＡＩ輔助　帶動產業典範轉移……張益肇……277
加速金融整合　擁抱農業未來……黃能富……278
金融管理結合網路行銷　吸引年輕人回鄉……陳亭如……278
強化金流服務　縮短農民與消費者距離……黃昱程……279
區塊鏈改寫金融商業模式……馬智濤……280
新技術　讓缺糧難民受惠……Vitalik Buterin……282
政府決心　是成敗關鍵……曾銘宗……283

以客為尊　量身打造客製化服務……………………萬幼筠……285

輯四：資本市場

國際新態勢　檢視投資布局……………………290
引言：國際新態勢　檢視臺灣投資布局及以總體銀行信用安定
　共同促進臺灣經濟成長及金融安定……………………邱正雄……290
臺灣榮景不再　應認清外部威脅……………………梁國源……295
臺灣資本市場政策的競爭力……………………郭政弘……298
山高水深方有巨龍　產業、資本須整合……………………葉銀華……301
政府重決策嚴謹　國發基金扶植新創業……………………鄭貞茂……304
企業應具國際視野　政府營造環境為要……………………王伯元……306
建南向產業連結　積極加入RCEP……………………徐遵慈……310
縱觀全球競合環境　振衰除弊　端看投資……………………許嘉棟……314
結語：掌握國際趨勢　攜手企業　人資　技術……………………吳中書……316
後記……………………320
附表：國內外大事紀與座談日誌……………………321

前言
在變動時代下對話

世界與臺灣正處於一個變動的時代，外部世界動盪，內部缺乏情勢整合，在此情況下，我們停、看、聽，關心國、內外局勢並作階段性整理。直至二〇一八年底，世界政經面臨變局，「黑天鵝」與「灰犀牛」的示警不絕於耳，英國脫歐、中美貿易戰、央行啟動縮表、股價油價高低起伏，世界銀行更於二〇一九年初警告全球經濟的「天空正在變黑」，在在提示未明的前景；而中國大陸習近平於告臺灣同胞書四十週年發言也為兩岸的前景增添不確定因素，對於這些曖昧且徬徨的前景，余紀忠基金會持續觀察、追蹤、對話並承擔責任的經驗、理路，以及未來將面對的挑戰，做一通盤性的整理，在關鍵年代一起看世界政經變化，同時也回看與省思臺灣處境。

自二〇一四至二〇一八年四年間，在外部環境變動狀態下，余紀忠文教基金會觀察、追蹤並掌握時勢，階段性地集結產官學對現況做一建言與整理。二〇一四年，基金會出版《決定臺灣的29堂課》一書，當年地方選舉甫落幕，深感該是世代對話的時刻。大家應該將承擔責任的經驗、理路，以及未來將面對的挑戰，做一通盤性的整理，因此舉辦「承擔與試煉」座談會，為全球政經局勢做個概觀；二〇一五—二〇一七年間，經濟全球化的議題引起關注，其所帶來的前景與挑戰，包括分配與發展的規畫等；二〇一七—二〇一九年間，臺灣產業面臨數位轉型的問題、國際金融與資本市場也面臨重佈局的景象，中美貿易戰也為臺灣帶來不確定因素，基金會對此觀察、追蹤並做了整合。

首先就經濟全球化發展與分配省思探究，世界經濟流轉變動快速，從貨幣金融、跨國企業到區域競合，國際政治在經濟全球化下的影響廣泛深遠。過往十年，美、英等經濟強國，在財務槓桿過度操作，以借貸推動的經濟，央行基準利率趨零，量化寬鬆購債及短期財政刺激下，各國政府與跨國企業在資本追逐利潤過程中，包括人才、勞務與商品的快速流動，臺灣該如何面對？當普遍性的貧富不均現象持續擴大，經濟成長衰退，勞動生產價值低落，大量職缺影響生活品質，在全球競爭場域，臺灣如何落實世代公平？又當中國拋出亞投行等經濟策略布局，臺灣應如何切入？利弊得失的風險評估及國家發展策略如何均衡？

在經濟全球化專輯中的三篇文章：「經濟全球化下的前景與困境」、「發展與分配的省思與挑戰」、「分配正義新詮釋下的發展與規劃」將針對全球化局勢做一階段性的討論與省思。

繼而，我們放眼全球局勢並立足臺灣，思考臺灣的前景。自二〇一八年始，中美貿易戰衝擊世界格局變化，在戰略利益競逐中，勢必帶中國對抗，亞洲發展挑戰。強權挑釁於全球發展非好事，處於國際政經情勢動盪之際，國內景氣漸感壓力。因此基金會二〇一八—二〇一九年間年特邀請不同角度的專家學者，如春華資本集團主席胡祖六先生、香港中文大學前校長劉遵義先生就當前大問題分別進行主講、對話，為過去做整理，也提供未來因應的思考之道。

在國際經貿專輯（「掌握經濟前景　宏觀決策的韌性與開放」、「中美貿易戰下　台灣因應之道」、「貿

易戰的未來」）將作一階段性的討論。

理解全球局勢後，臺灣的產業與未來應該怎麼辦？數位時代來臨，如何把握產業轉型契機？被定位為5G元年的今日，各產業積極布局。人工智慧到大數據的發展史起伏近半個世紀，二〇〇〇年後為全球化的資訊與通訊技術帶來產業版圖的快速更新。臺灣雖造就引以為傲的晶圓代工昂首全球，但在數位時代裡未能全盤布局，落後日本、歐美、甚至大陸。政府推出數位國家、創新經濟、數位建設等方案，意圖在科技衝擊全球經濟面貌下改寫競爭策略，面對第三波人工智慧的浪潮，建構基礎架構，翻轉臺灣。

中華民國多年來賴以立足的產業團隊打拼精神，昔日家庭工業的國人拎小箱奔走全球促銷，於今面對科技時代，資訊流通頻繁快速，如何走出去，如何重新整軍，如何整合資源；幾場研討對談：聚焦於外在壓力下的產業挑戰，轉型中的衝擊與契機。務實面對產業布局中翻轉思維：科技面、製造面、服務面；資訊時代，尋求資源整合、數位運用，政府需是大格局領航員，借重產業界跨足國際經驗，接軌對話。

在產業數位轉型專輯中的三篇文章：「數位時代　把握轉型」、「數位建設翻轉臺灣」、「金融科技衝擊產業政策」將對數位時代下的產業與金融政策做一討論。

最後，臺灣產業需要良好投資環境支持，亞洲資本市場競合，臺灣與國際資本市場的競合如何架構、轉接新的產業鏈，又如何在產業轉型中舖陳國家願景，在既有的人力、物力中支持產業創新，提昇經濟規模，重塑亞洲科技榮景、領航地位。

在資本市場專輯（「國際新態勢　檢視投資布局」）將做一階段性的討論。

世界轉換快速，因應的挑戰也多，我們必須觀察、追蹤並提綱挈領，看清生存挑戰的空間，因國際政治情勢對全球經濟影響甚深，也必須思考在地因應措施與轉化政策。

序一　世界怎麼了？

余範英（余紀忠文教基金會董事長）

在全球化帶來的結構性變化裡，暫且停看聽，回首觀察、追蹤其進程，這一路來的變動對世界、對臺灣的影響。全球化不是新名詞，維基百科說：是世界觀、產品、概念及其他文化元素的交換，所帶來的國際性整合的過程。在西方國力優勢的已開發國家主導與協商下，政經依存度緊密相互扶持的先進國，經歷多次全球性的區域融合，仍不見真正的平等、公允，ＷＴＯ多次對話競合失敗的例證頻繁，談論全球化有許多概念仍分歧與混淆，存在各自不同的意識形態，尚未能有統一的定義。然在面對政治全球化多年推崇的核心價值，是崇尚各文明走向民主化，儘管各國民主化進程和民主制度的具體形式不盡相同，然追求民主化的普世價值已普及為評價各國政治制度優劣之必要標準。

當今全球化對國家主權仍存在著不同程度的挑戰，開發中國家在經濟全球化過程中顯然是弱勢，資本主義隨著全球化的深入發展，在國際社會及世界組織的建構進程中造成的衝擊與挑戰亦多。全球面臨的共同課題：自然生態、環境資源、糧食能源、國際污染、溫室效應、經濟制裁、金融擴張、貿易保護等，這類問題對世界文明發展、對環境永續普遍有不良影響和結果，危及未來發展。這些問題的全球範圍，和解決問題必需的全球關照，對許多國家主權有重大挑戰，由於問題的解決皆非一國或幾國能力所及，必須依靠世界各國的共同努力，相互合作。在全球性問題的解決過程中，常見一些西方已開發國家藉解決問題主導或掌控開發中國家，強制開發中國家或弱勢區域接受解決方案，甚有干涉其內政，介入這些發展中國家的社會經濟規劃，這當然是對發展中國家主權的侵犯。已開發國家在保護自身的自然環境和資源時，屢見利用資金優勢掠奪開發中國家資源，或是將污染產業及其產生的工業垃圾、核廢料轉移到弱勢區域，破壞這些國家的環境。強勢的資本主義大國更強加其文化傾銷到相對弱勢的國家中，吞食其文化根源。這即是所謂強權及保護主義叫囂的「國際新態勢」，世人開始質疑近日的全球化是又一「文化帝國主義」。換句話說，對於全球化所衍生於強權國家為自身利益的各項不正義，僭越並擴散到全球各在地社會、環境。文化正義反省批判的系統原本寄託在本土社會與文化的主體性，一再遭到壓縮左右，它侵犯實踐批判與對抗的社會系統主軸，更踐踏民主在政治、社會壓力下逐步成長的內在覺醒與生機。

全球化時代的來臨，開啟人類歷史上全新的紀元，快速改變世界既定的國際分野、已習慣的生活方式、學習模式、知識獲取管道、已接受的社會秩序。全球化可創造新局，開拓新視野，資訊、經濟全球化加速資金的流動、利用資源和生產要素在全球做合理配置，調整資源分配，但不能忽視它今日帶來的環境破壞和貧富不均，不顧南北半球的不平衡，弱勢區域、未開發的底層國家日趨邊緣落後。世界秩序與發展在歷史近程中是演進抑或倒退，唯有高唱推動全球化的已開發國家和國際機構組織能改變現有的運行方式，對人事物更深入的了解各國不同處境，從根本省視自身行動、尊重文化差異，全球化趨勢才有正面意義，才可能面對貧窮，促進和諧。

回顧臺灣，本土社會明顯地缺乏在地化反省、批判、融和與實踐，在全球化下資訊浮濫、他國文化透過種種媒介滲入、穿透的文化互動中，價值和規範的重心日益陷入因循的依賴、制約，相對於全球化對文化的衝擊，在經濟面所帶來的勞動、生態與科技風險缺乏嚴肅的思考，對社會現狀造成的不確定性及風險性。諸如資訊經濟的競爭、區域經濟的競爭（亞太、東南亞、中國），勞工剝削和結構性失業、人口流動問題（外勞及非法移民）、社會安全制度危機（資本外移、政府稅收短缺）與生態危機……，基金會本諸《中國時報》創辦人余紀忠先生的辦報精神長年耕耘公共政策，在公眾感到徬徨時結合董事們的歷練與經驗，六年來面對發展分配、全球貿易、資本市場、產業轉型、數位建設、投資布局，更夾雜在中美貿易戰方興未艾之際，就國家治理做追蹤、整合、對話，關注及思索臺灣未來如何開脫與因應。

序二 以「東方矽文明」為願景，讓臺灣與國際夥伴攜手共創價值

施振榮

全球政經局勢變化快速，中美貿易大戰影響全世界，加上新經濟時代來臨，臺灣的發展策略要能因應未來的新挑戰，我們就要先了解大環境的發展趨勢及自己的客觀條件，並對臺灣未來的發展策略形成共識，進而建立臺灣的新核心能力與國際競爭力。對於臺灣的發展願景，我曾在一九八九年提出臺灣要成為「科技島」與「世界公民」的願景，一九九六年進一步提出「人文科技島」，如今面對未來的挑戰與機會，我也提出臺灣未來要以成為世界的創新矽島（Si-nnovation Island）為新願景，打造臺灣成為「東方矽文明」（Eastern Si-vilization）的發祥地。臺灣要走出自己的路，臺灣雖然不大，但確在全世界科技產業的發展過程中做出許多具體的貢獻。當年產業發展由「垂直整合」轉移到「垂直分工」的產業生態，來自臺灣的企業─宏碁與台積電分別在個人電腦與半導體的典範轉移，都扮演了始作俑者的關鍵角色，我們要對自己有信心。

面對大環境的快速變遷，臺灣的下一步應該要掌握ABCD大趨勢，包括人工智慧（AI）、大數據（Big Data）、雲計算（Cloud）、硬體裝置（Devices），雖然面臨的新挑戰愈來愈多，不過也充滿許多新的機會，應該要在硬體裝置的基礎上放上更多軟體及服務的附加價值。

為了長遠的發展，臺灣也要及早投資塑造環境，並培養及建立新核心能力，如此才能因應下一輪的國際競爭態式，同時也讓臺灣繼續對國際社會做出更多的貢獻。如果臺灣的能量只放在臺灣，則貢獻有限，我們一定

要把能量放到國際舞台，如此臺灣才能對全人類做出更大的貢獻，並由市場取得更大的能量繼續發展。依我過去的觀察，「大陸是所有人的機會，日本則是所有人的教訓，南韓則是所有人的敵人，但臺灣是所有人的朋友」。臺灣未來要對全世界做出貢獻，臺灣就應該要與所有國際上的合作夥伴一同攜手打造王道的產業生態，共創價值。過去臺灣企業擁有許多的優勢及特色，包括創業精神、彈性、速度等等，尤其重要的是資通訊及半導體領域的相關創新，都是國際合作夥伴可以借重的，也藉由臺灣的貢獻讓ＩＣＴ產品加速普及化，讓全世界人人都能買得起。未來臺灣除了要繼續對全世界的物質文明做出貢獻外，臺灣也要為世界的精神文明做出具體貢獻，以矽科技帶動中華文化的文藝復興，在臺灣發展出有助提升生活品質與智慧城市的案例，並成為亞洲的典範，進而實現「東方矽文明」的願景。欣見余紀忠基金會此次將二〇一四—二〇一八年間與國際政治、經濟相關的研討會與座談活動文章，集結成《承擔與試煉：觀察、追蹤變動世界》乙書出版，書中作者提供很多的新觀點，十分值得大家在面對世界情勢持續變幻下做為參考，在此也推薦給各位讀者朋友。

序三

薛琦

在法國大家革命那最壞的時代，狄更斯卻說出，那也是最好的時代。我們如何看我們現在所處的時代。從上個世紀末以來，有兩件事情一直在影響我們每一個人，一個國家，以及整個世界。那就是全球化與資訊時代的來臨。

如何詮釋全球化？全球化從就是讓我們的體制與全球接軌，目的是讓別人容易進得來，我們的人容易走出去。所以全球化就是體制的變革。我們加入國際組織，或簽署雙邊的協定，都牽涉到國家經濟主權的讓渡。從經濟的角度，全球化除了讓人容易移動外，更能貨暢其流。兩者都提供了市場更多、更好的選擇，這是大家樂於看到的，也享受其中。但同時，也讓國內業者必須面對更大的競爭壓力。更重要的是，全球化把市場變大了，深化了全球的分工與專業。全球化下如果有贏家，就會有輸家，而且原來的贏家會贏得更多，當然輸家也輸得更慘。

半個世紀前，打電話是一項奢侈。現在你已經多久沒寫信了。資訊的取得、傳遞是如此便捷，能想像今天如果忘了帶手機，會是什麼樣的場景。但同時，我們也進入了「楚門」的世界。我們在窺視別人時，也無時無地受到別人的窺視。太多的資訊讓我們覺得富有，但也讓我們焦慮與徬徨。

全球化意味著經濟的整合，資訊化是人類到今天最大的科技成就。但是經濟整合卻更凸出了市場中的贏家與輸家。而處在科技的時代，人和人之間也沒有因為易於溝通，而變得更容易了解彼此。一方面我們有更緊密的知己，另一方面卻也跟這個社會慢慢疏遠。看看美國，英國，甚至我們自己，國家、社會不也正在一步步築成「雙城」。

《承擔與試煉》是一群知識分子的告白。處在這最壞的時代，但似乎仍看得到暗夜中一絲的光芒。

楔子

承擔與試煉

二〇一四年底適逢選舉結束，臺灣各地正在思索前瞻發展之道。基金會深感該是世代傳承與揹負責任的時刻。大家應該將承擔責任的經驗、理路，以及未來將面對的挑戰，做一通盤性的整理，此亦主題訂為「承擔與試煉」之緣由。

前言[1]

本場次研討舉辦之時，時逢國際勢力在北京APEC峰會後重新洗牌，臺灣在地方期中大選後局勢不變。回顧臺灣當前政治仍陷僵局，經濟發展遲滯，社會共識仍難凝聚，面對發展與分配的兩難，高齡化社會的世代正義，環境永續發展問題，對民主代議制度發出的種種挑戰。審時度勢，綜觀大局，劃時代的試煉，承擔的艱鉅，不可謂不沉重。細數當前問題，國際上，如何面對國際勢力的更迭，臺灣在兩岸關係中如何突破僵局，保持平和發展；政治上，如何在分歧社會下重建價值，找到治理因應之道；經濟上，如何面臨產業轉型的挑戰，在發展中又如何兼顧平衡之道。這些試煉歷歷現於眼前，我們又應該如何承擔？

引言 王健壯

「小三角」指的是國民黨、民進黨與共產黨間之關係，「大三角」指的是美、中、臺三方關係。「小三角」與「大三角」兩者有連動的影響。

蘇起為知名政治學者，也是一位「發明家」，「九二共識」即是蘇起創造之名詞，「小三角」與「大三角」亦為其發想的理論。

「小三角」指的是國民黨、民進黨與共產黨間之關係，「大三角」指的是美、中、臺三方關係。「小三角」與「大三角」兩者有連動的影響。從這個理論來看，甫結束的臺灣九合一地方選舉，毫無疑問，對「小三角」關係有重大的改變與影響。「小三角」牽引的變動，不只是國民黨與民進黨政治版圖的改變，事實上也影響到未來兩岸之間的關係。

此次九合一選舉的結果，改變了現實中「小三角」關係，且改變幅度甚鉅，讓許多人對二〇一六年臺灣可能的「小三角」關係，變動的方向與幅度更是充滿了討論與想像。「小三角」關係現階段已變化，未來若持續產生變動，對未來「大三角」關係勢必有連動的影響。簡單地說，歷經此次選舉後，臺灣正處於一個變動年代的開端。此變局的開端，不僅是政治版圖的變化，包括政黨勢力、人事的變遷，更重要的是，牽動政府政策及路線的改變。總之，臺灣當前政局正處於一個不確定、未知的狀態。

處於許多大變化挑戰的不確定年代，請南方朔先生與朱敬一院士，共同面對全球化下的新世代斷層與接續，改變臺灣的未來需要重新檢視規則，深化社會改革及價值認同更要對話；針對政治人物的政策擘劃、施政方向，以及對國家領導人的國家發展路線，多所提示。希望為政者能夠勇於承擔，接受試煉。身為公民社會的一分子，我們也不能忘記民間社會的角色，在國家發展的變局當中，這是不可或缺的。這是今天座談會的目的，余紀忠文教基金會與三位主講人共同迎向民間社會，這是與大家一起勇於承擔、接受試煉的開始。

1本篇由一〇三年一二月二〇日舉辦之「承擔與試煉」整理而成。

現任：世新大學客座教授、《上報》董事長。
曾任：《仙人掌》雜誌主編、《中國時報》社長、《時報》雜誌社長兼總編輯、《時報新聞周刊》總編輯、《新新聞》周刊總編輯、《新新聞》周刊總主筆、《新新聞》周刊董事長兼社長、博理基金會執行長。主要著作有《我不愛凱撒》。

處於世界大變化，臺灣不能退化

南方朔

當前政府只談「小確幸」，缺乏大轉變。「小確幸」亦即缺乏願景，當國家缺乏願景，社會就沒有前途。

眾所皆知，近來我是批評政府最尖銳的一個人。數年前我就說這個政府是不行的，我跟馬英九沒有仇，看他從小長大，七、八年下來真的不行。這次選舉之前，曾鐵口直斷，這選舉將是臺灣變天的第一階段，寫文章說國民黨會只剩一都，現在證明是正確的。面對這結果我心裡是很沉痛的，為什麼我預言正確？這明明是很壞的預言。

全球治理的轉型思維與挑戰。近代有一個流行的名詞叫做「轉型」，「轉型」一詞是一九八七年在美國政治科學學會年會上正式提出的。因為進入九〇年代之後，人類的性別、生態關係，乃至於社會的發展，已進步到電信民主，用網路、手機表達意見是一大趨勢。

此外，整體政治與社會的發展，愈來愈強調「社區意識」，社區主義變為政策主流。美國學者提出九〇年代全球政治進入必須大改變的階段，如何改變？模糊地用一個過程的名詞來解釋，就是「轉型」。

當前各國都在轉型，有的成功，有的失敗，臺灣卻是一個轉型結果很糟的國家。臺灣社會正邁入電信民主，社區主義的意識成型，處理政治要處理得好像大家都是一家人一樣，像一個社區。對於民主，需要新的溝通方式，不同意見不是多數少數的問題，而是要創造出一個社區共識，用共識來解決問題。

全世界正在從事內部政治轉型的時候，有不少國家處理得很糟糕，一個就是美國，總統不聽眾人意見，民主黨或共和黨要和他溝通意見有障礙，屢屢遭到拒絕，臺灣也呈現類似的情況。

缺乏先進前瞻轉型，臺灣走向退化。臺灣社會正在改變，無論政治表達方式，或是對政府人力的強化，必須有一符合轉型的原則。過去七年，臺灣仍停留在傳統威權式的想法，不會用社區式的溝通來處理不同意見，動輒以黨紀處理，這也是造成臺灣政治烏煙瘴氣的原因。臺灣在轉型的過程中，缺乏大思維的先進與前瞻標準做轉型的工作。閱讀西方政治哲學裡的「退化」，臺灣是近代國家中少數的退化國家，並還在持續當中。

我不是反中，但我認為ＥＣＦＡ是把臺灣變成一個新架構：中國是核心，臺灣是邊陲。人、技術及產業持續移出，相關利得卻沒有回流，六〇年代西方依賴理論談得透徹，臺灣卻選擇進入這樣的結構。

尤甚者，臺灣與中國關係愈來愈密切後，把中國的低標準帶回臺灣，排廢水、造假油的，康師傅也是把中國的低標準帶回臺灣的典型範例。不僅是產業問題，整個社會的標準都在降低。政治社會學中認為最可怕的階段，就是當一個社會在退化的時候，經濟、政治及社會的標準同時在降低，包括社會認同、責任心、社會價值都在持續退化。

面對兩岸，解析統獨紛擾。極具爭議的兩岸政策，許多人將我歸為統派，但我現在已偏向不統不獨。我的「統」跟馬英九的「統」不一樣。處於歷史的軸承裡，談歷史性的決裂，回溯當年英國統治美國大陸，美國人從事印花稅的抵抗，並沒有想要獨立，只想抵抗不公平的印花稅，其實是認同英國的。但發展到後來，軍隊、鎮暴警察陸續出現，美國人愈來愈對英國反感，最後的獨立是被英國人逼出來的。當時在獨立之前，英國偉大的思想家暨政治家愛德蒙 柏克（Edmund Burke），曾在英國國會如是說：「英國作為一個大帝國，要有大帝國的憨厚，你對你的人民，對殖民地的公民，你要把他們看成一個主體性的人民，對他們特別厚道，不可懷疑他們。」這句話非常適用中國，我承認中國是一個大帝國，應有大國氣度，賦予香港人普選權會造成獨立嗎？臺灣對北京是有不信任，但中國應表現其大國包容，以大對小的厚道，國家富強就應有老大的樣子。看待中國，祝福愈來愈好，成為世界第一強國。

身為總統的馬英九什麼都不敢講，所謂的「不統不獨」，對獨的人講不統，對統的人講不獨，這是玩一種語言的閃躲技巧。北京充滿懷疑，臺灣不知方向。

脫離完全依附的省思，找未來的「型」。經濟上，北京對臺灣經濟的安排，是放在對臺經濟統戰的架構下。馬英九任內除了依賴中國外，完全沒有轉型。臺灣大多數貨物並非本土生產的，臺灣已經愈來愈缺乏本地製造業。我特別欣賞最近《天下》雜誌針對韓國東大門商圈的報導。臺灣有五分埔、萬華成衣商圈，過去的四小龍都有成衣工廠，韓國知道成衣業走不下去，進行產業升級，造就紡織成衣設計業。往設計高端走，附加價值提高，周邊的表演事業亦順勢成長。據《天下》雜誌報導，韓國整體紡織成衣設計業，培養出一萬個設計師，養活六十萬勞工，從此韓國的成衣業不是夕陽產業。反觀臺灣，於過去數年間，放棄所謂「夕陽產業」，出走中國大陸、越南，更甚者轉往柬埔寨、緬甸等低工資的地方。臺灣無法轉型，未謀求晉升，遂成一個「夕陽國家」。

我認為臺灣必須進入一個新的轉型階段，但「型」在哪裡？我們需要定義未來的「型」是什麼，這是很難的，替未來定「型」的本領很多國家都有，韓國、北歐四小國都是典範。找不到未來的「型」，就無法轉。過去有一首歌是這樣唱的：「自己的國家自己救，自己的道路自己開。」六〇年代臺灣沒有產業，政府就鼓勵年輕人創業。大學生一畢業就能立志，開公司，習技術，開個小工廠，六〇年代臺灣年輕人充滿動力，每個人動腦筋創業。而現在馬雲來臺灣說要幫年輕人，這本該是臺灣政府該說的。今天鼓勵年輕人創業，資本額需求要上億，創業門檻高，多少家庭或個人可支付？帶頭創業該是政府來帶頭鼓勵與照顧。我看到政府常言臺灣沒有人才，非常不以為然，我可認為臺灣遍地是人才。五、六〇年代，臺灣大學畢業生到處學技術，變成專家人才，這是當時的社會氣氛創造出來。

政府與年輕世代的願景。當前政府只談「小確幸」，缺乏大轉變。「小確幸」亦即缺乏願景，當國家缺乏願景，社會就沒有前途。我不是唱衰這政府，然歷經此次九合一的選舉，仍未見政府改革決心，還認為權力太小，這是什麼價值觀？

當前政府的作為於國家仍缺乏方向，領導人還認為他的國家總目標是正確的。臺灣的老百姓，應該學習從事更多反省判斷及提出反對。有正面想法，不妨一一提出來。臺灣需要轉型，臺灣有學問、有想法的人，要貢獻他的意見。一旦有了大的方向，摒棄小確幸心態，臺灣才會有未來。各位在座的與年輕的一輩，好好努力吧！

為臺灣作家、政治評論者。
曾任：《中國時報》專欄組主任、《新新聞》總主筆。二〇〇七年得到中國文藝協會頒發的中國文藝獎章文學評論獎。

臺灣經濟何處去

朱敬一

產業政策的問題癥結不在景氣，而是轉型問題。景氣起起伏伏，升息、降息、貶值、刺激等傳統景氣因應措施無法治標，轉型才能治本。

今年三月太陽花學運，贊成與反對的聲音皆有。根據媒體報導的四、五十萬人大遊行，顯示社會潛藏巨大怨氣。雖然學運訴求是抗議服貿的審議，但我認為問題仍在於背後的怨氣，因為立法院幾秒審完的案例不勝枚舉。

立委蔣乃辛曾在立院質詢經建會主委：「為什麼過去臺灣GDP每年以三到四％的年增率，薪資卻沒有成長？」這是極簡單極好的問題。官員卻沒有很好的答案。過去三十幾年，臺灣GDP的成長率一路往下走，觀察一九九六年後的成長率只比零略高。整體來看，二〇〇〇年之前平均的GDP成長率是一三・二七%，之後是三・三七%。薪水部分，自民國八十九年後幾乎凍漲，加班費也沒有成長，服務業加班費較低，因服務業是責任制。

臺灣接單海外生產，底層勞工分享不到果實。資訊通信產業從二〇〇一年外銷訂單海外生產比例為二五・九%，至二〇一三年達八七・三%，是臺灣接單海外生產比例最高的產業，第二名是電機產品，從十三年前外銷訂單海外生產比例為二五%，至今達六九%，第三名則是精密儀器。電子、資通訊及電機是受到ITA保護的產業，占出口額百分比差不多一半。如此大比例產品出口屬臺灣接單海外生產，部分解釋為何臺灣GDP成長，薪資卻無成長。試想，二〇一〇年全球電腦銷售量兩億五千萬臺，其中九六至九七%為臺灣接單，而廣達、仁寶這類電腦大廠，在臺灣卻沒有工廠。只要全球電腦需求成長，訂單就成長；只要訂單成長，利潤也成長，我國GDP就成長。但這樣的成長不會投射到臺灣的勞動市場，因為這類產業在臺灣沒有工廠。這類成長所創造的果實，就是公司會計、財務和營運長。要對就業產生幫助，一定要投射到勞動市場面，所以錢不會投資到臺灣，會投向深圳、蘇州的勞動市場。

而什麼樣的公司薪資會成長？聯發科、臺積電、大立光等具全球競爭力的產業，其薪水會成長，因為不漲會被後面的人追上。反觀電腦代工、美而美早餐，薪水沒有道理要漲。電腦代工真的要漲，漲一些業者或許會吞下去，漲多了業者就移到越南，這就是工資「向後看齊」定理（FPE定理）。

全球經濟大致分三階段：第一個階段靠投資驅動（input driven）經濟成長，六十年前臺灣即屬之；六〇到九〇年代進入第二個階段，以效率驅動（efficiency driven）經濟成長，過去勞動素質不好，但教育普及，以素質提升效率；然前兩者有其極限，第三個階段的創新驅動（innovation driven）經濟成長卻沒有。任一階段過渡到下一階段都是轉型，為何企業不轉型？簡單地說，臺灣在八〇、九〇年代轉型之際，恰巧周邊國家如中國、越南、緬甸改革開放，開始往資本路線走，這些地方的勞動與土地價格低，臺灣企業主容易找到基地「續操舊業」，就沒道理進行高風險轉型。臺灣資通訊產業大多如此，創新的產業權重不夠，其他產業也沒到世界的前緣，即使創新的產業薪水有上漲，其他產業沒有上漲，加權平均後，拉不起平均薪資。轉型不順，使得臺灣產業「舊的已去，新的沒來」。

所得分配，愈來愈不平均。所謂「層級所得比」，指最有錢層級的所得除以最窮層級的所得，倍數愈高愈不平均，臺灣所得分配黃金時期為一九八〇年。然近年變化不大，此與學運的感覺不太一樣，大家都覺得富者愈富。但數據為什麼沒有變化？因為層級所得比是用最富者的二〇%做一個劃分，這樣的劃分點太粗略。二〇一二年臺灣最有錢二〇%的門檻為年所得一百八十萬，將一位臺大教授家庭和魏應充家庭放在同一層級，在所得、道德上都不公平。

如何呈現真實情況？全臺灣最有錢一%家庭的所得占全臺灣所有家庭的所得比，自一九九五年後一路攀升。二〇〇九年下降，當時金融海嘯對一般受薪階級沒有太大衝擊，對有錢人則衝擊非常大。若以〇・一%甚或〇・〇一%最富家庭觀之，此數據則愈攀愈高。最有錢的〇・一%家庭所得占總所得比例現在高達百分之五點多，十幾年前僅有百分之二點多。

當GDP成長的時候，臺灣接單海外生產是常態，其所創造的GDP大部分留在白領階級身上。如果管理階層再分擔GDP的成長，將使所得愈來愈不平均。我們發現資本家份額一直在上升到後來持平，薪資份額則持續下降到後來持平，代表資本家拿的錢比例愈來愈多，而勞動者拿到的愈來愈少。為什麼有此現象？一部分因為製造業基地移至海外，一部分則肇因於減稅。過去十數年，三任總統，十二任行政院長，數任財政部長，幾乎每個任內都減稅，且大多都是對資本家有利的，例如土地增值稅，這也是造成所得分配不平均的原因。而所得稅占稅收比例部分，與富人較有關連的證交稅和土地增值稅呈現平穩狀態，薪資所得者卻承擔愈來愈重的租稅百分比。此呈現兩個負面結果：一為ＧＤＰ成長但薪資沒有成長；另一為所得分配愈來愈不平均。

居住正義，挑戰世代公平。全臺都會區房價第一名是臺北市，新北市次之。美國智庫 Demographia 調查發現臺北市是全球房價最貴的城市。若一個人不吃不喝多少年後可以買一棟房子？臺北市要花十五年、香港十四・九年、新北市十二・七年，年輕世代如何沒有怨氣？這是非常殘酷的事情。為什麼房價會漲？臺灣的房屋和土地持有稅非常低，通常低持有稅會搭配高增值稅，二〇〇二年土地增值稅減半後，永遠無法回頭。試想一棟二千萬的房子比一輛兩千ＣＣ豐田轎車繳的稅還低，這沒有道理！

而房價漲與臺灣接單海外生產亦有關聯，假設仁寶、廣達在臺灣有工廠，電腦訂單成長時，需要擴充廠房買設備。但若製造業外移，實體投資需求就減少，資金便投入房地產市場。所以頂新在臺灣炒樓，因為缺乏實體投資機會。製造業出走，實體投資機會便減少。再觀察貸款負擔率，臺北市平均需要用六一・八七%的所得付房屋貸款，扣掉食、衣、交通等支出，根本負擔不了。無怪乎一位中研院院士說，大學教授買不起房子，臺灣大概是全球少數特例。

教育翻身，難以期待。傳統華人認為教育是翻身的機會，我們不斷鼓勵小孩念書，專科、大學以上學歷逐年上升，但大學以上學歷的失業率最高。臺灣五二%受雇者擁有大專以上學歷，大專以上學歷卻有三分之一薪水不到三萬元。從學生貸款比例則發現，家庭環境好的不需要貸款，就讀便宜的公立學校，家庭環境差的，反而念較貴的私立學校。這多少跟我們教育的篩選有關，學科比不太出來，就開始比術科，開始補一些才藝，現在還有補IQ，這怎麼補？

階級流動呈現反向施為。我最不喜歡的事情是二〇〇九年降遺贈稅。湯瑪士・皮克堤（Thomas Piketty）來臺時說過，最適當的遺產稅率是五〇％到六〇％。臺灣遺產稅率原來是五〇％，二〇〇九年一舉降到一〇％。臺灣的父母給子女的贈與免稅額度是一人一年二百二十萬，贈與二十年，就到一億。給小孩有一億的免稅額度，試想真正需繳遺產稅的，是有錢到如此的程度，給這些人減稅沒有道理。所得分配不平均是任何一個時點的靜態概念，遺產影響動態的公平，不要讓有錢的小孩注定很有錢。當初降遺產稅的理由，是為了吸引資金回臺，但臺灣的投資機會不多，資金就流向房地產及股票市場。張忠謀也公開批評降遺產稅是錯誤政策。

解決方案：靈活改變，創新經濟。首先，產業要轉型，政府要導引出創新經濟；第二，要有穩定的租稅，減稅減到全球倒數第五低，僅阿拉伯產油國比我們低，低賦稅衝擊公共投資，基礎建設差，經濟轉型不易做，遑論助年輕人創業。第三、產業政策的問題癥結不在景氣，而是轉型問題。景氣起起伏伏，升息、降息、貶值、刺激等傳統景氣因應措施無法治標，轉型才能治本；第四、經濟戰略面，臺灣要簽FTA，不走入國際沒活路，FTA就如同劍宗，除了劍宗還要有氣宗（產業）。韓國簽FTA時，同時想怎樣賣韓國的汽車，紐西蘭簽FTA時，思索如何賣奇異果和牛肉。FTA背後必須有產業積極目的；第五，財經官員不能再迷信開放萬能，如果開放經濟就會好，歐盟各國經濟就不會壞。歐盟不只是FTA，其共同市場仍有許多問題，僅回答尊重市場的鸚鵡學派是可笑的；第六，推創新經濟時必須同時考量就業、國安、分配等問題。創新經濟僅頭一兩次有商機，製造業才有持續利得。很多人羨慕韓國，但韓國於制度面適合兵團作戰，臺灣市場不夠大，卻敏捷靈活有創意，這才是我們改變的立基。

現任：駐WTO大使、中央研究院院士。

曾任：國科會主任委員、中央研究院經濟研究所特聘研究員、臺灣大學教授、中華經濟研究院董事長、中央研究院副院長、行政院國科會人文處處長；研究專長為勞動和人口經濟、法律經濟、公共經濟。

國際與兩岸新形勢下的臺灣　蘇起

我個人認為，（兩岸關係）只有「和」是讓臺灣自己決定自己的前途，而「鬥」是逼美中兩個大國介入，若介入了對臺灣絕對很難看；而「拖」只是鴕鳥，因為實力愈差愈遠，最終還是任人宰割。

臺灣大環境演變。臺灣的環境由國際、兩岸及國內等三形勢組成，幾個階段的面貌都不一樣。黃金時期是李登輝主政的一九八八到一九九五年，不論是國際、兩岸與國內情勢都很好。一九九五到二〇〇〇年，外交翻轉、兩岸翻轉，國內還是很好。二〇〇〇年後連續十三年，歷經陳水扁八年和馬英九任期，國內情勢都是壞的，臺灣經濟成長率在整個東亞倒數第二，只比日本好一點，而政治動盪到現在都沒停。陳水扁第一任的國際形勢還好，兩岸不好，但到第二任連國際形勢都轉壞，是歷來三形勢最壞的時期。馬英九時期起碼國際安定、兩岸安定，但國內情勢不好。

國際政治現實衝擊臺灣的先例。臺灣是海島，外部形勢時時刻刻衝擊臺灣，但因為孤立已久，許多事民眾甚至菁英都沒感覺。第一個例子是一九五〇年的韓戰救臺灣，要是沒有韓戰，今天我們可能都變成共產黨。第二個是一九五〇到一九七一年間，中華民國雖是安理會常任理事國，實際上卻無權力，據外交前輩告知，常常輪到中華民國擔任輪值主席時，該月就「剛好」沒有議事。這事連我都無感。其三，一九七一年，美國為了聯中制俄，開始與大陸交往，當時季辛吉就承諾周恩來「不阻撓臺灣被統一」。此事被隱藏起來，所以臺灣無感，不知道美中已有交易。其四，一九八〇年雷根當選總統時臺灣歡欣鼓舞，認為美國將與我國復交。同年波蘭的團結工聯崛起，臺灣以為工人既然開始反抗共黨，就表示共產統治開始崩潰，也歡欣鼓舞。誰曉得雷根好人加上波蘭好事，卻使雷根為了比以前更加強聯中制俄，就拋棄原來復交及軍售的承諾。因為這變化離臺灣太遠，所以臺灣也是無感。其五，二〇〇一年的九一一事件，原本親臺灣的小布希政府立即轉而聯中。這件事臺灣許多人也是無感，扁政府後來還逆勢邁向「一邊一國」。最後的例子是，二〇一一年北韓金正日過世，年輕的金正恩上臺使朝鮮局勢出現重大未知數。北韓有核武及飛彈，如處理不當將衝擊全球情勢。當時臺灣總統大選倒數計時。馬英九的兩岸政策眾所皆知，而蔡英文的兩岸政策則相對模糊。美國與中共都無法接受臺灣與韓半島同時出現戰略的不確定性，這對當時馬英九的總統連任絕對有臨門一腳之效。但臺灣根本沒人注意北韓情勢，所以也無感。將來類似的國際政治仍會持續衝擊臺灣。臺灣是否還要像以前那樣不知不覺？

東亞當前基本態勢。臺灣海峽是東亞目前唯一風平浪靜之處，東海、南海、北韓、釣魚臺則遍地烽火。中日內部鞏固，大陸習近平抓得很穩，日本安倍領導占三分之二多數。但臺灣內部社會是分裂的，美國也是分裂的，我認為臺灣的分裂比美國還嚴重。美中日都是大國，但沒有任何一個國家可以控制全局，大國間又互相猜忌，難協調出一個辦法來管理，因此中小國家有操弄空間。關於臺灣問題，就我的瞭解，是美中最可能發生戰爭的地方。美中不太可能會為了南韓、釣魚臺、或南海打仗，但為了臺灣，起碼中國有九〇%到一〇〇%的可能，美國則有五〇%的可能，這使得臺灣不得不特別小心。扁政府時期，美國是明的管理，中國則暗的管理，兩者間有沒有共管不確定，但從其行為模式可觀察出一個明、一個暗。明的管得好，暗的就不用出來。

美國動向與布局。美國仍是未來唯一的超強，我不太同意別人說美國在衰落，美國是世界所有工業國家中人口還在增加的，科技、能源也在上升，若干年內還是唯一超強。近年美國的重心想轉向東亞，問題是許多地方不放它走，包括中東的敘利亞、伊拉克、阿富汗，想走走不了。對於東亞，美國心有餘而力不足，短期內無意捲入另一場戰事。所以美國的方法是避免衝突，高層密集溝通，歐巴馬對習近平說：「盡可能縮小分歧。」就是明證，特別是雙邊的「五T問題」：臺灣（Taiwan）、西藏（Tibet）、天安門（Tiananmen，即人權）、貿易（Trade）及技術轉移（Technology transfer），這些問題已漸淡出。

未來兩年，美國是分裂的政府，行政立法分屬民主、共和黨。雖然美中無直接衝突，但兩國改為隔山打牛、借力使力。美國靠日本來壓制中國大陸，拉攏菲律賓、印尼、新加坡及澳洲一起制衡大陸。北京則以北韓牽制美日韓，利用南韓牽制日本，另有柬埔寨與馬來西亞為好友。臺海最敏感，為了避免美中直接衝突，美國故意讓臺灣置身於「再平衡」之外，繼續「我們的一個中國政策」，這個意思其中之一就是不支持臺獨。因為「不支持臺獨」的說法會刺激臺灣內部，所以只有在美國生氣時才會講出來。臺灣有些人認為美國不樂見兩岸的統一，我認為這是事實，但這是長遠的，而且美中的意志對比也完全不同。短期之內，美國更不願意見到兩岸吵架，美國的政策是不希望臺灣再成為麻煩製造者。

中國大陸的國際地位與戰略。大陸GDP雖居全球第二，但力量仍不足以與美國抗衡。我從來不擔心中日會為了釣魚臺動干戈，大陸愈往高層愈冷靜。當年北京對臺灣海峽打飛彈，激起臺灣內部民情翻轉，在那之前支持統一認同中國比較多，飛彈一打之後，民情整個翻轉。若中日有所衝突，日本的思想將發生驟轉，屆時日本會變成更大的威脅。但因反日及反中在各自內部都有巨大市場，所以中日之間的問題仍會存在一段時間，但會鬥而不破，因為經濟與人民間的來往太密切。

對臺戰略上，在東海、南海問題出現後，中國大陸在戰略上比過去更重視臺灣，對臺意志更強。但戰術上比過去更輕視臺灣，因為力量對比更懸殊。中國已有五個省的GDP超過臺灣，扁政府交棒給馬政府時，廣東省的GDP已經超過臺灣，接著是江蘇、第三是山東、第四是浙江、第五是河南超過臺灣，下一個將會是河北、遼寧及四川，到福建是第十二個省。當現在占臺灣GDP三分之二的福建省跟臺灣一樣大的時候，對臺灣的心理衝擊將會很大。中國大陸現在不急，它很有信心，不過到習近平的第二任就很難說了，因為他將面臨建國七十週年及建黨一百週年的壓力。

日本在安倍之後。改選後安倍在日本得到三分之二的多數支持，臺日關係近幾年特別好，因為臺灣現在是日本在東亞唯一的朋友。俄國、兩韓及中國都不喜歡日本，只有臺灣對日本特別友好。因此，日本對臺灣特別友善，這就是國家利益。

概述與美中日關係的互動。好消息是，臺灣與中國大陸的關係算是「好的」，只是今年從好變成「尚可」，與美國是「很好」，與日本是「極好」。壞消息則是，美中日的戰略競爭壓縮了臺灣的戰略空間。看得見的有四個例子：第一，中國大陸新的防空識別區切到我們的識別區，目前雙方相安無事，但理論上可以相互干擾。

第二個例子，日本在離東京最遠、離臺灣最近的與那國島（南方澳外海二〇公里）開設監偵基地。日本因為北方問題減少，便將監偵設備運到南邊。問題是與那國島離臺灣太近，花蓮、蘇澳、臺東甚至屏東都有重要基地，會被全部看光光。當然日本說是監督中國大陸的軍艦潛艦，但我始終認為，友好歸友好，鄰居間的籬笆還是要有的。

第三個例子是南海島礁，我國太平島四周各個島礁，相關各國都在大興軍事工事，關係更複雜。第四個例子則是幾個月前臺商在越南遭到池魚之殃。這四個例子都顯示臺灣的戰略環境逐漸被壓縮。其他在空中、水面、水下常常有事，卻不容易在媒體上看到。

九合一選後大三角與小三角的推演。一言以蔽之，我認為主「鬥」的民進黨今後將主導分裂而衰退的臺灣，同時面對內部鞏固且實力與意志都更強的中國大陸、內部分裂而有心無力的美國，以及內部鞏固但對外仍在起步的日本。原來穩定的大三角（美中臺）因臺灣內部生變而轉成不穩定。原來已不穩定的小三角（藍綠紅）將變得更不穩定，美中勢將為此強化溝通協調。藍與紅有對話，而藍與綠、綠與紅卻都沒有對話，現在已不穩定，未來問題更大。臺灣內部認同趨勢愈來愈有利於臺獨，兩岸實力對比趨勢卻愈來愈有利於統一，兩趨勢的激盪如何處理？雙方如何控制內部的極端力量，都是新問題。

另外，我認為許多人忘了其實全世界一直都在「一中各表」，包括美國。中國大陸主張「一個中國」，事實上世界各國均採用不同的「一中各表」，意即承認「中華人民共和國」，但各國對於「臺灣是中國的一部分」則持不同的態度，分別用「認知」（美）、「注意到」（加）、「理解並尊重」（日）、或「尊重」（荷）等字眼，而不是直接了當地「承認」「臺灣是中國的一部分」。與各國相比，國民黨的「一中各表」最為寬鬆，而我當年試創的「九二共識」則比一中各表還更寬鬆，因為它連中共鍾愛的「一個中國」四個字都拿掉了。當初我還估計北京不會接受，民進黨可能接受。結果我判斷錯誤，反而民進黨不接受，共產黨接受。現在民進黨全面拒斥「一個中國」、「一中各表」及「九二共識」，將不僅與中國對撞，也牴觸世界多數國家的立場，臺灣對外關係勢必受創。

未來的方向與臺灣當前的課題。我談七點，前面四點跟民進黨有關。第一，扁政府八年主「鬥」，馬政府第一任主「和」，第二任實「拖」。在野六年均「逢中必反」的民進黨，現應負責任地檢討「鬥」是否可行。如可行，要如何鬥？如不可行，宜「和」或「拖」。如「和」，要如何「和」？如「拖」，如何「拖」？

第二，蔡主席領導的高層要做「鬥和拖」的決定，是由上而下，還是由下而上來做？上下間如何相互說服？這是很難的一件事情。

第三，我個人認為，只有「和」是讓臺灣自己決定自己的前途，而「鬥」是逼美中兩個大國介入，若介入了對臺灣絕對很難看；而「拖」只是鴕鳥，因為實力愈差愈遠，最終還是任人宰割。兩者均會讓別國決定臺灣自己的前途。

第四，民進黨如要「和」或「拖」，除了建立「黨內共識」外，尤須說服美中接受，並讓他們相信將來不會隨意變卦（如李扁當年）。民進黨如不接受「九二共識」也可以，但一定要另外搭橋。這個橋不管是什麼東西，它承載的最重要訊息就是「不獨」。民進黨走出這一步是最難的。走出去後，還要讓別人相信你，不可以隨意變卦。民進黨自己要有共識也不容易，內部難，外部也難。估計蔡英文主席訪美時，將面臨重大的考驗。

第五，馬總統推動兩岸和解及拓展國際關係，有巨大的貢獻。但他的政府相關部會卻在過去六年沒有向民眾妥善解釋安全紅利、政治紅利及國際紅利，而只談經濟，我認為這是愚蠢的失職。談經濟一定有人賺錢有人賠錢，但是安全、政治及國際紅利，不僅很難做到而且每個人都會享受到，結果政府單位做到了卻很少談，這不是愚蠢是什麼？現在連戰、蕭萬長代表參加APEC，衛生署長出席WHA，如果未來民進黨仍然主「鬥」，這些紅利能否維持，恐有風險。

第六，我認為未來一年半，馬政府仍宜主動協調朝野，強化行政立法關係，力求通過包括互設辦事處及服貿等相關條例，以務實的步驟穩定大局。

最後是我對媒體的期許，臺灣經過兩位很有學問也非常努力的總統，但他們都過分被媒體牽著走。他們每天早上必看的是前一天的「輿情報告」。偏偏過去這十幾年，臺灣媒體又不重視國際與兩岸新聞，導致政府幾乎就只被國內情勢牽著走。但國際與兩岸原本是三軍統帥的重責大任，兩位總統徒然擁有遠比外界更多的兩岸與外交資訊，本應一方面依據這些資訊洞燭機先，順勢利導，讓臺灣趨吉避凶，一方面適時適度告知民眾，以凝聚力量，共同維護臺灣的安全與安定。結果一位是恣意妄為、逆勢而行，另一位則是自我設限、被輿情領導，令人深感遺憾。最後，我也要呼籲媒體有責任恢復民眾「知的權利」，幫助臺灣走出目前弱智的困境。

現任：現任臺北論壇基金會董事長。

曾任：立法委員、行政院大陸委員會主任委員、行政院新聞局局長、總統府副祕書長。為「九二共識」一詞創造者。主要著作有《危險邊緣：從兩國論到一邊一國》、《兩岸波濤二十年紀實》等。

Q&A

Q：中國曾認為九二共識仍是兩岸交往基礎，但不會拘泥「九二共識」一詞，民進黨未來如何跳脫「九二共識」？

蘇：「九二共識」一詞是為民進黨創設的，遺憾的是扁政府、蔡英文不接受，去年我於民進黨華山會議曾提及，不搞臺獨並獲得中國信任，馬政府政策是「不獨」而非「反獨」，民進黨更重要的是尋求黨內共識。國際政治有許多現實，縱不喜歡仍要了解、認識並處理，為了臺灣安定，「不統不獨不武」是因為臺灣太複雜，偏向哪邊都沒辦法。民進黨須面對中國與美國的壓力，要有轉彎的可能性，我樂見他們轉彎，以維持臺灣當前的安全狀態。

▲討論時間

Q：臺灣經濟如何轉型？

朱：臺灣接單海外生產是一個現象，政府說的創新經濟是「三業四化」，我完全不同意，這種說法是不瞭解創新經濟怎麼做才會這樣說，而不瞭解是因為不用功。

Q：兩岸關係如何走下去？經濟如何開放？

南：領導人的決策要有一套完整論述，當前臺灣只剩下抱殘守缺的態度，「不統不獨不武」就是不誠實、沒膽量也沒擔當的做法。

朱：開放不是萬能，在開放的前提下，政府須有完整論述，能否因應負面效應？對產業戰略的中、長期好處在哪，對國家安全與利益幫助何在，這是政府應做的。

Q：對皮克提的七〇%富人稅看法如何？在臺灣推資本利得稅的障礙何在？

朱：其倡導的是課財產稅，課稅基礎不僅是房屋，

▲講者合照，左起為朱敬一教授、蘇起董事長、余範英董事長、南方朔先生、王健壯先生

而是所有財產，但全球財產總歸戶，政府蒐集所有財產清單的困難也導致執行的障礙。資本利得稅包括土地增值稅及財產交易所得稅，亞洲做到的不多，政治過程是複雜的藝術，否則不會陣亡這麼多財政部長。

Q：是否建議中臺重新和平談判，邁向和平對等的未來？

蘇：臺灣不是單純「統」、「獨」，一個字那麼簡單，當年我提出的「不統不獨不武」是一個定心丸。民進黨最後一任國防部長蔡明憲曾在書中寫到，其任內最後幾個月，美國及臺灣的情報都顯示，若謝長廷當選老共就會打過來，不論其可能性，我們都必須重視。馬政府甫上臺時，兩岸關係不好，美國也不信任，我擔任國安會祕書長時，即進行災後重建，情況安定後才有國安及政治紅利，但馬政府只談經濟、讓利，這點是不智的。

策劃、整理：郭威瑤

| 輯一 |

經濟全球化下的前景與困境

世界轉換很快，因應的挑戰也多，必須提綱挈領，看清生存挑戰的空間，除了請劉遵義教授為經濟全球化做一爬梳，也與何志欽教授共研推出「全球化下發展與分配的省思與挑戰」，因國際政治情勢對全球經濟影響甚深，必須思考在地因應措施與轉化政策。

第一篇
經濟全球化的困境與前景[2]

前言

二〇一七年中央大學余紀忠講座，榮邀中央研究院劉遵義院士擔任年度講座講者。劉院士是中央大學名譽博士，現任香港中文大學藍饒富暨藍凱麗經濟學講座教授、美國史丹佛大學李國鼎亞洲經濟發展講座教授，於二〇〇四至二〇一〇年間擔任香港中文大學校長。在經濟發展、亞洲經濟議題等研究有非常傑出的表現。是早期建構出中國計量經濟模式學者，對東亞地區的發展有深入研究。

余紀忠文教基金會曾邀請劉遵義教授以「經濟全球化下的發展與分配」為題進行演講。對經濟全球化下所引發的許多現象，不管是金流、物流、人流的快速變化帶來的貿易障礙或政經衝突，劉院士曾剖析臺灣的處境與風險。如今全球政治風起雲湧，歐美新局、中俄、亞太群雄各領風騷，政經動盪引發經濟風險難測，臺灣要如何面對、思考出路，希望劉院士的剖析，能對全球經濟發展的前景與困境增加認識。現在年輕人常有感身處徬徨的年代，期許年輕的一代對於政治的了解，不僅侷限於公民的權利，更經過認識學習承擔。劉院士的「經濟全球化的困境與前景」正是年輕人進入，並把握前景的機會。

2本篇由二〇一七年五月九日舉行之央大余紀忠講座「經濟全球化下的前景與困境」整理而成。

引言

邱正雄

臺灣製造業有高成長率，
電子類股的成長皆靠全球化。

我認識劉院士已經很久，我在中央銀行服務差不多二十幾年，在央行任職期間我與劉院士有非常密切的接觸，當時每年七月、八月間，央行都會邀請中央研究院經濟學的海內外院士針對當時臺灣內外金融、經濟情勢、結構做研究並給予改革建議。我對劉院士的研究與建議深為敬佩並獲益良多。此外，劉院士自小在香港念書，是全香港高中聯合考試的榜首，在學習上特具天賦，令我印象深刻。

首先我為經濟全球化與臺灣經濟的實況做一連結，先行做些陳述介紹。

在二〇〇〇年後貿易全球化之下，跨國貿易可以促進相關國家的經濟發展，就臺灣而言，在二〇一六年國際上製造業技術的競爭力比序上仍約排名第七，名列前茅。

從臺灣每人平均GDP成長率來看（見圖一中間線），其主要由臺灣製造業人均GDP成長率（見圖一最上一條線）及服務業人均GDP成長率（見圖一最下一條線）二者加權平均所組成。製造業的人均GDP成長率最高，顯示製造業是帶動臺灣人均GDP向上的主要動力，而帶動製造業GDP上升的主要動力是靠出口。臺灣製造業能有高的成長率，就是臺灣參與經濟全球化所得到的益處。

此外，歷年的人均GDP數據與趨勢顯示，一九九五年臺灣人均GDP成長率為八．一〇％，製造業人均GDP成長率為七．九八％，服務業（主要為少涉國際貿易的國內就業者）人均GDP成長率為四．一八％；而到二〇一六年，臺灣人均GDP成長率一．九〇％，製造業人均GDP成長率二．一四％，服務業人均GDP成長率〇．四五％。從數據可知製造業的人均GDP遠大於服務業人均GDP，前者生產力較高係因製造業大半能從事全球化生產所致，但這也是造成臺灣製造業人均收入高於服務業人均收入，亦即為造成臺灣貧富不均的主要原因之一。

另外，我們可看到臺灣近十年的經濟趨勢（參考圖

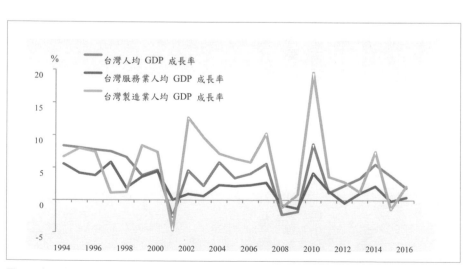

圖一：臺灣人均GDP成長率、臺灣製造業人均GDP成長率、服務業人均GDP成長率（1994年—2016年）

二），其中新臺幣匯率是非常平穩的，也可以看到臺灣的電子類股指數跟臺股指數是有密切的正向連動關係，同時這兩者也與臺灣實質GDP的成長有正相關，可以說臺灣經濟主要是受到電子類股的影響。而電子類股的成長主要靠全球化。

根據央行二〇一五年十二月提出的分析，一九八五年到一九九九年臺灣經濟成長主要由內需帶動，但二〇〇〇年以後則轉為主要靠外需推動。一九八五到一九九九年臺灣的經濟成長率平均為七．四七％，其貢獻來源中，內需貢獻七．三五％，外需貢獻是〇．一三％。二〇〇〇到二〇一四年臺灣經濟平均成長率為四．〇四％，其中內需的貢獻是一．七六％，外需的貢獻是二．二九％，顯示二〇〇〇年以後，臺灣經濟主要都是靠出口及進口。

根據二〇一六年德勤會計師事務所的全球國家／地區的製造業競爭力指數排名來看，中國大陸目前是排在第一的位置，但因近幾年來其工資高漲，正面臨美國的極大挑戰，該所指出，預計在二〇二〇年美國會取代中國大陸目前第一的位置。因此，現在需要持續關注美國總統川普的

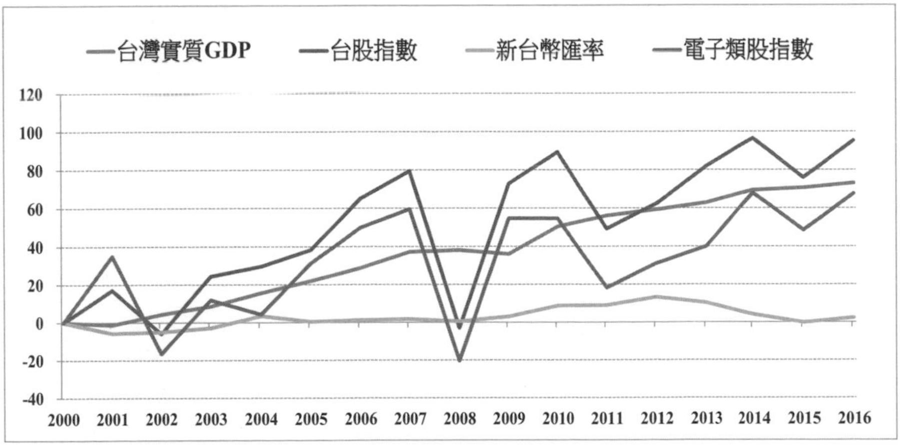

圖二：臺灣各項經濟指標（GDP 流量為全年資料；其他存量為年底值）較（2000 年 12 月）增減累計變動比率

美國優先政策，因為這可能會使美國更具有競爭力。

現任：永豐金控最高顧問。
曾任：中華民國中央銀行副總裁、中華民國財政部長、中華民國行政院副院長、永豐銀行董事長，及曾擔任國立臺灣大學經濟學系與財務金融學系的兼任教授等。

主講[3] 劉遵義

臺灣是全球化的得益者，所以為了自身的利益，臺灣應當支持繼續全球化。像臺灣這樣的小型經濟體，大部分原料物資都依賴進口，不可能閉關自守，必須推廣教育，培養人才、投資研發，增強競爭力，繼續支持全球化。

余紀忠老先生是我最尊敬的一位長者，我今天非常榮幸到中央大學擔任紀念他的講座講者。

今天的講題是「經濟全球化的困境與前景」，先談困境再講前景。對於全球化，我基本上是樂觀的，我認為困境是可以面對、可以脫離的。

經濟全球化的始末

首先講經濟全球化究竟是什麼意義？全球商品與服務貿易和跨國、跨境的直接投資、證券與各種金融投資（portfolio investment），跨國、跨境資本的流動、勞動力與人力資本的流動，人員與遊客的往來及資訊的流通，都可算是經濟全球化的一部分。經濟全球化不是一個新現象，早在西元前二世紀中國漢朝時就有張騫遠通西域，開拓了絲綢之路。歐美各國的全球化活動，開始得比較晚。西班牙人自十五世紀後陸續征服了拉丁美洲和菲律賓；葡萄牙人於十六世紀抵達印度、中國、臺灣與日本等地；十七世紀，荷蘭和英國則分別有東印度公司作為他們全球化（及殖民）的工具；十九世紀，美國軍艦進入日本長崎港，強逼日本開放；二十世紀初，也有美國的「中國飛剪號」（China Clippers）從事美中兩國之間的貿易。全球化不是新現象，只是最近幾十年全球化的速度比以前大幅度增加。

《紐約時報》專欄作家湯瑪士．佛里曼（Thomas Friedman）在他《世界是平的》（*The World is Flat*）一書中，認為全球化已經伸展到地球上每一個角落。全球化現在遭到很多人質疑，也就是說全球化面臨困境。這裡讓我先談一下，全球化可以給全球經濟帶來很大利益，總體來說，每個參與全球化的國家，無論大小，都會得到好處，只是有些國家受益較多，而有些國家受益較少。為什麼我這樣說？因為每個參與全球化的國家，它所能選

3 此文為作者臺灣中央大學余紀忠講座之修訂演講稿。劉遵義教授感謝邱正雄博士、許嘉棟博士與余範英女士之寶貴意見與建議。僅代表劉遵義教授個人意見，並不必然反映與作者相關各機構的觀點。

擇的商品與服務，都會比參與全球化之前大大增加，所以它一定會比以前好。

但與此同時，全球化在每一個國家內部，也會造成贏家和輸家。贏家就是出口商、進口商和進口商品與服務的消費者，輸家就是被進口商品或服務替代的產業和雇員。由於在很多國家之中，輸家並沒有被照顧到，這些輸家就會對全球化產生質疑，認為全球化對自己不但沒有什麼好處，反而有壞處，英國脫歐就是在這種思維之下的反應，又如川普選上美國總統也是受這些人的支持。本次法國大選落選的瑪琳．勒朋（Marine Le Pen）女士，也有很多的支持者，基本上可以說是由一群全球化之下輸家所擁戴的。

快速全球化下GDP與貿易成長的變動

因此全球化要持續運行，就要考慮如何補償這些輸家。全球化之下每一個參與的國家都會得益，所以應當可以沒有輸家，因為全球化之下的利益應當可以大家分享，讓每個人都可以有進步，每個人都會比以前更好。問題是市場機制本身無法調整分配，不會補償輸家，所以政府必須採取積極主導的政策。本次講座英文題目叫做 Economic Globalization Redux，「REDUX」一詞根源於拉丁文，代表再次回來或是浮升的意思，目前全球化正走到一個轉捩點，但在適當條件、適當政策之下繼續下去，將會再一次帶動全球經濟發展。

首先讓我們回顧過去，幾十年來，全球的實際GDP與全球貿易皆成長快速，全球商品與服務貿易占全球GDP的比例（一九六〇—二〇一五）持續上升（見圖一），尤其是在一九九九到二〇〇七年八年間，全球實際GDP成長三．三%，而全球貿易成長是五．五%，可以說這段期間內的全球GDP成長是由國際貿易成長所帶動的。回想在東亞日本的崛起，香港、臺灣、新加坡與南韓亞洲四小龍的跟上，後來中國大陸經濟的興起，都是出口帶動的，才得以從低收入國家達到今天的水平，其實都是拜經濟全球化之賜。

七〇年代左右貿易的成長是亢進的，GDP成長也非常高速。但自二〇〇七到二〇〇八年金融危機之後，全球貿易和全球GDP的成長速度呈現停滯。二〇〇八年至二〇一五年，全球GDP和全球貿易每年平均成長率已分別跌至二・二%和二・五%，貿易不再是推動經濟的原動力。

值得觀察與提醒的是，在全球化的浮沉中，國別貿易與境內生產總值（GDP）比例的變化，在大經濟體和小經濟體是不同的，因為它們對於國際貿易的倚賴性不一樣。讓我們就中國跟美國這世界最大的兩個貿易國來做比較，這兩個國家的總貿易量過去一直都在上升，其中中國大陸的貿易成長率遠遠超過美國，但兩年前雙雙開始下降。但中國跟美國都是很大的經濟體，經濟成長主要以內需為主導，出口不是非常重要。對於臺灣、香港這種小型經濟體就不一樣了，出口非常重要，出口占GDP的比例有時會大於百分之一百，出口對經濟成長扮演了極重要的角色。

國際貿易成長的原因　為什麼當年貿易會迅速成長？

第一，早期的國際貿易存在許多貿易壁壘，如各種關稅

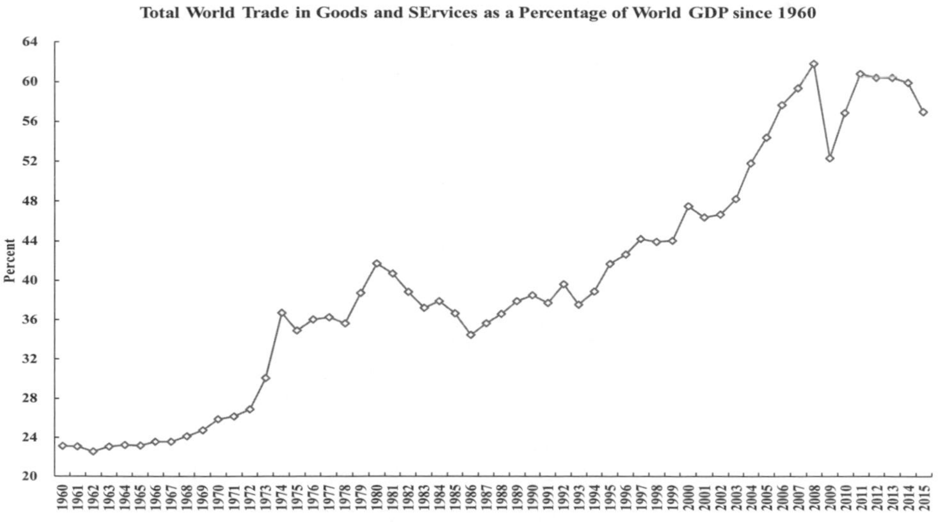

圖一：全球商品與服務貿易占全球 GDP 的比例（1960 年—2015 年）。

和非關稅的障礙，世貿組織WTO成立之後，各會員國彼此對外抱持比較開放的態度，貿易壁壘都逐漸降低、障礙減少。此外，許多的自由貿易區和經濟共同體紛紛成立，都有助於國際貿易成長。

第二，近幾十年間，全球經濟有很多新參與者，比如中國大陸在一九七八年改革開放後開始參與，像俄羅斯是一九九〇年以後正式跨入今天的世界經濟，還有包括東歐國家、前蘇聯國家等加入，促進貿易活潑成長。

第三，是生產方式的碎片化（fragmentation），我稱它為生產方式的非垂直化（de-verticalization）。一個生產垂直化的企業意味着所有的零配件和所有的工序，都由企業自家生產作業。近幾十年來製造業最大的改變就是非垂直化，生產分工愈來愈細，很多產品採取跨國或跨境分工，部分企業只做供應鏈的一部分，以蘋果手機為例，晶片可能是臺灣臺積電生產的，但是記憶體可能由韓國生產，鏡面可能在日本生產，最後則在中國組裝，所以生產供應鏈非常國際化。在生產非垂直化下，一個產品的各項零組件和半製成品可能來自很多國家，這些跨國分工都需要運輸與物流業支撐，大幅度增加國際貿易的總量。

第四，是採用共同貨幣。二〇〇〇年歐元誕生後，在歐元區裡採用共同貨幣，只需在一個最大經濟效益的地方生產，就可以供應整個區域。以前歐洲共同體會員國之間，雖然沒有關稅，但是關稅只是貿易障礙的一部分，另外一部分就是相對匯率。舉例來說，採取共同貨幣之前，產品應該由德國生產，運到法國，抑或由法國生產，運到德國，就要考慮到德國馬克跟法國法朗的相對匯率問題。有了共同單一貨幣之後，例如在西班牙生產就可供應全歐元區，不必再考慮匯率因素。未來如果歐元崩潰，後果將難以想像，所以應當不會發生。

最後，因為交通與通訊成本的大量降低，服務業也開始全球化。很多後勤、後臺辦公室就都隨著全球化搬遷到很便宜的地方，例如在美國打電話去查號，接聽電話的客服不是在印度，就是在菲律賓，因為通訊成本大幅降低，如果後勤辦公室設在這些低工資的國家，成本將比在美國低廉很多。我時常講一句話，在全球化下，能夠遷走的就業機會就會被遷走，但旅遊業是遷不走的，觀光資產會是屬於當地的。此外，大學也是遷不走的。

資訊技術促進經濟重心移動

進一步細談全球化近年高速發展的原因及影響。資訊跟通訊的技術革命正在演化，全世界訊息傳播快速，不論在任何地點發生什麼新聞，馬上就可以知道。同樣，分公司的營運狀況，總公司也可以立即掌握，地理距離已經不是大問題，例如在臺北就可以控制高雄甚至上海的工廠，這也是資訊跟通訊發達所造成的。

全球使用英語作為共同的商業語言，也加速了全球化的腳步，例如英國脫歐，留在歐盟裡面用英語的只剩下愛爾蘭跟馬爾他兩個比較小的國家，有人開玩笑說，歐盟是不是要改用德文或法文。我認為在看得見的未來，英語應該還是世界第一通用的商業語言。

全球化擴大了市場，令資本回報率提高，特別是無形資本的回報率。例如專利權，創造專利權的成本是固定的，所以假如市場能夠再擴大，所得的便都是淨利。這就可以理解為什麼中國大陸對蘋果這樣重要，因為蘋果 iPhone 只要靠美國市場就夠回本，再開發一個中國市場就是淨賺的了。

國際貿易成長的同時，跨境的直接投資也在增加，因為很多國家開始歡迎外國直接投資，撤除各種投資與貿易障礙，同時祭出種種優惠措施，例如五年免稅等等，所以成長很快。在一九七〇到二〇〇七年（金融危機開始之前），平均每年成長率是一四%，非常高，但在二〇〇七年金融危機之後，便是以每年一%的速度下降，所以全球化的困境就是全球貿易量在下降，跨境投資量也在下降。

近十年來，跨境資本的流動大大增加，尤其是短期資本（所謂熱錢），大量增加。金融危機之後，美國實行量化寬鬆，日本、歐洲中央銀行等也跟著實行，全球貨幣流動性多得不得了，但利率非常低，資本都往回報率稍微高一點的地方流進流出，也造成很大的問題。因為這只是短期資本，而不是長期資本。外國資本流入一般是短期的，如果當地企業利用這些資本做稍為長期的投資，就會有兩個不對稱，一個是期限不對稱，投資要長期，但資本是短期的，一旦外國資本要撤資就會有麻煩；第二個就是貨幣不對稱，欠的錢是用外幣來計算的，假如匯率變了之後，尤其是本國貨幣貶值之後，恐怕也不一定能還得出，所以短期資本流入其實是弊多於利的。

世界經濟重心轉移到東亞

另外，全球化這幾十年的影響，體現在全球GDP的地理分布上。第一：世界經濟重心開始轉移，從美國和西歐轉移到東亞；在東亞之內，則從日本轉移到中國大陸，現在還在演化中，因為印度跟中國大陸其實已是全球成長最快的兩個經濟體。經濟歷史學家安格斯·麥迪森（Angus Maddison）教授曾提到，在十八世紀時，中國大陸占全球的GDP大概是百分之三十，以後恐怕也會恢復到百分之三十，現在只有百分之十幾，還需要一點時間。而美國和歐洲占全球GDP的比重會繼續下降。

參閱一九七〇年到二〇一五年的變化，如圖二。左圖是一九七〇年各國與各區域占全球GDP的比例，當時中國大陸的GDP只占全球的三·一%，到了二〇一五年（見右圖）已達到十四·八%，增加了差不多五倍；美國當年是占三六·四%，現在已經降到二四·三%，日本當年是七·一%，現在是五·九%，都在下降；歐元區當年是二一·五%，現在是一五·六%。看得出來美國和歐洲在全球的分量已經在持續下降，所以世界經濟的重心其實在轉移中。

在亞洲區域，參考圖三，第一條線（由上而下）表示東亞占全球GDP的比重已經超過二五%，第二條線是日本，一度占全球GDP的一八%，第三條線是中國大陸，在持續上升，第四條線是韓國。

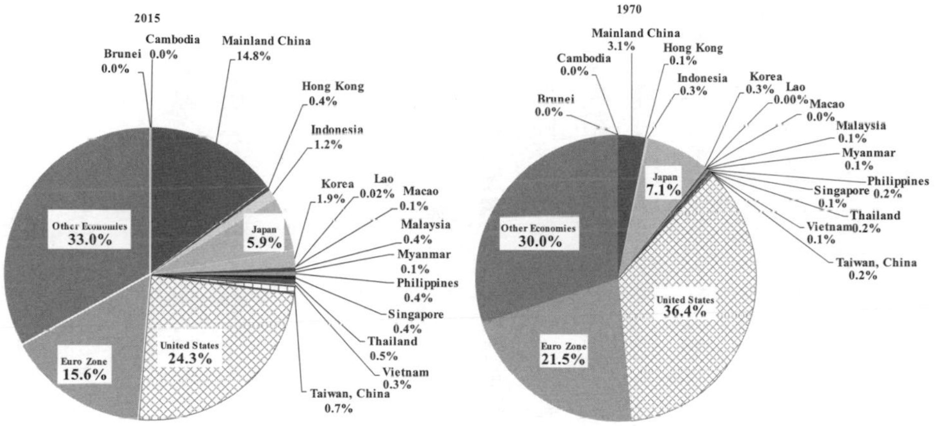

圖二：各國與各區域對世界 GDP 的貢獻比例，一九七〇年與二〇一五年。

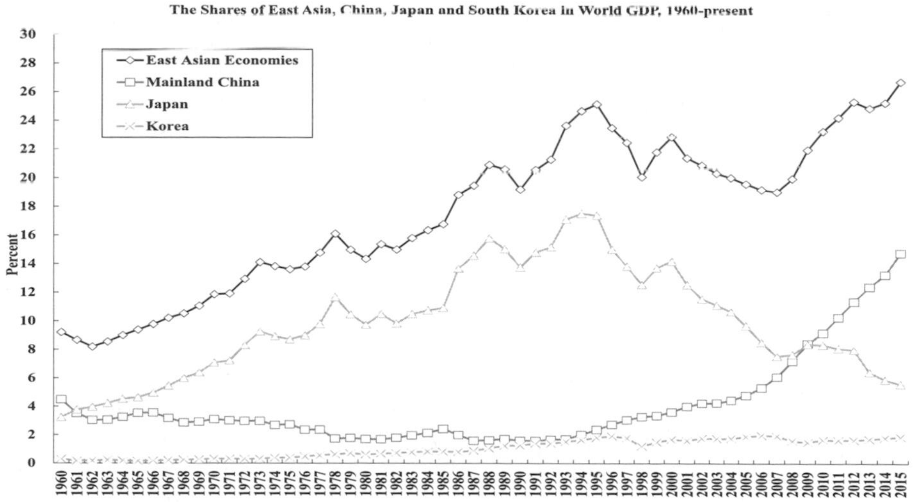

圖三：1960 年至今，東亞、中國大陸、日本與南韓對世界 GDP 的貢獻

世界經濟重心從美國、西歐轉移到亞洲，產生「局部脫鉤假說」。三、四十年前，東亞國家的主要進口國是美國和西歐，東亞經濟要仰賴美國、西歐支持，這些地區的經濟狀況好壞會影響東亞經濟，但是最近這二十年轉變了。東亞出口到東亞區域本身的比例，已接近百分之五十，而源自東亞區域內的進口也占百分之五十。在美國經濟不景氣，西歐經濟不振的情況下，東亞經濟不會太好，但也不會太壞，因為還可以靠東亞自己的內需，繼續運作。在二〇〇八年金融危機之後，東亞各經濟體仍有不錯的表現，特別是中國大陸，在二〇〇七年之後，仍能保持年平均六．五％以上的成長。

全球化的贏家和輸家

全球化究竟有什麼好處呢？全球化一定會有贏家。首先，自願跨境貿易一定是雙贏的。此外，在全球化之下，資本的配置會更有效率，規模報酬更容易達到，而無形資本的回報率因市場擴大，也會升高，主要是因為發明創新的成本是固定的，市場愈大，回報率就會愈高。同時，全球化可促進技術與知識的傳播，並透過旅遊或留學，增進人民跟人民之間的來往交流。有些全球問題也需要各國一起來商議處理，比如氣候變化的問題，是單一國家無法解決的，一定要聯合起來，這也是全球化的好處。

兩國之間自願貿易一定是對雙方都有利的，可用圖四跟大家說明，圖中藍色部分包括外部的藍線，表示在這個經濟體裡面能夠生產出來的兩種商品X1和X2的所有可能搭配，同時也等同在不進行國際貿易之下這個經濟體所能消費的所有搭配。圖四中的紅色線是國際的相對價格線，如果有國際貿易的話，這個經濟體便可以用X2來轉換X1，或用X1來轉換X2，無論在紅色線上的或紅色線內哪一點都做得到，這表示可以有很多消費商品搭配的選擇，是沒有貿易之下選擇不到的。沒有貿易之下，只能選擇在藍色線範圍內的商品搭配。可見有貿易之下能選擇的搭配多了很多，所以一定是有好處，不可能是失利的，因為最壞的打算就是不貿易，也不會比以前壞。每一個國家，每一個經濟體，從不參加國際貿易到參加的話，絕對是會得益的。

但這裡面有一個問題，在兩個貿易夥伴之間，究竟誰得的好處比較多？這是很難界定的。所以當川普說美國吃虧了，並不是說美國沒有得到好處，他知道全球化對美國有好處，他的意思是，美國是有好處，可是大量的好處都是讓中國大陸、日本或德國占去了，他覺得美國拿到的好處不夠多。

雖然全球化對整個經濟體來說是好事，但在經濟體的內部，時常會出現問題，因為全球化會創造贏家和輸家。參與國際貿易的贏家一是出口商，在出口商品上創造利潤和就業機會。其次的贏家便是進口商與進口商品的消費者與使用者（包括其他使用進口零配件的生產者），因商品可能比較便宜，品質比較好，選擇更多元。可是誰是輸家呢？輸家就是被進口商品替代的國內產品的製造商與它們的雇員，有些人會失業，有些企業可能失去競爭力而被迫關門。為什麼每一個國家內部都有些人傾向於保護主義和孤立主義？就是因為這個政府沒有好

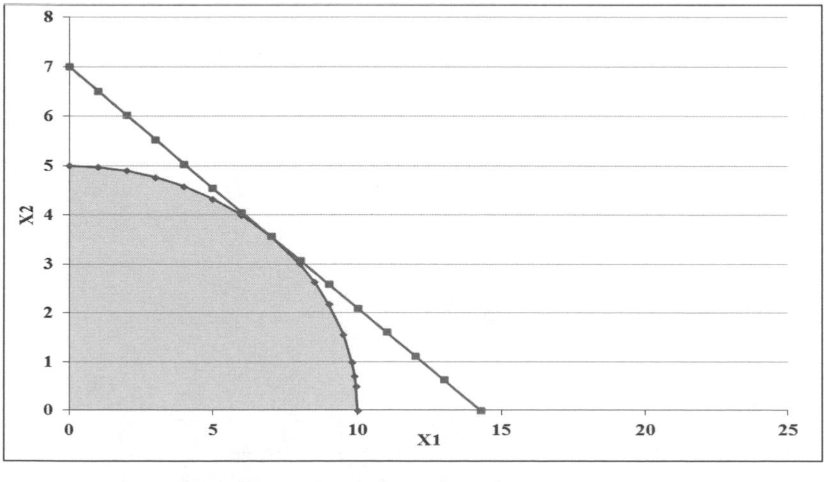

圖四：在自給自足與國際貿易之下的消費可能搭配集。

好地補償和照顧這些輸家，未能讓經濟全球化的好處為全民分享。這個問題，過去各國政府都沒有好好處理，現在已無法避免，需要面對這個問題。

也談美國獨享「鑄幣權」

兩個國家要貿易，如果彼此都不相信對方的貨幣，就需要使用彼此都能信用的第三方貨幣做為貿易的媒介，而美元則是第一選項，是最常被使用的交易貨幣，因此美國占了很大的便宜，這個我稱為鑄幣權（Seigniorage）。這就是說：美國政府有權印美元，一個經濟體需要美元，就要賣東西給美國，才能得到美元。美國只需要利用它印刷的鈔票，就能換取進口的商品，這就是鑄幣權。美元其實是一個國際的貨幣，是由美國供應的。原則上，賺到美元的經濟體可以用這些美元向美國進口商品與服務，但它需要儲備美元應付與其他貿易夥伴交易用，所以不會全部用來向美國進口。（此乃臺灣中央銀行有很多的美元儲備，中國大陸人民銀行也有很多的外匯儲備的原因）。這樣一來，美國就可以享有很大和很長期的貿易逆差，同時美元儲備所能得到的利息也很低，讓美國占了很大的便宜。

參見圖五，從圖中可見，因為很多貿易夥伴彼此不相信對方的貨幣，而使用美元來清算與結算，因此二〇一七年雖然美國只占全球的貿易值約一二%左右，但全球用美元支付的貿易卻占了約四〇%。在二〇一七年排名第二的支付貨幣是歐元，約三〇%，但歐元區貿易裡面有很多是區內貿易，當然是利用歐元結算。所以其他第三國多半是利用美元；第三是英鎊，中國大陸占的貿易比例是很高，超過一〇%，但利用人民幣來結算的交易現時還不多，只有二%左右。

美國從一九八〇年到現在，累積的貿易逆差是十兆美元，即是它進口的十兆美元商品與服務，是用印鈔票、印債券的方式來結算，同時債券的利率也很低。在國際上美國真的欠人家十兆美元的話，每年得到的好處就是在利差，美國利率跟其他國家利率的利差，假如是一%的話，每年就有一千億美元的淨利益，這雖然不是實際的數字，但也可說明其中美國有很大的好處。

全球化的成本

接下來談全球化的成本問題，最後我還希望談解決這個問題的一些方法。第一，全球化下除了贏家之外，一定會有輸家，市場不會自動補償輸家；第二，全球化之下競爭非常激烈，因為要跟全球所有的其他經濟體競爭。大家還記得幾十年前臺灣是全球最大的製鞋國，可是現在已沒有一雙鞋是臺灣製造的，因為隨著臺灣的工資上升，勞動力成本變高，製鞋業都移到中國大陸，但現在中國大陸成本也高了，又遷到越南、柬埔寨與孟加拉等地；第三，我要談一下要素價格平等化定理（Factor-Price Equalization Theorem），這是由諾貝爾獎經濟科學獎得主家保羅・薩謬森（Paul A. Samuelson）教授所提出，他說同樣的生產要素的價格，例

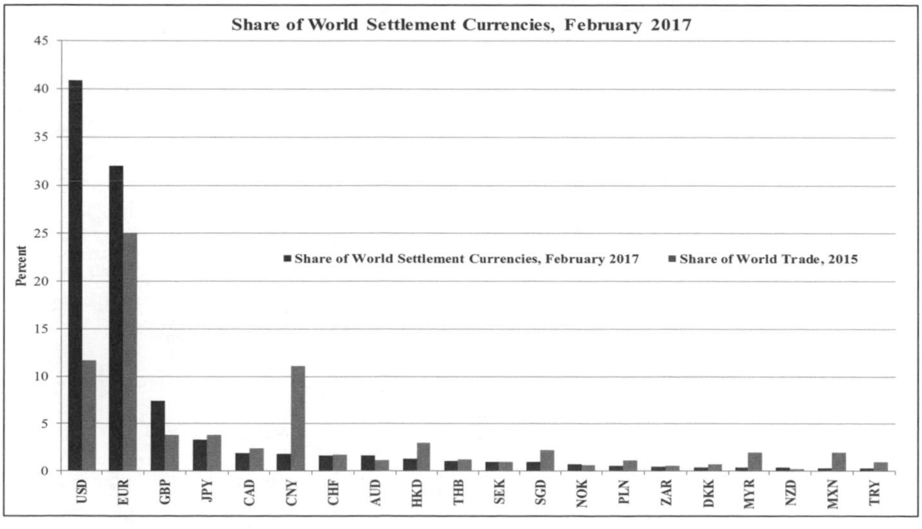

圖五：二〇一七年各種貨幣占全球貿易結算比重

如沒有技能的勞動力，假設全球都貿易自由，也沒有交通費用，就一定會下降到全球最低的價格。全球沒有技能的人最多，工資最低，是在什麼地方？可能是非洲。人不需要移動，因為產業會移動，在美國也好、臺灣也好、香港也好，能夠搬走的就業機會都已經搬到較便宜的地方去了。這其實是一個很嚴重的事情，沒有技能的勞動力一定會面臨工資不但不上升，反而會下降的問題。所以美國最近這一、二十年所有藍領工人薪資都沒有增加，反而是那些技術人員、工程師、與資訊通訊業雇員的薪水都很高，這都是事實。

假如政府不想辦法去補償全球化的輸家，結果將是國內的所得分配會愈來愈不平均，這不只臺灣如此，美國、香港，甚至全球都有這種現象。記得《21世紀資本論》作者湯瑪士．皮凱提（Thomas Piketty）談及，在每國國內的所得分配是變為更不平均之際，但其實在國際上國與國之間的分配差距是愈來愈小。在中國大陸境內所得分配是非常不平均的，可是整體收入在上升。所以從全球角度來看，全球的所得分配是愈來愈趨向平均。當然我們看到，全球化下有很多機會讓一些企業去壟斷整個市場，像蘋果（Apple）、谷歌（Google）跟微軟（Microsoft），它們不是寡頭，就是準寡頭。再如亞馬遜（Amazon），如果不是大陸有阿里巴巴和百度，可能老早就打進大陸市場了，會比現在更大。為了保護消費者的利益，政府的監管是必須的，不能讓企業有太多的寡頭行為。以美國經驗而言，如當年沒有司法部對IBM的反壟斷判例，可能就不會有微軟；如果沒有對微軟的反托拉斯判例，也不一定會有蘋果與谷歌。讓企業太獨占市場，不只消費者吃虧，也阻撓技術進步。

最後，全球化造成的外部影響會增加，大的經濟體對出口的依賴度是很低的，美國、中國大陸、日本都是很低的，它們的經濟比較不會受出口波動的影響。而香港、新加坡是小型經濟體，受到的影響就很大。臺灣當然也不是大的經濟體，所以就需要強化一些社會安全網來輔助。

降低全球化成本的可行與必行之路

要如何能夠降低全球化對一個經濟體的成本？我有幾個建議：

第一：課徵進出口稅

輸家必須受到補償，建議由贏家付稅，針對所有出口貨品，加徵〇．五％或者是一％的稅；對所有進口貨品也是一樣。總之進、出口都課同樣的稅。出口商當然是經濟全球化的受益者，進口商也是進口利潤受益者，所以要他們付一點稅，其實很公道，進口商也可以把稅轉嫁到進口貨品的消費者與使用者身上。這些稅收就拿來補償那些因為國際貿易喪失就業機會或薪資降低的人。假如是年輕人，就重新培訓他們，增進及加強他們的工作技能，讓他們再就業；而五十五歲之上的中老年人，反正到六十五歲就要退休了，因為他們年紀大，重新培訓不一定有效，也只能再工作幾年，建議讓他們拿長俸。要這樣做才能把輸家變成不輸，可能讓他們贏一點，不然全球化可能走不下去了。進出口同時都課同樣的稅，可以避免造成價格的扭曲。

第二：課徵托賓稅

減少短期資本流進流出，最有效的辦法就是經濟學者諾貝爾經濟科學獎得主詹姆士．托賓（James Tobin）教授提出的托賓稅（Tobin tax）。他在一九七二年提出建議，針對跨境資本流動課稅。例如國外資本匯進臺灣，課一％的稅，匯出也要課一％。如果是長期投資，例如要來臺灣投資五年，一進一出總共課二％，經五年分攤後每年成本只有〇．四％，可以承受。反之，打算短期進來炒臺幣匯率升值，一個月就走，年利率就變成是二四％，如此投機者就不會選擇來臺短線炒作。所以徵收托賓稅可以區別短期資本和長期資本。長期資本的流入是長期的而且相對穩定，而投資者亦希望這個經濟體可以繼續成長發展，這對被投資國是有利的。短期資本流入基本上是投機，匯率炒高一點便離場，或是賣空被投資國的匯率，賺了錢就走，會影響該經濟體金融市場的穩定性，也會對其經濟造成負面衝擊。其實利用外國短期資本的風險是很大的，東亞國家在一九九七、一九九八年亞洲金融風暴的時候吃過很大的虧。所以我們應當鼓勵長期資本流入（或流出），不鼓勵也不歡迎短期資本流動。

第三：強化社會安全網

在全球化下，和進口產品與服務競爭的產業可能會萎縮，甚至要裁員；其次，經濟和國際連動愈密切，一旦國際經濟波動，便會受影響，例如美國不景氣，臺灣對美國出口便馬上降低，要協助這些週期性失業的人，就需要建立社會安全網。更需注意，在今日這轉變迅速的社會，不可能一個人二十一、二歲找到工作便終身做到六十五歲不變，每個人都需要終身學習與再訓練，社會有提供這些機會的責任。

第四：投資無形資本

無形資本是指人力資本與研發（R&D）資本，它們是創新最主要的元素，而創新則是驅動經濟成長最重要的力量，尤其是在已發達的經濟體。在R&D投入跟GDP的比例，相對其他國家，臺灣的研發投資算是高的。全球化競爭激烈，不持續創新就會落後，落後之後就不太容易再趕上。例如台積電一直很重視研發，是臺灣研發金額投入最高的企業，所以它能穩坐世界晶元代工的龍頭地位。

根據資料顯示，不同國家在美國獲得的專利權，美國是第一、日本是第二，臺灣、韓國都相當高，中國大陸也在趕上。如果把投入研發的資本，跟獲得專利權的數位來參照，可以發現研發投入愈多，獲得的專利權也就愈多。

結語

全球化對所有的經濟體都帶來了很大的利益，最主要的問題在於經濟全球化所帶來的好處，在一個國家或地區內如何再均勻分配，讓所有人民都能得益，這是政府的責任而不能靠市場。在轉型調整的過程中，市場不會再培訓被進口影響因而失業的人，不會照顧這些人的生活，這一定是政府與社會的責任。在這幾十年來，臺灣是全球化的得益者，所以為了自身的利益，臺灣應當支持繼續全球化。像臺灣這樣的小型經濟體，大部分原料物資都依賴進口，不可能閉關自守，必須推廣教育，培養人才、投資研發，增強競爭力，繼續支持全球化。

現任：香港中文大學藍饒富暨藍凱麗經濟學講座教授、中研院院士。

曾任：史丹佛大學經濟系教授、香港中文大學校長；劉教授的研究成果豐碩，專書十二種，曾於國際學術期刊發表論文多篇，包括《發展的模式：韓國和臺灣經濟成長的比較》，以剖析亞洲經濟成長的模式與限制。劉教授獲國內外各大學術殊榮，包括國際計量經濟學學會院士（Econometrica）等

對談

邱正雄副院長：

全球化會帶來利益，但也會有輸家，例如臺灣的製造業在全球具競爭力高，故其人均所得成長率較高，但臺灣服務業相對上其國際競爭力較弱，故其中若干行業就會被迫倒閉，要補償這些國際化經濟的輸家，可以從技術的創新與培訓上來改進或另給予補貼，但要進行適度補償使人滿意並不容易。

以臺灣前幾年與中國大陸所訂的服貿協議爭議為例，該協議可以提升大陸與臺灣雙邊貿易，會協助促進我方總體經濟的成長，但是也可能會對一部分傳統上競爭力較低行業產生影響，造成其失業，當時的馬政府針對此問題開過非常多次對外說明會，但是不容易取得民眾信任。剛剛劉院士提到可利用托賓稅從稅的徵收機制來進行補償，但托賓稅據了解以前雖有被很少數小國家採用過，但到目前為止採用的國家並不多，這是為什麼呢？有種說法是很多國家的產業依賴全球化貿易甚大，如果再課托賓稅的話會對其產業造成衝擊。因此我想問為什麼真正實行托賓稅的國家不多？

此外，在教育與培訓上要如何來做？俾讓因全球化致國內失業的人口可以有新的出路？

劉遵義院士：

我想政府補助輸家，對於週期性或是永久性，應該有不一樣的做法。以週期性的經濟層面來說，例如美國最近經濟低迷，因此對臺灣出口產品需求量降低，但這低迷現象以後美國景氣復甦後還是會回升，所以屬於週期性的。對於週期性問題，政

▲劉遵義院士與邱正雄顧問進行討論、對談

府可採取保險，或是照顧的政策。

對於永久性的輸家，就以臺灣製鞋產業為例，臺灣以前是世界第一的製鞋地區，但隨著經濟轉型已不生產鞋，該如何幫助並安置這樣一群人？這群人當中，年輕人會選擇轉業，但是有些因年齡等因素難以轉業的，政府便要照顧他們。我的想法是，對於中年以後失業的人，例如有些人五十五歲失業，但六十五歲才退休，中間剩下十年時間，轉業對他們相對困難，因此政府需對他們妥善照顧。我剛剛提到的進口稅，基本上新的稅源要專門幫助這些受進口衝擊的企業，因為他們所受的影響可能是持久性的，而非週期性的，至於稅率要定多少，這需要經過嚴謹的計算。如果失業的是年輕人，則需要再教育、培訓，讓他們在職場有新希望。因此補償輸家要區分不同狀況，再給於協助。

托賓稅很少國家在使用，我認為美國最會反對托賓稅，因為金融危機中所謂的金融大鱷，他們都是美國的風險基金（Risk fund），人性中的投機，就是進金融市場賣空、買空，但是這對收納資金的地區沒有好處，因此唯一方法是透過課稅牽制這些短期資金。假如資金進入要課一％的稅，出口也要課一％稅，這樣狀況下，對停留時間較長，如五年的資金無甚影響，但對停留僅一個月的資金就會有影響，便會達到抑制短期資金流動的效果。所以真正反對的，其實是美國華爾街，因為他們有利益上的考慮。而匯率是有波動的，大幅度波動時，受益最大的是美元，因為在大家都相對穩定狀況下，你的匯率波動幅度很大的話，加上美元做為第三方支付貨幣，對美元是有絕對好處的，因此美國不會支持課托賓稅。

我認為托賓稅真要成功的話，恐怕需要一、兩個比較大的經濟體實施，歐洲推動有點難，中國大陸真要做的話，有可能成功，但是它現在也是管制狀態，所以阻力依舊在。

邱正雄副院長：

談到托賓稅這種金融增值稅的時候，我想到臺灣過去的經濟發展經驗。自一九八六年七月起，臺幣兌美元的匯率由臺幣約三十八元兌一美元開始升值，一直到一九九〇年初期的時候，臺幣升值到差不多一美元兌二十五元臺幣，臺幣在大幅升值下，原來在一九八六年六月臺灣勞力密集產業出口賣一美元貨品折合新臺幣三十八元，但到一九九〇年十二月底賣一美元外銷品只能折合約二十七元，一九九〇年代初期廠商賣一美元貨款實際到手的臺幣貨款變得少了很多，因此這些勞力密集產業不易在臺灣生存下去，便開始大量外移到中國大陸東莞設廠，當時大陸剛在發展階段，他們的工資比臺灣便宜很多，正需要臺灣的勞力密集中小企業去投資。問題是在臺灣的廠商走了，不少留下的勞工在臺灣就會失業。當時臺灣如何處理這些失業問題？好在當時臺灣的臺積電於一九八七年成立，連同其他臺灣電子業帶動電子業創新，使得臺灣的電子業在一九九二年、一九九三年大量上市，如鴻海也是在當時上市。所以透過電子業技術創新帶動臺灣經濟逐漸向全球化貿易發展，解除臺灣當時的困境。換言之，一九九二年到一九九九年間臺灣的內需很強，最主要是拜臺灣科技發展帶動新興電子業與臺灣其他市場的發展之賜，故當時臺灣沒有失業率的問題，臺灣在一九九二年亦升為高所得國家。但二〇〇〇年起貿易全球化以後每次全球或東南亞經濟蕭條時都為臺灣帶來大的失業問題。

剛剛特別還提到匯率的問題，美元當然是全球最重要的貨幣，而在臺灣，維持臺幣與美元匯率的相對平穩（即央行所稱「動態穩定」的匯率機制）一直是臺灣重要的考量，從實務而言，臺灣從二〇〇〇年至今，臺幣與美元匯率維持仍相對平穩。另外就我理解的托賓稅而言，其雖然對國際間短期資本移動具有管制意味，即在國際短期資本移動激烈可能造成匯率大幅波動之下可以徵收托賓稅，但近三年來國際貨幣基金（International Monetary Foundation）雖主張相關國家可以對此情況施行外匯管制，但ＩＭＦ本身似乎也沒建議採用托賓稅政策，為什麼他們不建議？

劉遵義院士：

我認為需要評估每個組織在每個時代的功能，ＩＭＦ成立之初主要的功能是什麼？它是要維持一個固定匯率系統，當時ＩＭＦ的做法是，假如一個國家長期入超要貶值，長期出超則要升值，這不是容易的事情。以往都是故意貶值，一九七一年美國片面單方面廢除固定匯率，變成浮動匯率，這對美國而言是占盡便宜，因為假如在ＩＭＦ匯率政策之下所有貨幣皆平等，但是採自由匯率，你要向我購買產品，我只收美元，所以其實美元占便宜。ＩＭＦ一直都不贊成管制，最近才開始鬆口，因此我認為需要考慮每個地區本身不同的利益。

企業進行貿易，或到其他國家投資，其實都希望有相對穩定的匯率，否則無法判斷進出口的時機，因此實體經濟的運作會需要相對穩定的匯率，但不是固定匯率。歐元之父、也是諾貝爾獎得主羅伯特・孟代爾（Rober Mundell），在提出歐元之後，曾經有個建議：讓歐元兌換美元維持一個範圍，比如說讓歐元兌美元匯率維持在一・一元到一・二之間，由美國聯準會（Federal Reserve System）跟歐洲中央銀行（European Central Bank）分工調節，當歐元太高的時候，歐洲中央銀行就拋歐元買美元；同理，美元過高時，美國聯準會就拋美元買歐元，這可相對穩定歐元跟美元的匯率。如果以上觀點可獲得實踐的話，是為歐洲跟美國商人所樂見，因為其可維持長期的相對穩定，我覺得是好事且可實行。

邱正雄副院長：

在英國脫歐之後，英國退出歐元區，英鎊是否還有其重要性？其是否會受到影響？

劉遵義院士：

用歐元結算主要是歷史原因，而用英鎊結算的皆為前英國殖民地。英國脫歐之後，我覺得印度可能會改用美元，而不再使用英鎊。當有新狀況出現，一個國家想不到買什麼外匯時，最終會買大家能接受的，而美元的重要性就在於大家非常容易接受。

中央大學學生：

當前世界是大數據跟ＡＩ的時期，這個必然會讓大企業，如蘋果或是Facebook等寡頭企業會愈來愈強大，對全球化有加劇效果。當今經濟學家對大數據與ＡＩ時代的研究有哪些？全球化經濟衝擊愈來愈強大之後，少數企業掌握大部分的資源，可是資本又掌握在少部分人的手中，這個問題要如何解決呢？如果貧富差距的問題過大，透過稅制也不一定能解決問題，經濟學家會如何評估此問題？

劉遵義院士：

面對大數據時代很多事情正在重新思考，比如大數據是具應用性的，但對於大家的隱私權有無得到充分尊重會是一個問題。這其實與寡頭公司有一定關聯，例如我只要連上網路，企業便會掌握我的習慣，甚至透過數據蒐集掌握我可能買什麼東西，隨時顯示呼應的廣告，這就會侵犯到我們的隱私權，可是這個是不容易解決的。在歐洲有些地方，針對這現象會有相關法律進行限制。

此外，這些寡頭公司，如Google這種企業可能會變成一種公共事業，大家非用不可，公共事業需要兼顧營利，而我剛提到消費者失去保護也會是一個嚴重的問題，我覺得一切問題正在開展中，後續還有很多事情待我們研究。

策劃、整理：王克敬、黃雅慧

第二篇
全球化下發展與分配的省思與挑戰[4]

前言

世界轉換快速，因應的挑戰也多，必須提綱挈領，看清生存挑戰的空間，二〇一五年四月十四日基金會與何志欽校長共研推出「全球化下發展與分配的省思與挑戰」研討會。全球化是一刀兩刃，榮辱與共，正面意義上，可透過產業與貿易發展，創造更高的價值，提高生活水準，也透過金融和投資的融合，創造更多的附加價值，同時也創造更多贏家與輸家，原有的分配發生變化，要讓此困境達到均衡，著實是一大挑戰，本研討會由何志欽校長主持，特邀劉遵義院士綜觀全局，剖析全球趨勢發展下的變化，陳添枝教授為臺灣未來提建言。

4 本篇由二〇一五年四月十四日舉辦之「全球化下發展與分配的省思與挑戰」座談整理而成。

經濟全球化與所得分配不均　劉遵義

經濟全球化衍生的主要問題是：經濟全球化利益的內部分配。贏家如何補償輸家？針對失業勞工提供過渡性的支持是政府的責任，包括職業訓練、再就業協助，和創造替代性就業機會，試圖將經濟全球化利益的一部分由贏家重新分配給輸家。

今天很高興也很榮幸有機會來跟大家討論關於經濟全球化下的所得分配問題，我和余紀忠老伯是多年的交情，余先生是位愛國並且高瞻遠矚的長輩，做為晚輩的我對他非常欽佩。

全球化下的經濟發展與所得分配態勢

我的論述將從兩本書開始：史迪格里茲的《不公平的代價：破解階級對立的金權結構》和皮克堤的《二十一世紀資本論》，都記錄了世界各國所得分配不均程度持續攀升的態勢。首先，必須認知即使沒有經濟全球化，所得分配不均的問題依然存在於每一個國家；然而，當製造業等工作機會從高工資地區外移到低工資地區，經濟全球化就必須為所得分配不均的擴大負上部分責任，尤其在經濟發達國家中。過去數十年來，在多數經濟發達國家中，工會議價能力的大大降低也和經濟全球化相關，罷工可能導致更多的進口替代，或更快速地將生產轉移至海外基地。但經濟全球化也使許多開發中國家的人均收入提高，如亞洲四小龍及最近期的中國。

資訊通訊技術（ICT）的革命也是造成所得分配不均惡化的原因之一，透過通訊技術的運用，扁平化組織漸變成常態，不再需要中階層的管理人，例如許多商業銀行的副總裁職位早已被淘汰，很多工作機會，包括日常文書工作、夜間警衛等，都消失了。

但資訊通訊技術革命及網際網絡的崛起也同時創造了新的商業模式，也是熊彼特所稱的「創造性的破壞」，如 Amazon 取代了美國大多數實體書店，技術變遷也瓦解了許多產業及就業市場。資訊通訊技術革命創造了新技術的需求並激勵創新理念，增加對無形資本（包括人力資本和研發資本在內）的投資，因為這些投資的回報，受教育／未受教育者、有技能／無技能勞動力之間所得差距的幅度也比以前擴大了。

「收入平等」不能也不應該是經濟決策者的唯一目標，應優先考量整體人民經濟福祉的最優化。一九七八年中國經濟改革前的經驗可供借鏡，當時追求平等的所得分配，卻導致低經濟福祉與低經濟成長率。此外，鑒於每個人能力的差異，藉由累進稅率的適當選擇，可以增加經濟的總產量和整體福祉。所以，從生產最大化的稅務安排角度看，完全平等的所得分配不可能成為最優的選擇。

經濟全球化能提供一些開發中經濟體出口貿易的機會，使許多人能脫貧，尤其是造成東亞經濟早期的高速成長。例如，臺灣的人均GDP從一九六五年未達二千美元，成長到二〇一四年的二萬四千美元。據估計，中國大陸有五億人民因一九七八年的改革開放而脫貧，其他正在開發中國家也會受惠於經濟全球化。

所得分配不均的成因

然而，所得分配不均的程度在許多國家與地區（包括成功降低境內貧窮者）持續惡化，部分可歸咎於其境內所得分配及重分配的內在機制。二〇〇八年金融海嘯後，經濟發達國家包括歐、美、日等的央行，採行量化寬鬆政策，造成人為的極低利率，使資產泡沫火上加油，更加劇其國內的所得差距。另一方面，資本的流動性也使QE影響力遍及全球，亦增加開發中國家的所得差距。

以測量一國貧富差距程度的基尼係數觀之（附表一），課稅和轉移支付後的瑞典（〇．二五）所得最為平等，墨西哥（〇．四八）最不平等；但俄羅斯（〇．三九七）及中國大陸（〇．三七）兩個一向被認為是所得不均程度高的國家，事實上卻與英（〇．三八）、美（〇．四一一）及日本（〇．三八一）課稅和轉移支付後的基尼係數相差不多。雖然各國的所得分配都還有改善空間，但證據顯示課稅和轉移支付政策仍屬有效。

首先，所得分配取決於財富分配的基礎上，財富包括人力資本等無形資產，財富愈多的人所得愈高，而人力資本配置則可透過教育投資來改善。第二，可支配所得的分配取決於課稅和轉移支付前的所得分配，及包括社會安全網在內的課稅和轉移支付政策。第三，所得分配亦取決於個人能力之

表一、各國稅前、稅後的基尼係數對照

Country	World Bank Estimates of Gini Coefficients after taxes and transfers circa 2000s (percent)	OECD Estimates of Gini Coefficients before taxes and transfers circa 2000s (percent)
Australia	30.5	46.8
Canada	33.7	44.1
China	37	NA
France	32.7	48.3
Germany	30.6	50.4
India	33.6	NA
Italy	36	53.4
Japan	38.1	46.2
Korea, Republic of	31.3	34.4
Mexico	48.1	49.4
Russia	39.7	NA
Sweden	25	43.6
Switzerland	33.7	40.9
Turkey	39	47
United Kingdom	38	45.6
United States	41.1	48.6

間的差別，個人能力難以事先認知，亦不可能平等化。最後，所得分配也取決於幸運和機會，一個人可能贏得彩票，但運氣也是不能平等化的，反倒是社會保險的提供，可以減輕壞運氣的負面影響。

所得分配不均的效應

所得分配不均程度愈高可能導致國家儲蓄率愈高，進而造成較高的投資率，出現更快速的資本累積和經濟成長率。相反地，低所得不均程度可能降低儲蓄率、提高消費並增加總體經濟需求。因此，所得不均程度高低對經濟成長是好是壞，取決於該國或地區是供給約束或需求約束。

容許較高所得分配不均程度的市場經濟，可能有更大的總體產出，因為能力高者會有誘因增加其產出。然而，高度的所得不均可能導致社會動盪不安，特別是當所得不均源自貪腐或詐欺的不當得利，而非因能力的差異。

高度所得不均也可能透過財富和權力的結盟，集中政治權力於少數人。但所得分配不均程度擴大未必一定是壞事，前提是所得不均的擴大是伴隨著每個收入階層實質收入的增加，而非低收入階層實質收入減少造成的所得不均情況。

相較全球所得分配不均，臺灣曾不差

觀察一九六〇到二〇一〇年世界整體經濟的基尼係數（圖一），八〇年代以前，所得不均的程度相當穩定，但在世紀交替前，卻持續攀升至歷史高點，爾後雖下降，卻仍停留在歷史上的相對高水平。但雖然普遍認為全球所得不均程度在持續上升（尤其自二〇〇八年全球金融危機），實際上它卻是在下降的。

然而，全球所得分配不均和個別國家狀況的關係是複雜的，可能全球所得分配不均改善，但個別國家所得分配不均惡化；也可能出現全球所得分配不均惡化，但更多的民眾脫貧；也可能出現個別經濟體所有收入階層的所得皆有增加，但該經濟體整體所得分配狀況卻惡化的情況。

相較於其他經濟發達國家，臺灣的所得分配情況是不差的，基尼係數在臺灣經濟快速成長期（六〇至八〇年代初期）是在下降的，平均落在〇．二六至〇．二九，這歸功於當時政府的扶貧政策，除了課稅和轉移支付政策，還包括大量投資於基礎教育——即人力資本的效果。

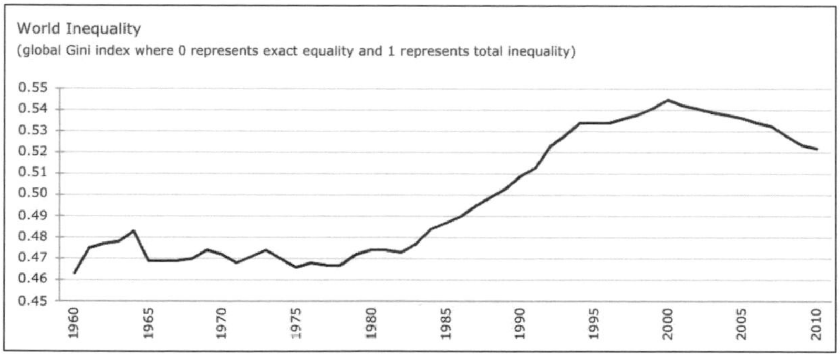

圖一、全球所得不均狀況（from Peter S. Larson）

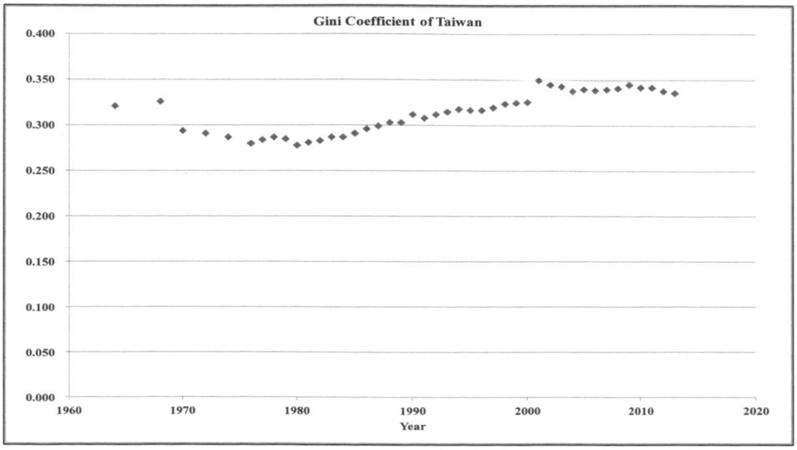

圖二、歷年臺灣稅後所得不平等狀況

經濟全球化及其近期的加速

經濟全球化在過去幾十年有加速趨勢。正如湯馬斯・佛里曼《世界是平的》一書所言，經濟全球化遍及世界各個角落。雖然發生一九九七年東亞貨幣危機、二〇〇八年全球金融危機和二〇一〇年歐債風暴，國際貿易和投資流量在過去二十五年卻呈前所未見的成長。

一九九〇到二〇一三年，全球貿易總值平均每年成長七・五％。在此成長率下，全球貿易每十年成長一倍。全球貿易的年成長率，比全球GDP的同期年成長率（約為二・七％）還高二・五到三倍。全球對外直接投資總額也顯著地成長，二〇一三年全球直接對外淨投資約五千億美元，相較於全球GDP的一百兆美元。中國大陸是二〇一三年對外直接投資的最大接受國，美國僅居第二。

通訊與運輸成本的降低也加速經濟全球化，透過減低監督及控制成本，促進公司間和公司內部的合作與分工，進而降低外包的交易成本。這也使生產過程分割變得可能，產品製程可交由不同承包商或轉包商分工，不受地理環境限制，選擇最佳及最低成本方案。另外包括旅遊、金融等服務業貿易量激增，網路或光纖通訊網將過去無法輸出或輸入的服務貿易（如軟體創造、資訊處理和後臺）變成可能，如印度軟體公司Infosys輸出軟體服務到世界各地，教育和醫療服務亦可透過網路遠端傳遞，包括物流等海空運成本也降低，而英語作為商業溝通媒介也促進了經濟全球化。

當中、印、俄及東歐等國家陸續加入全球市場，作為出口供應者和進口需求者，促使全球貿易量大幅成長，而各種經濟聯盟和自由貿易協定，如WTO、NAFTA、ASEAN等，透過降低關稅和貿易障礙，也促進了經濟全球化。除了自由貿易協定外，另一趨勢為將地理上分散的生產整合於單一地區（如在歐盟內部），這也增加了國際貿易量；避免供應中斷的風險也促進經濟全球化，因為日本和臺灣發生地震的經驗，日、臺企業的客戶認為有必要要求供應商將其生產分散在不同區域，以降低供應中斷的風險。

因為障礙排除和誘因的提供，外國直接投資在WTO制度安排下，除流量上升之外，國民待遇也日益成為標準。外國直接投資經常跟隨貿易流向，以確保原料和自然資源的長期供應，而貿易也隨外國直接投資的流動，例如子公司的產品被賣回本國，世界貿易很大一部分是由同產業內和同企業內貿易所構成。此外，外國直接投資也可能被提供跨境服務的慾望所驅使，如FedEx、J. P. Morgan Chase等。

國際貿易及投資的效益

經濟全球化使國際貿易和國外直接投資顯著成長，自願性的國際貿易對貿易雙方皆有益處。若一國可以比另外一國更有效率地生產某一產品，透過專業化和貿易可使兩國皆獲益。即使一個國家比另一國家更有效率生產所有的產品，兩國仍能從貿易中獲益，因為他們有不同比較優勢。既然貿易是雙方自願，若一方沒有獲益，便不會產生貿易行為，所以任何貿易兩國皆應獲益，且獲益應當足夠補償貿易夥伴國家中的潛在輸家。

當一個新經濟體決定參與世界經濟，國際貿易只會增加不會減少，因此世界的整體經濟福祉應該增加，而該經濟體的全民福祉也應增加。過去封閉的經濟體，可以透過參與世界經濟而擴大其消費的可能選擇，貿易可以大大擴張該經濟體的消費可能選擇，而其境內整體經濟福祉也會因而提高。但雖然自願性國際貿易會為所有貿易夥伴帶來益處，貿易利益的分配卻不一定與比較利益有關，通常取決於貿易夥伴間的相對議價能力。

當引進新的貿易關係時，每個貿易夥伴國都必須進行調整，因其部分產業可能擴張或萎縮，既然貿易能擴大該經濟體的消費可能選擇，顯然整體經濟福祉會比過去提高，所以該經濟體的贏家也應該有足夠的受益，來補償輸家之損失，但補償輸家必須由政府推出具體的政策措施。

國際貿易促使市場擴張、實現規模經濟及專業分工。隨著市場擴張，市場間的整合和分割也成為可能，國際貿易使廠商聚焦在專業化任務（而非專業化產品），廠商需要找出他們在全球供應鏈中的利基，在核心競爭力上最大化其附加價值，在供應鏈中，附加價值愈高的部分，其競爭就愈少（例如 Apple、Intel、Microsoft、TSMC），所以橫向擴張（供給全球更多客戶）比垂直整合更有效率且更有利可圖。

此外，無形資本（創新、研發、智財權、品牌）投資回報率的增加，比市場規模擴大的速度來得快，因為無形資本的創造雖然需要較高的固定成本，但其擴展應用卻只需要較低的邊際成本，所以在大市場中會帶來較高的邊際營收和利潤；也因為透過國際貿易和外國直接投資可開拓更大的市場，無形資本的槓桿作用也更大。無形資本亦是產業取向的（相較於地域取向）。對一現存企業而言，進入一個新的地域經營同一產業來競爭相對容易，而在同一地域市場要進入新的產業來競爭則相對困難。

對創新和技術轉移而言，充分保護知識產權是必要的，缺乏保護將使發明家與企業沒有嘗試創新的誘因，跨國投資和技術授權的誘因也隨之降低。新興市場中無形資本的保護更需要直接監管，缺乏積極監管的特許經營是無法良好運作的。經濟全球化除有助於新概念、新科技和新經濟模式的傳遞，也促進文化交流、提高國際相互理解，並減少可能的潛在衝突。

正視長期投資與短期資本流動

長期自願性的直接投資或長期的組合投資組合，對於投資國和被投資國都是有利的。然而，短期資金的流動卻未必有益於雙方。基本上，外國直接投資的流動（不論流入或流出）是長期並相對穩定的，長期組合投資的流動亦然。另外，跨幣種的短期國際資本流動，容易發生幅度或方向上的急遽變化（例如熱錢的流動），並且會影響該經濟體的金融市場（包括外匯、信貸、資本市場等）的穩定性，對實體經濟造成負面衝擊。但最重要的反對跨幣種短期國際資本流動的理由是：除了有關貿易的短期融資，其他短期國際資本流動對社會生產並沒有貢獻。流入的跨幣種短期資本並無法在流入國內有效運用，當它們被用於長期投資計畫上，通常不可避免地會陷入借貸期限錯誤配置的麻煩，接著問題更會因為貨幣的錯誤配置而進一步惡化。事實上，一九九七年的東亞貨幣危機就是借貸期限與貨幣的雙重錯誤配置所造成的。

此外，短期資金在一個經濟體的流出與流入，也會造成該經濟體匯率及利率的過度波動，而這也將抑制其國際貿易和長期投資的發展，影響該國實體經濟的成長。

可能的補救措施與對策

一、財富重分配

不同於直接所得重分配，財富重分配肯定能改善貧富差距，但目前仍不能肯定這樣的重分配可以提高整個經濟體的總產出並改善整體經濟福祉。財富重分配應當在對經濟總產出沒有負面衝擊下才進行，如果導致總產出降低，整體經濟福祉就不可能改善。

二、課稅和轉移支付

國家可利用課稅和轉移支付的政策工具，來改變可支配所得的實際分配情況。例如德國在課稅和轉移支付前屬高度所得不均（〇．五）的國家，但於施行政策後卻優於多數OECD國家（〇．三一），成為所得不均程度最低的國家或地區之一；相對來說，課稅和轉移支付政策在墨西哥則幾乎沒有實質效果，施行前後並無顯著差異。每一個經濟體都必須建立有效的社會安全網，轉移支付計畫應涵蓋失業保險、職訓基金和補貼等，幫助被進口取代的勞工重新回到就業市場。

三、最低工資

一個國家可以選擇施行最低工資標準，並隨外在條件調漲，假若在過程中能避免增加失業率，就應當會提高最低收入群體的收入水平。但最低工資是需要謹慎使用的政策工具，貿然施行的話，就會有導致失業率上升及通貨膨脹的風險，並有惡化所得分配不均程度的可能，甚至可能引發社會動盪。最低工資標準不宜經常調動，調漲最低工資標準的最適當時機，是當失業率低時。

四、鎖國政策

一個國家可以自願選擇隔絕於世界體系之外，不參與國際貿易和不允許國外投資的流入和流出，採取自給自足的經濟政策。這肯定會避免經濟全球化的影響。但經濟實行完全自給自足，將會降低整體經濟福祉和人民的生活水平。改革開放前的中國和受經濟制裁期間的南非與緬甸，以及當前的古巴和北韓，都是顯著的實例。此外，經濟自給自足並不必然導致全國所得分配平等的結果，治療方式（鎖國）本身可能比原始病症（所得分配不均）更有問題。

五、租稅政策

首先，若一個經濟體決定參與國際貿易，出口商品1而進口商品2。產業1會擴張而產業2會縮減，產業2的一些失業工人可重新受雇於產業1，過渡性協助如失業救濟和職訓津貼等是必要的。失業救濟金應從社會安全網中提撥，而職訓津貼和補貼的來源，可透過向贏家徵稅來募集。

其次，產業1無論是由生產因出口成長或商品1價格升高所導致的營收增加，其利潤都會提高而需要付更高的所得稅。由於該產業利潤的增加，徵收額外過渡因出口增加所增利潤附加稅是合理的，此附加稅僅適用於當年度，隔年商品1出口若未再增加，產業1即無附加稅的責任，附加稅會利用於援助產業2中的失業勞工。

第三，產業2部分，無論是進口增加或商品2價格下降所致的營收縮減，其利潤會降低而稅負會減少，加以可能裁員，如前所述，政府需要協助產業2的失業勞工。然而，贏家則是可享受商品2更低廉價格的消費者，故應該對進口的商品2課徵過渡進口增加稅以補償輸家。實際上，無論在商品1生產者的附加利潤稅和商品2的過渡進口增加稅，皆為協助負擔產業2失業勞工過渡性援助的成本。值得注意的是，一個經濟體進口的純粹在不同進口國之間的替代，並不需要徵收過渡進口增加稅。有人可能認為過渡進口增加稅違反ＷＴＯ規則，但只要是過渡性而非永久性的，其本質上近似於激增稅或反傾銷稅，因此應可為ＷＴＯ規則接受。

第四，當一個國家面臨替代國內生產的進口增加，也可以考慮公開拍賣進口許可證。目的有三：首先，每年進口總量可經每年進口配額的數量控制，讓它逐漸有序增加，不致突然嚴重影響國內產業；其次，進口配額的成本最終由消費者負擔是合理的，因為他們也享受到該商品的低價好處；第三，它讓政府能徵稅來資助因進口而失業的勞工，包括再培訓及再就業之成本。然而，進口配額拍賣的方式可能違反ＷＴＯ規則，但絕對比自願性配額的做法好。

第五，若企業將生產移轉海外，利用成本優勢再將產品輸回本國市場，此類進口應課徵前述的過渡進口增加稅。另外，為了避免企業有移轉海外的租稅誘因，應該要求企業提交其所有海內外業務的全部合併所得申報，如此無論利潤是否匯回國內，都需要納稅。

六、保障充分就業

此為提高低收入群體所得及改善所得分配的最有效策略之一，經濟全球化讓產業傾向外移至低成本地區，是以政府應鼓勵並創造就業機會，而這些就業機會必須是獨特地理取向的商品或服務，如此則可避免因成本考量而外移，如旅遊的相關服務（旅館、餐廳及當地運輸業），或奠基於獨特資源或長期建立的聲望（茅臺鎮的茅臺酒、New Haven的耶魯大學），而公共財或公共服務的生產，包括環境保護、教育、醫療及老人照護等公共部門就業機會，也難以輕易外移。

七、托賓稅（Tobin tax）

諾貝爾經濟學獎得主Tobin所提出的托賓稅，乃抑制短期、投機性資本流動的政策工具，若針對資本帳戶下流入或流出的資金，每次交易課以〇．五%托賓稅，每個月進出一次將面臨每年一二%之賦稅成本，而對於五年以上的長期投資，相等於每年不足〇．二%的低賦稅成本。托賓稅的徵收可大幅減少短期資本流出和流入所造成的匯率波動，也對國際貿易和跨境直接且長期的投資有利。

八、人力資本

長期而言，諸如教育的人力資本投資是最有效的所得均衡工具，教育的投資可使公民（包括失業勞工）獲得足夠且合適的收入，並支持自身提高就業力及在職訓練，為有能力者創造機會，提供豐富的開放管道不僅可增加GDP總量，亦可促進社會和諧。

九、無形資本

政府須支持並促進無形資本的投資，諸如研發資本和商譽等品牌的建立，施振榮先生所提出的「微笑曲線」即彰顯此事實的經驗。供應鏈初始端的研發者或末端的經銷商獲利最豐，而供應鏈中端的製造商之利潤則相對低，這是因為研發創新者可由專利、知識及設計等特許收費中獲利，而經銷商可從品牌認知及通路獲得利潤分配，而製造商的利潤通常很微薄，尤其當他們僅為承包「原始設備製造商」（OEMs），而「原始開發和製造」（ODM）的利潤也不甚高，專利和品牌終究還是創造利潤的主要來源，Apple和Nike即為企業典範。

十、臺灣案例

過去臺灣的香蕉、鳳梨和蔗糖為出口大宗，如今盛況不再，大部分農民已轉業，臺灣經濟的成功源於非農業部門的擴張及勞動力的移轉；臺灣也曾是全球最大的鞋出口國，如今也轉型高科技產業。透過投資人力資本和強化研發能力，可以改變比較優勢，臺灣最成功的企業透過大量的研發投資來維持其自身競爭力和比較優勢，且近年來，臺灣已成為國際專利的主要生產者。

除了透過課稅和轉移支付的直接重分配，公共基礎設施投資和公共財的投資與供給也是重分配的一種形式，諸如大眾捷運系統、環保、教育、醫療等由稅收支付的公共財，所有人皆可免費或以低成本取得利用，會提高整體經濟福祉。公共財的提供也是平衡所得分配不均的有效工具。

結語建言

經濟全球化為世界上最貧困的人口帶來提升的潛力（例如中國），從全球來說，經濟全球化的總體效益是正面的。但經濟全球化衍生的主要問題是：經濟全球化利益的內部分配。贏家如何補償輸家？針對失業勞工提供過渡性的支持是政府的責任，包括職業訓練、再就業協助，和創造替代性就業機會，試圖將經濟全球化利益的一部分由贏家重新分配給輸家。

實質GDP成長率和所得分配不均兩者間是相互影響的，但所得分配的絕對平等並不會達到總體實質GDP或人均實質GDP的最高水平，必須思考詹姆士・莫理斯（James Mirrlees）的「最優稅收」模型，政府應運用課稅和轉移支付政策，提供實質GDP邁向最大化的誘因，明確地進行所得重分配，也可運用公共財政策來改善實質所得分配情況。

所有經濟發達國家的資本回報率都在持續降低，有人認為這正符合馬克思《資本論》所預言，然而，資本投資的低回報率實在是人為的，因多國中央銀行都將利率控制在幾近於零。當資本市場充斥著零利率的資金流動，實質資產回報率趨近於零也不令人意外。但在開發中國家的無形資本投資回報率卻可以相當高，例如六〇年代後的臺灣，輸入與勞動力互補的有形資本在開發中國家更是常見，若有適當的公共基礎建設資本來配合，私人資本的回報率將會相當高。所以，在防止資本報酬率趨近於零，以及協助開發中經濟體成長的同時，經濟全球化確實可以扮演正面的角色。

所得分配為何不均

陳添枝

全球化挑戰下，除了稅制上的良好設計，更必須保障所有國民，不論其是否具備良好天賦，都必須給予賺錢的能力及機會，這也是談所得分配時該面對的，資本與勞動關係間的爭論反形次要。

所得分配是重要也是危險的議題，當社會的關注焦點都在分配，而不關心生產的擴大是危險的。全球所得分配都在惡化，不僅已開發國家，後進開發中國家亦然，並非因為誰變好誰就變壞的問題。高所得層占國民所得的比例愈來愈高，低所得層則愈來愈低，一、二十年來絕對值沒有成長，當前臺灣也面臨到此現象。

根據湯瑪斯．皮凱（Piketty）《二十一世紀資本論》中的全球所得資料庫，以及朱敬一、林明仁、簡錦漢三位學者依財政部報稅資料統計，可以與其他國家的數字做對比，臺灣上位一〇％所得層占國民所得比從一九七七年占二五．二一％到二〇一三年占三六．三九％，增加了一一．一八％，誠如劉遵義教授所言，臺灣並非最壞的；依據韓國學者統計數據顯示，韓國上位一〇％所得層占國民所得比從一九九五年占二九．二％，和臺灣差不多，到二〇一三年占四四．八七％，增加了一五．六七％情況非常嚴重；美國的數字更糟，其所得大部分集中於頂端一％。臺灣從一九七七年到二〇一三年頂端一％所得層占國民所得比增加了四．一六％，五％所得層占國民所得比增加了八．三七％，一〇％所得層占國民所得比增加了一一．一八％，大部分國家增加一〇％至五％，增加到一〇％以上，表示上層的人拿的錢愈來愈多，這是全球普遍現象。

全球化究竟發生了什麼事？超級明星、普通明星及非明星的薪資差異益大，頂端富裕者財富累積驚人。所得惡化的主要原因，以下分述之：

一、全球化的內涵包括貿易（投資資金流動）和人員流動

首先，貿易造成要素所得重分配（參照赫克歇爾．奧林定理〔Heckscher-Ohlin〕），但出口國和進口國的變化方向相反，與實證證據不盡相符；其次，資本和技術性勞工具有互補性，外人投資使本國技術性勞工薪資上升，但對非技術性勞工助益不大，資金外流使本國技術工與非技術工薪資均下降，只有資本主所得增加，目前上海碩士生電子科系起薪人民幣一萬元，比臺灣還高，而上海社科院大學生起薪人民幣四千元，和臺灣相似；第三，高技術人才跨國流動容易，薪資議價能力較高。

二、技術變遷——資本與勞動比變動

觀察資本與勞動的報酬比，美國研究顯示，勞動所得占比持續下降，美國從五〇年代至今，從六五%降到五七%左右，顯然為技術變遷所致。早期包括臺灣的開發中國家皆相似，勞動所得約略四〇%，初始工業化發展後逐漸提升，臺灣從二〇〇〇年至今，從五五%降至五二%，下降趨勢不至於太嚴重，故若將所得惡化的原因歸責於勞動所得在全國所得占的比例大幅下降，在臺灣是不太能解釋的。

根據資本跟勞動間的替代彈性，相關研究發現過去約略接近1，現在則是高於1，可接受的說法是，當資本跨國移動愈來愈多，勞動需求較高的工作將往開發中國家移動，造成勞動所得無法上升，不同技術層級的公司間，變化與成長速度不一樣，普通技術的薪水成長緩慢，高技術的薪水則較高。

另龔明鑫教授根據主計處二〇〇〇年到二〇一四年資料的研究，不同職業別及其薪水之分布別，最上層的企業經理級，二〇〇五年五〇%以上的人月薪約六萬，目前為六二%，大部分專業人員薪水也有四萬以上，其餘人員包括白領階級十年來薪資幾乎無變動，一般的體力工作稍有成長，職業別有很大的影響。

三、勞工制度

首先，臺灣沒有工會問題，並非是工會式微導致勞動所得變少；其次，臺灣薪資結構中，非經常性薪資比例升高，主要是規避薪資相關稅負（如健保、退休金），並增加薪酬彈性；第三是非典型就業人口的增加，使邊際就業者的薪資不易成長。近二十年來，非典型就業人力的增加，我國運用比例算低，甚至低於日韓，非典型就業薪水必然較低，但此非所得惡化主因，雇主於僱用人力時有較多的彈性，非典型就業屬韓國最積極使用，故其失業率較低，臺灣相對保守，失業率也相對高。

四、教育的影響

首先，高等教育的擴張，導致勞動供給減少，應有助薪資上漲而非下降；其次是高等教育擴張使非技術工供給增加，技術工供給減少，使技術工與非技術工的工資差異擴大。高等教育的擴張雖然也擴張了理工科的科技，但現在反不重視技職教育，一般性教育雖然教導知識，但是缺乏技能，在資訊科技時代，產業模式、生活方式的應用與服務型式必須與經濟轉型接軌。臺灣在討論所得分配問題時，必須思考教育結構，回到勞動市場供需原則方是正道。

五、財產增值不計入國民所得

財產增值不計入國民所得，卻會增加個人收入。近年來實體資產增值的速度遠高於物價，使資產所有者變富有，卻不會反映在國民所得帳上。該領域對臺灣這些年來所得分配問題有許多實質影響，朱敬一等學者以財稅資料進行統計，甚至可能低估所得惡化的狀況，因為這些並沒有納入報稅部分，民眾情緒上也較容易不滿該問題，未來應持續關注。

結語建言

全球化挑戰下，除了稅制上的良好設計，更必須保障所有國民，不論其是否具備良好天賦，都必須給予賺錢的能力及機會，這也是談所得分配時該面對的，資本與勞動關係間的爭論反形次要。當前社會討論要立法強制公司加薪，這是所有經濟學家難以理解的，該政策並不會產生效果，因為總會有國家歡迎不加薪的企業，或許較好的方式是，讓勞工可以成為公司股東，跳脫出資本與勞動關係的思維框架。

現任：臺灣大學經濟學系教授。

曾任：行政院政務委員、經濟建設委員會主任委員、中華經濟研究院院長、國發會主任委員；專長領域為貿易理論、對外投資。

臺灣所得分配變化與均衡謀求

何志欽

對高所得群和高財富群的世代對應問題，也許我們應在所得稅上多點考慮及設計，將財富移轉稅制的最適稅率由目前過低的一〇％向上調整為二〇％，藉由最適稅率建立永續財政、公義社會及效率經濟。

已開發國家中的所得分配，在稅前及支付移轉後有顯著差異，從國際貿易觀點切入，其實是從產業內部商品稅的結構改變，租稅是一個長久制度，調整彈性不能過大；其餘能改進的在要素市場，因為所得分配其實是關於要素分配，如同勞動的分配就是工資，資本的分配就是其資本利得，故從要素市場觀之，對所得分配更有直接關聯。

所得分配不均的原因與現象

根據朱敬一教授的研究資料顯示，所得最高五%和最低五%者間的差距，從九〇年代初期的三十二倍到二〇一一年已成九十六倍；另根據主計處統計資料，中下受薪階層自一九九一年開始，未經過物價調整的薪資成長率停滯，甚至呈下降趨勢，二十二K議題即是一例，二十五年前一個商職畢業生月薪二十四K，現在其月薪還是二十四K，但臺北房價卻漲了許多倍，此即皮凱所言資本與財富累積超越產出與工資成長。

第二個原因是全球化的衝擊，包括二〇〇〇年初的WTO，全世界互通有無，好處是提升一般的普遍福利和生活水平，但挑戰則在於如何對贏家和輸家、消費者和生產者及附加費用的再分配。

第三是二〇〇八年後的美國量化寬鬆政策影響，皮凱認為二〇〇八年雷曼破產事件是一個轉捩點，有機會教訓金融界人士，使金融資本市場稍微均衡一點，但美國為了自身利益提出了QE量化寬鬆政策，在短時間內又將它重建，反而更加速了金融資本市場惡化，這部分是我們沒辦法控制的總體經濟走向。

所得稅、遺產轉移稅與資本利得稅

另一方面我們可以做的是租稅政策，劉院士提及的商品稅，乃針對產業的贏家例如產業1的生產者，在生產過程中抽貨物稅，產業2的消費者也是受益者，則在銷售過程中抽銷售稅，去協助那些產業的輸家例如產業2的取代工作者，這將在產業界形成一個良好循環。但現在因為我們產業與產業間的公司關係定義並不好，所以在課稅時將遭遇阻力，同時我國稅制很少每年調整一次，較務實的作法是每年複審，關於暫時過渡期的附加稅，如果在立法院將會有諸多爭議，所以有實務上的困難。我認為商品市場的商品稅，不論以銷售稅或貨物稅的形式皆可，而要素市場是一個抽象概念，因為所得分配就是所得的報償分配。

資本利得稅有兩種，以臺灣的資本利得而言，不動產交易所得比證交所得嚴重，資本市場中參與股票的門檻較低，但房地產必須資產規模夠大，故門檻較高，所以大部分中產階級都是參與證券交易，兩種稅中較迫切的是不動產交易所得，我國從民國元年開始，就沒有房地合一稅，所以我認為應該優先處理。

財富移轉稅也有兩種：遺產和贈與，我曾參加過小布希的遺產和贈與稅的改革，美國當時認為，繼承和贈與對於世代分配的公平正義都有影響；但贈與比繼承的影響程度更大。繼承是八十五歲老人給五十五歲的人，贈與是五十五歲給二十五歲的人，我認為贈與稅的檢討是相當迫切的議題，是現今許多富二代的問題，但臺灣沒有辦法課徵贈與稅不抽遺產稅，因為制度的設計迫使他們一定會拖到最後一刻把贈與變成遺產，可行方法是將兩者合併，效法美國，改弦易轍制定並施行終生財富移轉稅制。

最後，所得稅是公共支出基本而穩定的財源，也是構成所得分配平均的一個重要關鍵，任何人皆可享受便捷交通甚至合理的健保，故必須有穩定的財源——所得稅。面對高所得群和高財富群的世代對應問題，也許我們應在所得稅上多點考慮及設計，將財富移轉稅制的最適稅率由目前過低的一〇％向上調整為二〇％，藉由最適稅率建立永續財政、公義社會及效率經濟。

曾任：臺北大學校長，成功大學執行副校長，成功大學社會科學院經濟學系暨研究所教授暨院長、臺灣大學經濟學系暨研究所教授、行政院財政部部長；研究專長為財政學、公共經濟；何志欽校長於二〇一六年十一月病逝。

Q & A

Q：在產學結合上，基礎研究及應用研究何者優先？又如何平衡？

劉遵義：六〇至九〇年代正是臺灣教育普及階段，高等教育培養人才，產學在高低兩端都可以也應當結合。過去高等教育不普遍，大學學歷最高僅占一至五%，而非一〇〇%，訓練一%與一〇〇%是不同的，當訓練一〇〇%時，應給予一技之長為社會貢獻，而非期待下一個愛因斯坦出現。美國有企業於全球各地購買學校經營的商業模式可資參考，它期待畢業生可完全就業，先徵詢當地最大雇主的人力需求，來創造投資人、雇主及學生的三贏，目前中國有二〇%學校是私立的，也有參照此模式。美國在科研開支的基礎研究占三〇%，中國僅占五%。基礎研究屬長期回報，需要進行基礎研究才能期待突破性發現，基礎研究最需要克服的問題是長時間的大量投入但缺乏明顯的回報。

陳添枝：無基礎研究即無應用研究，但研究應與產業結合，產業界常抱怨大學產出一堆博士，第一志願留校教書或到研究機構，而非企業界，留洋歸國也被大學優先聘走，企業界要不到人，產官學都須檢討。去年日本三位主攻LED研究的諾貝爾獎得主，其中兩位在名古屋大學長期由Toyota資助研究，而中村先生則在公司內部進行研究，日本企業界可以培養出諾貝爾獎得主。過去基礎研究跟應用研究領域分割，若不改革，資源匱乏也無能力升級，企業界應該更積極的提供支援。

劉兆漢：臺灣是相當民主化的，要以租稅來做補救的方法，能做到嗎？

劉遵義：各國歷史背景與文化脈絡不同，像瑞典是非常民主的國家，民眾相信所得分配差距不應該這麼大。在北歐，假如有人開車超速，一張傳票是根據駕駛賺多少罰錢的，假如是公務員，一天賺一百，就罰你一百，是大老闆一天賺一萬，就罰你一萬，這看起來是小事，但才是公道，不然對有錢的人來說，罰錢是沒什麼用的，這就是文化的傳統。我覺得臺灣是不錯的，基尼係數多年還一直維持在○．三五以下。

Q：當前各國央行都拚命打擊流動資金，造成全球資本市場紊亂，同時也競相貶值，外匯市場亦然，將來對全世界會造成什麼影響？這也是財富不均勻的因素，我們如何因應，淺盤經濟的國家應如何對應？

劉遵義：現時日本跟歐洲的量化寬鬆政策主要目的在貶值，美

▲劉遵義院士、何志欽校長與陳添枝教授進行討論。

國頭一次量化寬鬆時，美國的利率是很高的，QE1後確實有效地把利率降低了，但日本跟歐洲，本來就是低利率，利率已經低到不能再低，所以量化寬鬆政策對利率沒影響，也就是對實質投資沒有影響，實質經濟也沒有好轉，流動資金很多都流出去買了美元，所以歐元跟日圓都在貶值，貶值是幫助它們增加出口。美國不贊成它們直接操控匯率，其實它們是在間接操縱匯率，目標都是一樣。去年美國前部長蓋特納（T. Geithner）來香港，我問他，QE2的時候，美國的利率已經非常低了，你這算不算是操縱匯率，他笑笑不答。前些時是美元在貶值，現在是歐元跟日圓在貶值，本質上都是在間接操控匯率。另外的效應是資產價格的上升，因為利率是零，借到錢就去買東西，全球的股票跟房地產都因此上升，臺灣也受影響，這其實

▲講者合照。左起為陳添枝教授、劉兆漢院士、劉遵義院士、余範英董事長、何志欽校長與葉萬安顧問。

是有資產泡沫的風險。全球經濟發達的國家都沒做到應有的作為，美國兩三年前，政府就應增加開支，做基礎建設投資，美國的機場和公路都非常舊，應該趁經濟不好時去建設，歐洲也是一樣。大家都靠貨幣政策，是沒有用的。臺灣要提防過多的游資，游資進來的多，新臺幣就會升值，升值對臺灣沒好處，中央銀行還是要看住，不能讓外國的短期資本流入太多。

何志欽：為何美國貨幣政策相對可以成功？因為有配套的財政政策，臺灣是海島經濟，我們可以觀察，但規模不夠大到有影響，美日都創造巨大流動性，但日本企業沒辦法轉化為投資，它有四四％是以現金的型式處理資產，美國則是投入股票市場，把流動性轉為真正的投資，雖然當前臺灣沒有辦法處理這個問題，但認清問題才可進行後續動作。

Q：有關租稅正義的省思

葉萬安：歐洲國家稅前稅後差異很大，臺灣稅前稅後差異卻有限，只能靠政府的社會福利改善，稅收方面應有很大改善空間；其次，臺灣所得分配在八〇年代僅約〇．二六，至今卻達〇．三二，呈惡化趨勢，與國際相較仍算還好，此資料是根據主計處收支調查統計，但財富分配狀況卻無法在數據中如實反映，臺灣的所得分配不是太嚴重，最嚴重的是財富分配。若我們以家庭可支配所得五等分位差距倍數觀察，最低所得者的增加有限，但為保持消費水準則幾近入不敷出，最高所得者的儲蓄卻大量增加，據我的研究統計，最高二〇％所得者的儲蓄占全國總儲蓄的六〇％，用錢賺錢的財富累積速度只會愈來愈快，也更惡化貧富差距，當前已達不得不改善的時刻。

策劃、整理：郭威瑤

第三篇
分配正義新詮釋下的發展與規劃[5]

前言：

世界經濟流轉變動快速，從貨幣金融、跨國企業到區域競合，國際政治在經濟全球化下的影響廣泛深遠。過往十年，美、英等經濟強國，在財務槓桿過度操作，以借貸推動的經濟，央行基準利率趨零，量化寬鬆購債及短期財政刺激下，各國政府與跨國企業在資本追逐利潤過程中，包括人才、勞務與商品的快速流動，臺灣該如何面對？當普遍性的貧富不均現象持續擴大，經濟成長衰退，勞動生產價值低落，大量職缺影響生活品質，在全球競爭場域，臺灣如何落實世代公平？又當中國拋出亞投行等經濟策略布局，臺灣應如何切入？利弊得失的風險評估及國家發展策略如何均衡？

5 本篇由二〇一五年四月十八日舉行之「分配正義新詮釋下的發展與規劃」講座整理而成。

臺灣經濟成長、股利分配與所得分配的回顧與展望

邱正雄

> 事實上臺灣服務業所占的就業比率很高，但臺灣服務業貿易出口在全球排名低於香港、新加坡及韓國，臺灣服務業薪資不易達到製造業薪資水準。換言之，外需企業薪資較高，內需企業薪資較低，這是造成臺灣所得分配不均的一個重要因素。

去年（二〇一四）Piketty 來臺就其《二十一世紀資本論》演講後，對臺灣造成極大影響。該書認為財富分配問題必會持續惡化，因資本財富的報酬率（r）恆大於經濟成長率（g）（r 代表不公平，g 代表公平），Piketty 認為此種發展會造成世代分配極端不公。按去年十月他在芝加哥大學演講，參與的美國學者被問到該書論點是否適用於美國近百年來的所得分配情況時，三十五位學者不認同，僅一位同意其看法。另去年十二月美國國民經濟研究局（ＮＢＥＲ）論文亦不認同 Piketty 見解適用於美國情況。根據今年華爾街日報三月十日的報導，Piketty 終於承認他的書只討論一百年前歐洲財富分配不均的情況，未討論近百年來美國的財富分配。他承認美國財富分配不均主要來自政治及經濟制度、創新及經濟成長。Piketty 認為其書中所稱當前財富成長率大於ＧＤＰ成長率財富分配不均的論點現已非主要議題。因當今造成企業主與勞工所得的不平均，不僅資本問

題，更重要的還有生產力及教育問題。本文就後者有關臺灣的情況予以分析如下。

諾貝爾經濟學獎得主 Phelps 在其《大繁榮：草根性的創新如何創造就業、挑戰及改變》一書中，提及美國具創新的新企業可以增加許多就業機會，而既存企業的勞工就業量反而減少（註：就臺灣言，一九九一年迄今製造業就業人數仍有成長，但服務業就業人數成長更多）。要做到具草根性的《大繁榮》，基本上創新是必要的。

Phelps 的觀念頗具啟發性，他把人分成兩類，依據各國的特性，一是美式具開發型的、創新型的、自由主義的思想，另一則是歐式的相對制度化，較少突破性產業技術創新。資本市場是促成自發性創新發展非常重要的因素。除了美歐兩種類型外，我們可說臺灣製造業及不少部分服務業應屬於創新型。其中中小型製造業靠全球供應鏈的海外競爭，大型高科技製造業也大多靠海外市場，但臺灣的服務業則大部分靠國內市場，靠國外市場的比率相對低。如何將改善國內的勞動力，提升到如製造業般具海外競爭力，對臺灣未來能否達到 Phelps 所稱的《大繁榮》境界至關重要。去年底國際競爭力權威 Michael Porter 來臺談臺灣競爭力衡量指標時提到臺灣的國際競爭力在全球占第十八位，在美國的外國人專利所有權排行中占第一位，但臺灣的薪資在去年十月調查中占全球第六十位，他對此現象十分不解。我們猜他似以臺灣製造業競爭力水準來看臺灣全體各業的競爭力，以為臺灣各業別業主及勞工都具有高國際競爭力，事實上臺灣服務業所占的就業比率很高，但臺灣服務業貿易出口在全球排名低於香港、新加坡及韓國，臺灣服務業薪資不易達到製造業薪資水準。換言之，外需企業薪資較高，內需企業薪資較低，這是造成臺灣所得分配不均的一個重要因素。

從臺灣的經濟成長經驗看新資本論與所得分配

按臺灣一九八〇年到二〇〇〇年間是造成所得開始呈現不平均的主要時段。但熟悉臺灣經濟發展歷史的人都知道，此二十年是臺灣經濟起死回生的時期。臺灣若沒有這段成長期，將與九〇年後的日本經濟同樣蕭條。回顧臺灣經濟發展的經驗，讓我以產業別每人資本存量成長率及基尼係數走向，再將臺灣經濟轉型細分為三個階段：

第一階段，在八〇年到九〇年之間，「所得分配的五分位差距倍數」（含政府移轉支出）由八〇年的四．一七倍升到九〇年的五．一八倍；基尼係數在〇．二八至〇．三之間。所得分配雖惡化一些，但這段期間臺灣出口大增，我國外匯存底由八〇年的七六億美元快速升到一九八七年的七六〇億美元。一九八六年起新臺幣匯率開始緩慢升值，央行收購出口廠商大量遠期外匯，安定金融及臺灣經濟實力。世界銀行（一九九三年）稱一九六五至一九九〇年臺灣高成長下基尼係數穩定，為經濟奇蹟。

第二階段，一九九一年到二〇〇〇年，上述「所得分配的五分位差距倍數」由一九八九年的五．一八倍升到二〇〇〇年的五．五五倍，基尼係數由〇．三一升到〇．三三，此期創新型的高科技投資多，製造業每人資本存量年成長率均在六%以上，九〇至九五年開放新銀行、證券、保險，服務業GDP成長率大升，服務業每人資本存量年成長率亦由一九九〇年的不到一%升到二〇〇〇年的四%，製造業及服務業皆快速成長。

臺積電於一九八七年成立，在此之前，臺灣是沒什麼明顯的高科技製造業產品的出口。值得注意的是，一九九〇年以前日本和臺灣一樣「錢淹腳目」，但自一九八六年起日幣大幅升值及臺幣緩慢升值後，在一九九一年到二〇〇〇年，日本十年來經濟沒有成長，臺灣十年實質GDP平均有七%的成長。萬又煊教授及部分觀察家指出，兩者差別在於日本有自己的技術，不學美國技術。而臺灣當時政府推動新科技計劃，交大研發新電子科技，旅外學者、企業家及留學生回來也帶來新科技。美國自一九九〇年開始，發展知識經濟及高科技的創新打敗日本技術，此時臺灣和美國互相配合，「臺灣代工，美國研發」，臺灣是靠賺這些辛苦錢在成長。當時許多創新性資本投資大幅成長，雖造成所得分配不平均現象，但對整體經濟成長貢獻良多。然而，對於創新性與傳統性結合時，該如何達成包容性的經濟成長，促進所得分配合理平均又兼顧成長，是我們現在所要追求的目標。

第三階段，自二〇〇一年以來，全球資訊流通與資本自由移動，造成經濟區域化及貿易全球化。至今臺灣基尼係數維持在〇・三四到〇・三三間，沒什麼波動。二〇一一年後臺灣製造業每人資本存量年成長率仍能維持在七・一一％，但服務業每人資本存量年成長率由二〇〇一年的四％降到二〇〇六年的〇・二％以下，二〇一一年估約〇・一二％，顯示服務業投資不足，有待增加創新式投資，提高其生產力，並擴大服務業市場及出口。

當前令人擔憂的是，服務業每人資本存量的年成長率僅〇・一二％，而製造的每人資本存量成長率均在七％以上，造成所得差距。根據二〇〇五年工商普查資料研究（趙文衡），一九八一至二〇〇一年，製造業每一塊錢的資產利用，生產總量創造〇・八三六所得；服務業如批發零售業、餐飲業，每塊錢僅產生〇・二八四所得；金融保險業產出〇・〇四六所得；不動產二〇〇三年的起步期僅有〇・二五所得，顯示服務業人口占絕對高的就業比率，但投資成長、生產力競爭力相對低。

在當今全球化透過網路、3D列印、機器人等新技術，中小企業可不必作大投資，即可進行國際或區域行銷、運籌管理與國際貿易；從衛星工廠到產業供應鏈上下游合作、再到價值鏈的合作模式不斷演進。合作對象可從臺灣企業合作，延伸為跨國、跨區域性及全球性企業合作。

臺灣股利重分配作用

上文指出有關臺灣稅收的公平與成長，與經濟成長及行業別有關。此外稅收及其分配受景氣循環性影響甚大，本文篇幅所限未做分析。本節僅就涉及Piketty所稱資本報酬中之股利所得就臺灣的股利稅收重分配情況作一分析。財政上所得重分配的觀念，依美國公認最支持勞工的前財政部長Summers意見，他認為財政的目的應在兼顧經濟成長及稅收，再用稅收的錢進行政府及社區公共建設並扶助低生活能力者的醫療及生活補助等移轉支出，以達到租稅的良性循環。

近幾年臺灣的股利所得每年約有一千億元供重分配使用。在兩稅合一制度下個人依綜合所得課稅，成為稅制移轉所得的重要來源。在新加坡及香港，其公司所得稅都在二〇％以下，對投資的自公司之個人股利所得不另課個人綜所稅。反觀二〇一三年臺灣的稅制，收取營利事業所發股利的投資大眾綜所稅率低於一七％者，如五％稅率者可自其所預繳營利事業所得稅一七％中得獲退還一二％。政府此種退款財源主要以營利事業高股利投資人之高所得稅來支應，如果不做此種稅制移轉支付，臺灣的總稅收占GDP比率會更高，此種兩稅合一制比香港、新加坡公司課稅制較能兼顧臺灣所得分配平均化需要。

參與亞太經濟，服貿整合有利臺灣中小企業

振興服務業勢必要國際化，在二〇〇八到二〇一四年第二季，臺灣服務業GDP基本上每年平均二・〇七％的成長率，服務業GDP成長率比製造業GDP成長率低很多，要臺灣GDP有合理經濟成長率，光靠現在的服務業是不夠的。

服務業在國內所創造的GDP成長率比全國平均GDP成長率低，但若服務業具國際競爭力對外輸出的

話，可以發現臺灣勞務ＧＤＰ輸出成長率在二〇〇八年至二〇一四年間是七．〇九％，比平均經濟成長率多出四．一二％；二〇〇一年至二〇〇七年間，勞務輸出成長率為一二．一一％，比ＧＤＰ成長率四．六四％來得高；一九九四年至二〇〇〇年間，勞務ＧＤＰ輸出成長率是六．八七％，仍大於ＧＤＰ成長率，但差距不大。可以發現，自二〇〇一年後製造業與服務業ＧＤＰ成長率差距顯著拉大，因為二〇〇一年開始是全球化的開端。臺灣要進步不能畫地自限。服務業需要創新的科技，用新科技改變服務業的型態，而服務業如運銷等可以跟製造業產銷連在一起，加上青年創造力的加值，此即世界銀行鼓吹將服務業看做全球加值鏈的一部分，將來服務業必有高成長率。

結語建言

如何把餅做大？關鍵在教育的培養。韓國在二〇一〇年欲改善青年就業情況，當時李明博宣布引入德國制度，職業學校由公司認領，也就是產學合一。李明博讓工商業結合職業學校，同時告訴家長，讓其子弟先就業最重要，將來隨時可再拿學位。該政策施行後，韓國職校青年就業率立即大幅上升。

過去臺灣的高中或職校畢業後進入職場的比例僅十％左右，而念大學又沒有培養出較好的職業技能。幾年前我應教育部邀請建議十二年國教的設計時，提出將韓國的制度納入參考。近來有兩趨勢，一是高中畢業生進入職業性科技大學的志願及人數增加，二是行政院、教育部正推動諸如３Ｄ列印、機器人、網際網路大數據等第三次工業革命等教育項目。３Ｄ列印讓學生能學習製造業的技術，配合網路將技術資訊化、服務業化。此外，我們也可告訴家長，如同李明博所言「就業優先，升學暫緩」，網路世代任何時候都可以取得學位。如此年輕人才能做到創新，才有從事具草根性的包容性就業及創業。

亞洲基礎建設投資銀行的成立與影響

華而誠

臺灣可以利用亞投行這個平臺增進臺灣經濟與亞洲經濟互通互聯的關係，達到合作雙贏。臺灣成功的發展經驗，不僅在基礎建設及管理面，可透過亞投行與其他國家地區分享。

當今國際經濟的焦點議題之一即中國大陸發起的亞洲基礎建設投資銀行（以下簡稱亞投行）的成立。先回顧一下臺灣經濟發展的成就與當前的挑戰。根據我以前工作過的世界銀行研究，在二次大戰後全球超過一百多個發展中國家及地區中，臺灣是少數幾個順利突破「中等收入陷阱」而達到了中高收入的例外。所以，臺灣的經濟發展曾贏得「東亞經濟奇蹟」的美譽。臺灣六〇年代成功的「外向型經濟發展模式」也曾經由世界銀行廣泛地推薦給亞非地區參考。但當前臺灣經濟面臨的挑戰已跳出了純經濟的範疇，來到了法制及政治層面。就如過去一般，經濟的發展仍然需要一個有效的政治體制支持。鄧小平說：「實踐是檢驗真理的唯一標準」。那麼，經濟發展成果是否可用來檢驗政治體制良莠的一個標準？

馬克斯曾說：「政治是上層建築。」經濟、社會等則是下層建築，任何地方都是政治高高在上的指揮經濟。

但就因為經濟位於政治的下一層，它是政治的基礎。如果經濟無法發展，不論是任何種政治體制必然無法鞏固維繫。政治與經濟之間脣亡齒寒的關係，歷史經驗比比皆是。二〇〇八年全球金融危機後，美歐日央行先後皆採取史無前例的寬鬆貨幣零利率政策以因應。美歐央行行長也不斷提醒政治人物，經濟的持續復甦仍然要靠至今付之闕如的「經濟結構調整政策」，日本安倍的「第三隻箭」至今也未射出，西方政治體制的失效約束了經濟的復甦及成長的潛力。

亞投行的成立與歐亞國家參與的戲劇化轉折

中國大陸在二〇一三年底提出建立亞投行，二〇一四年十月以亞洲為主的二十一個成員國在北京簽約成立。在不顧美國總統歐巴馬強力反對下，今年（二〇一五年）三月十二日，在意向創始成員國申請截至日三月底前，英國首先表態加入亞投行。不旋踵，歐洲德法意等幾個主要國家也都表態加入。其後，亞洲的澳大利亞及南韓亦表態加入。當前亞投行有包含歐美、大洋洲及非洲國家在內的五十七個意向創始成員國，計劃於二〇一五年底正式成立。

歐巴馬公開反對亞投行的理由是懷疑亞投行的治理是否能夠達到高標準，能否採取所謂「世界皆通用的最好做法」。歐巴馬近日在爭取國會授權「貿易促進權」以加速推動「跨太平洋夥伴關係協議」所持的理由之一也是不能讓中國制定亞洲的貿易規則。在歐巴馬眼中，亞投行的建立正挑戰二戰後由美國主導建立的全球經濟秩序。

《經濟學人》雜誌以第三者客觀的立場提出了美國應該擁抱亞投行的三個理由，這可能也是英國及其他國家在歐巴馬強力反對之下加入亞投行的理由。第一，亞洲對基礎建設需求迫切，不可能完全由世界銀行及亞洲開發銀行滿足；第二，對於中國貸款標準的憂慮，最佳的化解方式即加入亞投行，從內部協助之，而非置身事外對其抨擊；第三，雖然擴大和改革現有的開發性金融機構是最好的方式，但美國自己也承認難以落實。加上溫和派曾建議，透過給予中國更多權力以增加國際貨幣基金會資金來源，卻遭美國國會否決。

第三點的背景是國際貨幣基金會的董事會（包括美國政府代表）於二〇一〇年通過了投票權重組的方案以更好的反映二戰後全球經濟結構的變化：略為提高了開發中國家的比例，同時對映的降低了美歐的比例，美國仍握有近一七%的否決權。然而，投票權重組一案至今因為未獲美國國會支持而未能執行。這也是中、印、俄、巴西、南非於二〇一四年七月十五日成立初始資本為一千億美元「金磚國家開發銀行」的背景。

目前歐巴馬的態度已逐漸轉變，希望世界銀行與中國發起的亞投行合作。世界銀行及亞洲開發銀行長也表達將與亞投行密切合作的意願。

亞投行對中國及亞洲的意義

中國為何發起亞投行？首先，大陸經濟繁榮與亞洲經濟發展密不可分。後全球金融危機時代，西方經濟受低效政治的制約，復甦乏力，亞洲經濟已成為拉動全球經濟復甦不可或缺的力量。這是美國前財政部長Summers贊成亞投行的理由之一。基於同理，中國同時推出了「一帶一路」與歐亞大陸互聯互通的戰略規劃。其次，亞洲各國基礎建設的所需經費遠遠超過世界銀行及亞洲開發銀行所能負荷。中國認為有能力協助填補此資金及技術上的缺口。中國在基礎建設方面的經驗充足，並成功協助了非洲及其他發展中國家及地區，也有充裕的外匯支持亞投行初創資金；另亞投行也有助於人民幣的國際化。

中國秉持開放的態度，歡迎其他國家、地區參與亞投行。中國在經濟改革開放過程中，受益於與世界銀行的合作，亞投行與之是互補關係，而非競爭關係。中國將遵循國際通行規則，不以老大自居，秉持平等原則，盡量以共識決而非多數決。亞投行的股權分配將以GDP為基礎，其中亞洲成員的股權占比可能在七〇到七五％之間，亞洲以外國家分配剩餘的二五至三〇％股權。中國的挑戰是如何是與各國合作建立一套高標準並適合亞洲發展中國家及地區經濟發展的規則，以及建設高端專業人才團隊。

臺灣與亞投行

臺灣已申請加入亞投行。臺灣可以利用亞投行這個平臺增進臺灣經濟與亞洲經濟互通互聯的關係，達到合作雙贏。臺灣成功的發展經驗，不僅在基礎建設及管理面，可透過亞投行與其他國家地區分享。與過去相同，臺灣經濟發展仍然需要走國際化路線才能充分發揮比較優勢，達到充分釋放臺灣經濟發展潛力的效果。有云：「不謀萬世，不足以謀一時；不謀全局，不足以謀一隅。」因此，圖謀臺灣經濟的發展要能充分掌握國際經濟發展的大趨勢。亞投行的設立極可能反映了一個國際經濟新趨勢、新秩序的到來。

現任：包商銀行首席經濟學家。曾在美國國民經濟研究局（NBER）、史丹福研究院（SRI International）、國際貨幣基金會（IMF）與世界銀行（World Bank）等機構服務。其後，曾任世新大學教授、中國建設銀行首席經濟學家、北京大學中國經濟研究中心客座教授、佛光大學應用經濟學系講座教授。一九九七出版的《中國經濟軟著陸》一書獲得一九九八年中國國家圖書獎。二〇〇二年出版的《21世紀初的中國服務業》（李善同合編）一書獲得二〇〇五年北京市政府科技獎。

全球化下的分配正義

胡勝正

> 當前國家最大的困擾是年輕人找不到工作，這可以歸因於高等教育與市場無法配合……要提高年輕人的薪資，必須先從改善高等教育著手，當前臺灣的教育評鑑制度，無法改善學校教育與市場之間的連接。

Stiglitz 曾說：「低成長不是問題，分配不公平才是。」不公平的代價是經濟體系不穩定、缺乏效率、成長緩慢，以及陷民主體制於岌岌可危之境。而解決分配不公平之道在於去除「包容性成長（Inclusive Growth）」的障礙。

如果我們將經濟二分為贏者圈內與贏者圈外，消極的分配正義，是指贏者圈人將其一部分所得移轉給贏者圈的圈外人；但更積極的方式應為促進包容性成長，讓贏者圈擴大，其最重要的手段是靠教育（尤其是高等教育）及健康，讓每個人發揮潛力。

就臺灣而言，高等教育的量沒有問題，關鍵在於是否分配公平，是否合乎市場需要；健康也沒有問題，全民健保已使大多數人不會因為健康因素陷入危難，但全民健保財務問題需要政府提出對策，未雨綢繆。

分配不公平現況

太陽花學運可說是社會不公大幅增加的反彈，但兩個數字可供參考。一個是將最有錢的二〇%與最窮的二〇%相比的「五等分位所得差距」，在二〇一三年約為六．〇八倍；另外一個是吉尼係數，在二〇一三年是〇．三三六。這兩個數據在過去十年並沒有惡化，但為何大家無感？有人說：「傻瓜，問題不在二〇%，在一%！」將問題聚焦在九九%和一%。我們可見頂尖一%家戶所得的份額，從一九九五年開始直線上升，到二〇一三年占所得份額是一三．六%，相較最窮的二〇%，其所得份額是六．五%，所以頂尖一%的所得是底層二〇%的兩倍多，且呈直線增加，我們能有什麼對策？

一般人感覺到的，不是最有錢的人比我多賺多少錢，而是薪資趕不上物價變動，另外就是買不起房子。根據房價所得比資料，全國平均一家人必須工作八年才買得起房子，在臺北市平均更高達十五年。若借錢買房，房貸占所得比例全國為三三．六%，臺北市更高達六六．六%，所得一半以上交給房貸，這也是為什麼民怨、學運的出現。

當經濟發展危機的時候，富人財產縮減，但受到更大災害的是窮人。要解決分配正義，必須解決經濟危機對底層人口的傷害，所以政府肩負分配正義的責任愈來愈大。

當前問題不僅在分配正義，二〇一五年是臺灣勞動人口的高峰，此後勞動人口從一七三七萬開始下降，二〇二一年臺灣總人口數更開始下降，這是臺灣經濟的另一個負擔。

分配惡化的原因

首先，全球化常被認為是分配惡化的主因，但根據ＯＥＣＤ研究顯示，全球化只能解釋部分原因；有人認為，一九九〇年所得分配不均開始快速上升，與兩岸經貿交流有關，所謂同工同酬，只要中國有低廉勞工，臺灣的薪資就無法上升。這也僅解釋一部分，兩岸就算沒有交流，在美國的市場兩岸產品還是要競爭，透過產品競爭，同工同酬的情境還是會發生。

其次，教育機會的不平等也造成分配惡化的原因，臺灣雖然高等教育普及，但機會不平等，有錢的孩子念好學校，窮人的孩子念較差的學校，高等教育與勞動市場脫節是另一障礙。

第三，經濟轉型緩慢才是近年貧富差距惡化的真正肇因。臺灣缺乏創新，所以在國際競爭上，依靠壓縮成本取勝的營運模式，導致投資趨緩，就業機會創造不足，薪資停滯。

多元化的分配正義政策

分配正義政策必須要多元化，首先是租稅政策，政府最近提升邊際稅率至四十五%；此外，所得分配不均有部分來自財產的移轉與繼承，所以政府透過兩稅合一的修正要對財富所得增加課稅。過去兩稅合一，繳交的營業所得稅可在綜合所得稅抵扣；如今抵扣的部分減半，代表對資本利得課比較高的稅，對薪資課比較低的稅。

但光靠租稅政策無法達到公平，因為我們必須和香港、新加坡競爭，當政府課徵證所稅，許多人就把錢移至香港，再用外資的身分回臺灣買賣股票，以致證券市場外資交易的比例大幅上升，裡面有些是假外資。日本為了解決財政問題，除了消費稅，也將退休基金GPIF資產配置中的股票投資比率由二〇%提升至五〇%，剛好趕上股市上漲，所以能開闢財源。

最容易受經濟衰退衝擊的是底層勞工，他們必須靠社會福利措施來紓緩經濟衰退傷害。但社福支出已占政府歲出的二〇%，高於經濟發展支出的十五%，而且將隨人口高齡化快速升高持續上升。

此外，社福支出雖然龐大，社福效率則有待提升，以致未能有效照顧到邊緣家庭。村里幹事若能做一些社會工作的訓練，對邊緣家庭多一點關心，媒合適當的社會福利團體給予適當照顧，將使我們的社會更好。

最重要的還是結構政策，創新才能提升臺灣製品的附加價值，企業才有餘力給勞工加薪。不過，創新需要經濟結構的改變，建立由下而上的創新機制，提供早期創業資金，鼓勵年輕人及中小企業創新。不論是雲端計算、大數據、機器人和醫療器材等，都是臺灣的機會，但政策如何提升臺灣經濟競爭力？重要的是給年輕人創新機會，有了創新機會，就不會擔心日子難過。網路金融就提供這樣的機會，臺灣年輕人在全球發明或技術競賽，經常得獎，但為何沒有成為賺錢的產品？最大的原因在於缺乏資金，因此政府應該運用網路金融，藉由群眾募資的小額投資，讓年輕人多點機會，解決對分配正義的不滿。分配公平不只在縮小所得差距，更在機會平等，才能讓所有創意及潛力能夠發揮。

結論及建言

當前國家最大的困擾是年輕人找不到工作，這可以歸因於高等教育與市場無法配合，美國大學鼓勵學生工讀，而臺灣似乎不鼓勵工讀，認為浪費時間，可我們忘了工讀最大的益處在於訓練紀律及學習自律。

另外，美國有個可供借鏡的做法，每一大學系所都公布其學生的就業率與薪資水準，將資訊透明化讓學生選擇系校參考，當然各系情況不同，歷史系無法和電機系相比，但可以和其他學校的歷史系比較，做為判斷基準。而且各系所幫學生找工作，會去詢問雇主的人才需求，當學校有這樣的思維時，系所課程就會調整課程以因應市場的變動，呼應企業界的需要。要提高年輕人的薪資，必須先從改善高等教育著手，當前臺灣的教育評鑑制度，無法改善學校教育與市場之間的連接。

曾任：為中央研究院院士。中華民國行政院經濟建設委員會主任委員，行政院金融監督管理委員會主任委員、財團法人中華經濟研究院董事長；研究專長為總體經濟學、經濟成長理論、公共經濟學；曾獲行政院一等功績獎章、美國普渡大學經濟學榮譽博士等榮譽。歿於二〇一八年七月。

全球化下租稅改革的新思維

何志欽

稅改的關鍵思維：「稅收是財政永續，公平是社會正義，效率是經濟發展。」期望聚焦在世代分配，誘發其努力的誘因；要對機會少課稅，對機運多課稅；要對努力少課稅，對稟賦多課稅。

我主要強調世代交替的正義，租稅政策中的課稅對象，一個針對先天的稟賦、機運課稅，一個針對後天的勤勞、努力課稅。稟賦是天生的，家世可以繼承及贈與；但對缺乏先天稟賦及機運者，卻需要後天的努力。公義的租稅政策應是讓具稟賦的人更努力，並讓沒有稟賦的人也會有希望。

租稅課徵制度的反思與我見

透過遺產繼承及贈與的資本利得稅制，可以達到移轉財富的目的。其中，贈與稅的課徵要比遺產稅來得迫切，不動產要解決的資本利得又比動產來得迫切，租稅改革必須秉持公平正義。九〇年是一個分水嶺，此前的二十五年，臺灣充分享受人口快速成長及戰後資本重建的和平紅利，也是 Piketty 認為貧富差距不大的時期，此時經濟和人口的成長速度，遠大於資本成長的速度，也是七〇年代為核心的第一階段臺灣經濟，是臺灣相對輝煌的時期。

一九九〇年至二〇一四年，臺灣所得分配有明顯持續惡化，主因在資本的獲利率遠超過勞動的獲利率，因此人口紅利下降，經濟成長緩慢。二〇〇八年以後，面臨金融海嘯的衰退，美國實行 QE 政策，不但加速了資本的重建，也剝奪了金融海嘯之後世界再度面臨六〇年代短暫的逆轉期（貧富懸殊的差距縮小）。在九〇年代後二十五年的今天看來，臺灣所得惡化的基本原因在於，人口和經濟成長力道遠小於資本和財富的成長，而全球化再次衝擊以及 QE 的後續效應，更加深這種所得差異化、財富兩極化的趨勢。

全球化代表工資差異化與財富兩極化，有句話說「狼行千里，總是吃肉」，意即強者愈強，全球化過程培養出很多贏家，此乃全球化的本質，但在追求贏家的同時，連帶地也出現許多輸家。值此轉型時期，臺灣的公權力受困社會互信氛圍匱乏，未能建立良好的資本利得稅制。

我國租稅制度在近二十五年間，因缺乏對於資本所得課徵的有效動能，不得不依賴對勞動所得的課徵，並對薪資所得者課徵高額稅負，加上無法對財富移轉做有效的課徵，特別是二〇一〇年以後遺產贈與稅降至一〇%，而證券交易所得的資本利得稅制卻遲遲無法建立，土地房屋分離的不動產稅制，在二〇一二年前因為沒有實價登錄，無法對不動產交易的資本利得進行有效的課徵，至今房屋土地仍分別課稅，成為臺灣租稅政策的困境陳窠。

股利所得—綜所營所由「兩稅合一」到「兩稅分離」

我國自一九九八年起實施全額設算扣抵法的「兩稅合一」制度，但此項政策除了造成公司營所稅制名存實亡及政府稅收鉅額流失外，也造成違反租稅公平原則及傷害課稅的水平公正及垂直公正問題。去年，立院通過修正所得稅法，將境內個人股東可扣抵稅額改為減半扣抵，同時增加綜合所得淨額超過一千萬元者課四十五%之累進稅率，但兩稅合一衍生的問題並未全然解決。

我建議參考諾貝爾經濟獎得主 Mirrlees 提出的「自有資本扣除制」，在公司需要資本時，若是經由發行公司債取得，所發生的利息成本，可以從公司營運的成本中扣除；若採取增資途徑取得，股東增資所產生的股權成本，也可採用同樣方式處理。因為公司發行公司債的利息費用及股東增資的股權費用均未課稅，即無重複課稅的問題。

具體而言，在這樣的費用結構下，公司債主所收到的利息所得及公司股東所收到的股利所得都必須繳納個人綜合所得稅，不但沒有重複課稅的疑慮，也可達到增加稅收及促進公平正義原則，進而提升投資動能。

資本利得——財產交易由「房地分離」到「房地合一」

現行房地分離下的不動產課稅制度繁複，我贊成先針對房地合一的資本利得進行課稅，但持有稅可以先暫緩。持有稅是一種財產稅，它是一種安身立命感覺，有些人一生只有一棟房子自住，賣了也買不回來。

房地合一稅有賴房屋交易實價登錄，但臺灣二〇一一年才開始實施，只有不到五年的紀錄，為解決缺乏價格紀錄困境的方法有二：其一是試算價格，對二〇一一年實價登錄前的成交價格進行試算，以試算價格代替早期的買進價格，進而計算不動產交易的資本利得；其二是日出條款，對二〇一一年實價登錄前已取得的不動產不予課徵財產交易所得稅。臺灣不動產交易缺乏實價成交的制度盲點，不論引用何種方式都有不公平之處，只有兩害相權取其輕，作為建立制度之轉型代價。

財政部近期拋出不動產交易不採用累進稅率，改採分離課稅、單一稅率的作法，引發社會許多討論，但我認為制度初上路時還是從輕為優，且多數資本利得稅剛上路時都是採用分離課稅。房屋交易所得與勞動所得的時間概念並不相同，勞動所得課稅時點發生在同一年，但房屋交易卻可能是在持有數十年後才賣出，採用單一稅率、分離課稅當中含有平均的概念。但必須強調，若能全面實施房地合一及實價登錄制後，應有助於建立更完善的不動產交易所得稅制，屆時現行奢侈稅即應退場。

財富移轉——遺產贈與由「兩稅分徵」到「兩稅合徵」

以世代交替的正義來說，財富移轉課徵遺產稅和贈與稅，是彌補個人所得稅未能妥善處理資本利得稅負的缺憾。

遺產和贈與之間對公平性都有影響，但贈與對公平性的影響更大。富二代問題是社會普遍存在不公平感的來源，讓贈與提早進入財富移轉的過程中予以妥善處理，是我們應努力的方向。遺產稅的社會意義非常重要，遺產稅率在二〇〇九年由五〇％降到一〇％，已無法做累進稅率的處理。此外，稅率具有僵固性，但是資本市場是自由進出，遺贈稅率驟然劇降，又無任何配套方案及過渡措施，不僅造成遺贈稅制與所得稅制兩者之間嚴重的不對稱性，也嚴重傷害租稅的公平正義。

建議參考將遺產和贈與稅整合成美國採行的終生財富移轉稅制的稅基，並制定一項適用於終生累計下財富移轉的統一稅表，在此稅表中，包括生前贈與課徵額及死後遺產課徵額，可思考賦予最高邊際稅率為二〇％，不僅使贈與及遺產的財富移轉達前後一致的原則，同時也可建立終生財富移轉與證券交易所得的資本利得稅率的連結關係。

理論上，遺產稅的主要稅基來自財富累積過程中的資本利得，而綜所稅對於資本利得的課徵是建構在實現的基礎上。如果沒有遺產稅，富人可將未實現的資本利得移轉給繼承人，規避綜所稅負，進而造成貧富懸殊日趨惡化的後果。就此而言，遺產稅是用來補強綜所稅在課徵資本利得上的功能，因此，其最適稅率應該接近資本利得稅的最適稅率。

美國的資本利得稅率雖經過多次調整，均是以二〇％作為最適稅率。而臺灣是一個資本利得稅制並不完備的國家，資本利得只能透過「最低稅負」來對於擁有高額的資本利得者進行綜所稅的課徵。臺灣在二〇〇五年建立了以二〇％分離課稅為主的最低稅負制，參考及配合實施經驗，終生財富移轉稅的最高邊際稅率即應與資本利得最低稅負一樣，以二〇％為最適稅率。

全球化的機會與挑戰

全球化在金融創新、產業發展、環保永續等面向，給臺灣帶來機會，提升國家競爭力；但全球化也帶給臺灣更多挑戰和困境，如資產分配過程中所引發的所得不均擴大，貧富懸殊加劇，包括就業機會差距增加、工作條件比例懸殊、教育資源分配失序、勞動市場爭議不斷等。

改革關鍵應優先對機運與稟賦課稅，高端所得有二，主要是指遺產和贈與所造成的財富移轉，以及短期而鉅額的不動產交易資本利得，故對此兩種高端所得，必須透過終身財富移轉稅制來處理遺產贈與稅，以及不動產交易所得稅來處理短期鉅額資本利得。此處談到的財富和所得都有所謂機運特徵，屬於累進稅率或稅率較高的分離課稅，課稅對象是針對稟賦課稅，譬如不勞而獲的機運、鉅額短期的不動產暴利和繼承。

用公平制衡效率，用效率延續公平

Okun《公平與效率的抉擇》一書為經濟學界經典之作，尤其適用於租稅政策上所面臨公平與效率的取捨。其重點概念為「抵換」，必須做取捨，即透過政治體制和社會民主來決定，一是用公平來制衡效率，一是用效率來延續公平。

最低稅負的基本作法即用公平制衡效率，在經濟發展前期，鼓勵投資，提供投資誘因。當經濟發展到一定程度後，與時俱進檢討優惠條件，避免變為藏於富民的社會。當所得稅制無法一步到位時，有兩個選擇，一是毫無作為，一是先找出一致方向，局部、漸進式地推展，待時機成熟，再擴充、落實，不論公司所得稅或個人所得稅皆是如此，這就是最低稅負制的精神。

過去有遺產實力的人，擁有具體可課徵的資本稅源，現在則不然，所有帳戶都可透過國際金融市場，跨國界避稅。我認為徵收遺產稅應注重效率，太高的遺產稅率只會製造規避稅收的不公不義現象，徵收效果不可能理想，用最適稅率來延續公平，可以避免過度強調公平而導致誘因喪失，甚至沒有效率。至於在所得稅和財富稅之間，應建構一個動態均衡，就是針對財富高的人，透過遺產和贈與來課徵財富稅。

藏富於民，而非藏於富民

遺產贈與稅及個人所得稅都是以「人」為主的稅收，期望達到均富，必須依靠建置合理的個人所得稅稽徵作為起點，再透過財富移轉稅，亦即運用贈與稅和遺產稅，作為輔助工具。

稅改的關鍵思維：「稅收是財政永續，公平是社會正義，效率是經濟發展。」期望聚焦在世代分配，誘發其努力的誘因；要對機會少課稅，對機運多課稅；要對努力少課稅，對稟賦多課稅。

不管教育政策或產業轉型，政策都已落實一部分，而租稅政策是最後一帖藥，我希望能定調的是：機會，盡量讓贏者圈擴大。當我們有一天能對稟賦及機運利得有一個合理的稅制時，就可以考慮對勞動課稅減輕。

其次，大部分移轉支付都在社會福利，代表很多任務要靠社會福利才能完成，租稅功能並未有效發揮。不加強稅改的效稽徵能，社福政策的永續性將無以為繼，不對稟賦課稅，課稅擔子自然轉向對機會與努力來課稅，所以我衷心期望資本利得稅率能從二十％逐步建立起來。

回應與結語

葉萬安（前經建會副主委）

改善所得分配有二，一是把餅做大，二是要公平，前者靠政府投資，後者則靠稅制。近二十五年所得分配惡化原因有二：經濟成長及投資惡化，昔淨投資占GDP比例二〇%以上，近十年來卻有五年呈負成長，而低稅收又導致政府無能力進行投資或投入社會福利的惡性循環，現下已達不得不改革的時刻。

李高朝（前經建會副主委）

雖全球化與所得惡化有關，卻無有效對策，當前全球化是以R&D為中心的企業競爭，兩年前全球智慧型手機的利潤，七七%在Apple，二二%在三星，臺灣僅占不到一%。

臺灣政策雖有挪移，卻不到大挪移程度，過去我們談大趨勢影響臺灣甚深，一九八六年的中、印、越及東歐各國占世界人口四二%，沒有一個國家出口比得上臺灣，現在中國出口卻是臺灣的十倍，但我們的R&D能力卻

▲余範英董事長、何志欽校長、胡勝正院士、邱正雄顧問與華而誠教授進行討論。

無法提升並增加勞動所得。透過租稅體檢的財政改革，不僅在收入面做功夫，還要檢視支出面，例如以R&D為中心的投資環境改善，又如租稅扣抵制度，應該是藏稅於政府的財政支出，而非僅從分配切入，方是國家理財之道。

余範英（余紀忠文教基金會董事長）

面對全球化洪流，方向規劃、整理落實各專家論述，釐清與提出軸承本來就不是容易的事，今日的共識是兩岸必須互動，謀求合作雙贏，強化國際布局並爭取參與國際組織；分配面向的租稅改革與財政理財要能帶動投資的大挪移，不論在無形資本（如教育）或有形（資源調度）的部分，都要再加把勁。謹記邱前副院長所叮嚀：「小的細節要做到明確可行，宏觀的政策要有全貌的認識判斷。」部會主管機關及民間智庫都必須積極正視外在環境的不變，有勵精圖治的決心與志氣。

策劃、整理：郭威瑤

▲合照，左起為王華燕董事長、李高朝教授、華而誠教授、邱正雄顧問、余範英董事長、胡勝正院士、何志欽校長與葉萬安顧問。

| 輯二 |

國際經貿

臺灣受國際政經情勢變動影響極大，內部又受到非經濟因素干擾，投資意願低落。在此國內外情勢變幻莫測之際，基金會集結各專家的專業學術涵養，推動公共政策前進。我們在停、看、聽中一起關心全球貿易戰所帶來金融與經濟的影響，並看看我們的未來如何開脫與因應。

第一篇 掌握經濟前景 宏觀決策的韌性與開放[6]

前言

金融海嘯後十年，全球經濟呈現微弱復甦的力道，展望二〇一八，主要國家央行正審慎啟動升息循環、全球貿易保護主義抬頭、地緣政治風險加深、油價上揚，在在可能造成經濟金融環境動盪。臺灣受國際政經情勢變動影響極大，內部又受到非經濟因素干擾，投資意願低落。在此國內外情勢變幻莫測之際，余紀忠文教基金會特邀請兩岸經濟金融專家舉辦論壇，深入剖析國際趨勢以及對臺灣的影響，面對國內外經濟困局，聽聽學者專家怎麼說。

6本篇由二〇一八年一月十八日舉行之「國際金融動盪 臺灣的深思與因應」論壇整理而成。

國際金融動盪　臺灣經濟前景與深思

薛琦

真正的問題是，經濟學家講話已經沒人聽；政策本來可以從總體經濟來反擊（hit back），已沒看到經濟學家之申論，即使美國也未見對稅改有深入討論。

二〇一八全球經濟十字路口　美國影響動盪

容我以主持身分作引言，再請各專家提高見：

首先要提的是兩個面對國際現狀課題：第一個是，讓我們站在一個比較高的位置看看臺灣金融業跟鄰近的國家，如美國、日本，比較過去十年的表現是如何；其次，美國經濟現在股市創新高，剛完成的稅改其範圍之廣前所未見，尚看不太清楚目的成效，乍看亦有矛盾，結果現仍拭目以待。若再造成全球經濟動盪，唯它是問。

美股榮景　端賴EPS支撐股價

其次，端看美國股市，牛市最長的是一九八七至二〇〇〇年，自二〇〇九年迄今，天數和漲幅是歷史第二長。據資料觀察，過去每次股市好經濟就繁榮，這一次股市的繁榮，經濟成長卻仍是維持長期平均數約二%，這是一個值得注意的問題。

美國股市不斷走高，大家最擔心的是會不會崩跌，這就要看到底美股上漲是有基（base）還是無基？大部分人認為，美股大多頭走勢是QE堆砌出來的，但是從本益比、股價淨值比和每股盈餘觀察，美國股市一九九八至二〇〇一年左右的本益比（PE ratio）非常高，網路泡沫並非因為股價高而是盈餘（earning）不彰；至於二〇〇八年整個經濟衰退，盈餘變得很小，本益比便上升。現在明顯的本益比往上升，不能說目前股市榮景沒有基礎，實際上的每股盈餘（EPS）某種程度是可以支撐其股價，是否可完全支撐當然不一定。

臺灣金融業的國際比較

就臺灣金融業附加價值占GDP的國際比較部分：中國大陸已很明顯上升；美國大致持平，臺灣過去二十年，前十年上漲，最高峰時八%，走勢在二〇〇〇至二〇〇九年間明顯下滑，從二〇〇九年微幅上升到二〇一〇年持平；至二〇一六年己低於中國之八・六%，美國的七・五%，臺灣為六・五%，比我們糟的是日本四・四%；香港、新加坡比重都非常的高，一直在走升；韓國唯一低的國家。四小龍的比較，港、新金融業都超過一〇%。

就業概況比較人數下滑，唯新加坡、香港就業人數在上升；臺灣就業比重僅比韓國高一點。金融業的勞動生產力，實際上是由每人的附加價值（value added）來比較。新加坡、香港、美國的表現都非常好；日本二〇一一年下滑是因日圓貶值（九十日圓比一美金）；二〇〇四年韓國跟臺灣相差無幾，往後韓國己超過。從金融業的生產力看，我們遠落後其它國家，甚至不及後來居上的韓國。

值得一提的是美國的資本市場還有一特色，每年大公司會買回在外流通的股票，低的時候大概就是二％，高的時候大概將近五％，取中間值大概就是三．五％，平均每年買回三．五％，也等於美股市值平均年減三．五％。前二十年本益比漲了一．六倍，約六成來自把自家股票買回。

如果要去比較美國股市跟臺灣股市，或者實際上全球股市，他們沒有發行所謂股票選擇權（stock option），沒有分紅配股，而臺灣每一年都有，比重從四％到一五％。這個地方要表達的是，大公司每一年都在買回股票，發行的股數不是像股票選擇權會增加，所以美國股市長期來看一定是走高的。

國際油價不易再大幅竄升

大家另一個擔心的是油價，最近半年油價上升了約二十美元，現在每桶已經在七十美元左右，大家擔心回不會重回一桶一百多美元的高價。這可從美國頁岩油的成本分析，取平均成本的話，二〇一六年就是三十二塊，這個地方給我們很大的啟示，頁岩油的成本跟以前比大概是下滑六成之多，

▲講者對談，左起為薛琦教授、胡祖六先生、許嘉棟顧問與陳聖德董事長。

導致油價崩盤，油價要回到以前的一百塊多是不太可能的事。

減稅政策影響與擴散　成效猶待觀察

再看美國的稅改，重點放在稅改的效果，無論是個人所得稅還是公司的所得稅，高所得者還是主要的獲利者。稅改一定會產生財政赤字，預估未來十年會產生一．四六兆財政赤字，使經濟成長增加〇．三%到〇．五%。營利事業所得稅稅率從過去的三五%降到二一%，以國內市場為主的傳產業，像煉油、交通、銀行將受惠。有一個值得注意的，在我的印象中好像沒有一個國家這樣做過，就是當年的投資可以百分之百的費用化，一般的作法是用加速折舊鼓勵投資，美國稅改後完全費用化，有擴大景氣波動的效果。景氣好的時候提高現金流量，還可以減少稅負和發債，當然有利投資。但是反過來看，景氣不好的時候，則會反向作用減少投資。本來完全費用化的目的是景氣好的時候可少負擔一點稅，可是稅改把營所稅稅率大幅下降，抵銷掉投資費用化的鼓勵效果。

為了鼓勵美國公司把保留在海外的盈餘匯回國內，稅改大幅降低稅率，不動產和非不動產匯回的稅率，分別是一五．五%、和八．五%，這個政策會不會奏效，前提是低利率能不能吸引企業把錢匯回來，中國大陸已經告訴美國公司，如果把在中國大陸賺的錢保留下來，只課一〇%的稅，在地主國也相對提降稅措施下，美國公司未必會把賺的錢匯回去。

真正的問題是，經濟學家講話已經沒人聽；政策本來可以從總體經濟來反擊（hit back），卻沒看到經濟學家之申論，即使美國也未見對稅改有深入討論。在美國經濟不錯股市強勁，經濟成長率在二．三%、二．四%左右，比臺灣還高之際，猶以減稅刺激景氣做法，我就想不通。

政治操作已非經濟申論可臆測

財政政策是赤字政策，貨幣政策當然要一點反轉，再仔細看看一些其他因素。最近有報導北美自由貿易區（NAFTA）要關門，如果結束，過去自由貿易的好處都沒了，又常見美中、美韓乃至美日，三不五時的鬥爭演變下的貿易戰，擔心的應是美國國內物價。此外，美國的勞動市場非農的就業人數已經持續七年增加，過去兩年的工資漲幅是二．六四%，失業率只有四點多，勞動市場非常趨緊的狀態下，刺激投資隨之而來的問題是人從哪裡來？這個邏輯我想不出來，經濟學家與政治操作的想法完全不一樣是正常的，我想臺灣也是一樣。

國際油價有很大的機會穩定在目前的情況，換句話說，油價上升帶動的通貨膨脹大概不會發生。美國現在是全球最大的負債國，有龐大的貿易逆差，除非稅改確實能夠促成資金回流，不然美元要趨強不太可能。

德國IFO每季的全球景氣調查顯示，目前全球經濟呈微弱復甦力道，成長也略有改善，但仍可說是處在景氣不定的十字路口，無法清楚未來會是明顯的好或壞。復甦的地區是指歐盟及日本，持平是指美、中。惟二經濟優於過去長期水準的是印度與東南亞國家，或景氣看好的拉丁美洲。但正如解鈴還需繫鈴人，如何紓解此次全球資產泡沫，仍看美國的做法。

現任：現任世新大學講座教授。
曾任：臺灣金融研訓院院長、臺灣大學經濟系系主任、德國柏林自由大學客座教授、中央大學產業經濟研究所教授兼所長、管理學院院長、臺灣大學經濟系教授、副教授、講師、美國俄亥俄大學經濟系助教授、財政部賦改會委員、行政院經濟革新委員會產業組副召集人、行政院經濟建設委員會副主任委員。對政府財經政策、經濟發展策略及產業發展方向均瞭若指掌。

中國迎向全球化　金融體的改革與挑戰

胡祖六

> 民族主義、保護主義、種族主義或反全球化，這跟不平等有關，如果能靠科技進步，提高工資水平，應該可以減少收益差距的擴大，我希望最終各國政府在經濟政治的關鍵時刻要很理性，讓經濟更有效率、更有活力，這時就業、工資收入、國民的生活水準才能夠持久的提高……

在臺灣觀察大陸的經濟現狀與未來，有必要評估中國金融體系的現狀與未來。

金融體系是由兩大部分組成的，一個是以銀行為主的金融板塊，另一部分是資本市場公開市場和股票債券市場，過去十年，中國在這兩者都有長足的發展。在股票市場，中國股市的市值已經是全球第二位，僅次於美國；債券市場的規模今年可能超過日本，成為全球第二大。

金融體系發展　十年來傲視全球

資本市場除了看市值的規模以外，IPO的融資數量和金額是關鍵指標，過去十年，中國的股票交易所IPO的數目全球領先；股市融資金額，也是居全球之冠，可見中國的資本市場扮演越來越重要的功能。

金融體系傳統最大的板塊就是銀行，銀行這十年也是有驚人的擴張，二〇〇七年金融危機的前夕，全球十大最值錢的銀行，按市值排名，中國有工商銀行和建設銀行兩家入榜。十年後，全球前十大排名已有工商銀行、農業銀行、中國銀行、建設銀行、招商銀行等五家中國銀行。HSBC總部雖在倫敦，但大中華地區占營收的七五％，香港的利潤就占五〇％以上，基本上是靠大中華地區。工商銀行雖居全球第二，去年初步盈利的估算比 JP Morgan 和 Wells Fargo 加起來還多，主因市場擔心中國銀行不良資產比率上升，銀行面臨資本補充的壓力，所以市值很低。再從ROE觀察，中國銀行平均有一五％以上，這在全球也是領先的。

亞洲金融風暴　促使金融改革決心

在亞洲金融風暴的時候，中國的銀行非常脆弱，銀行體系的不良資產較韓、泰、印尼、菲律賓有過之而無不及。朱鎔基總理利用亞洲金融風暴，第一次召開全國金融會議，正視銀行業的問題，進行痛苦的改革，重組銀行管制的架構、成立董事會、採用國際財務會計準則IFRS，終於對NPL是什麼，中國銀行資產負債表的問題有多大，開始有一個比較清楚的認知。從NPL來說，二〇〇四年時一三％，但持續下降，最近幾年稍有所回升，跟國際比較還是低，但不會導致系統性金融危機的。

隨著經濟發展，中產階級家庭的儲蓄越來越多，要進行資產管理，各類基金，保險，證券，這十年都有重大的發展。現在中國的VC無論是按募集的資金，還是投放的資金，或是科技行業的發展，都是全球第二位，近年大陸的科技進步很快，跟金融體系跟VC行業的合夥，密不可分。

開放投資迎向科技　推行國際化自由化

十九大以後，中國宣布大幅的開放金融業，如外資投資證券、基金管理、期貨公司，投資比例立即就可以到五一％，三年之後完全開放。以前銀行的外資單一股東持股不能超過二〇％，累積不能超過二五％，這個限制也被取消，外資的股權管理和境內的法人機構的股權管理一視同仁。外資保險公司的投資比例三年後放寬到五一％，五年之後投資比例不受限制。

這幾年來中國對外的跨境投資洶湧成長，已經進入全球前五大，去年略為下降，政府覺得有些非理性的成分。如買歐洲私人足球俱樂部難管難賺錢，最近已有所限制，這些都是暫時的，未來中國會跟美國、歐盟一樣，成為一個很大的投資國家。

接下來就是人民幣的國際化，中國是第一出口大國，全球第一貿易大國，但絕大部分的進出口以美元計價，近來亞洲的貿易夥伴，越來越多用人民幣結算，人民幣跨境貿易結算比重已經上升到三〇％，還遠次於美元、歐元、和日圓，主要是因為人民幣的資本帳戶還不完全可

▲圖為胡祖六先生演講，台下參與者聽講。

兌換，人民幣加入ＳＤＲ（特別提款權），讓人民幣國際支付儲備的功能越來越加強。

總結來說，十年來中國的金融體系已經成為全球最大、最有活力的金融體系，但仍然存在風險與挑戰，臺灣的金融界和企業界在加強兩岸的合作時，要了解大陸金融體系的優勢，也必須了解大陸金融業的風險，避免低估造成危險。

中美應合作開放市場取代貿易戰

全球保護主義抬頭，中美貿易戰也蓄勢待發。一月十六日，川普跟習近平主席通電話，習近平強調雙方應該「採取建設性方式」，解決雙方關切的問題，對彼此開放市場。從經濟學家的角度看是有道理的，貿易戰一旦開打，一定是兩敗俱傷，雙方應透過談判，增加美國產品出口大陸，也可以增加美國的就業機會。

中國大陸從一九四九年實行了三十年社會主義，也許最後把經濟帶到懸崖峭壁，因此要改弦易轍，開始市場改革。四十年的進步和繁榮並非政府做對了什麼，而是民間能自由的發揮中國特有的創業精神。

大陸本來是個以計劃經濟為主的國家，溫家寶掛在牆壁是亞當．史密斯（Adam smith）的書，習近平強調要推動全球化，中國反而越來越走入市場經濟。

殺富濟貧非長久之計理性解決不平等問題

提到的民粹主義，從英國脫歐到川普當選，還有德國、奧地利、荷蘭等國，都打出民族主義、保護主義、種族主義或反全球化，這跟不平等有關，如果能靠科技進步，提高工資水平，應該可以減少收益差距的擴大，我希望最終各國政府在經濟政治的關鍵時刻要很理性，讓經濟更有效率、更有活力，這時就業、工資收入、國

中國金融體系三挑戰

高槓桿、高債務率

中國非金融部門信貸總額占GDP的比重是二五〇％，雖然排名全球前幾名，但不是最高的。問題點不是比率，而是速度。二〇〇七年全球金融危機爆發的前夕，只有一〇〇％，十年間負債率翻了一倍。中國政府也意識到這個問題，特別強調要去槓桿，但去槓桿的過程是很痛苦的，經濟結構裡面，很多傳統的產業像煤炭、鋼鐵、電解鋁、重工業，營利性質差，又有很多勞工，如果銀行資金籌的不快，導致企業破產失業率上升，對社會穩定是不利的，究竟去槓桿能否順利做到，有待觀察。

道德風險（Moral Hazard）

在計劃經濟時代，銀行都是國有銀行、企業都是國有企業，國有企業向國有銀行貸款，就好像從一個口袋拿到另一個口袋，違約究竟是什麼意思，是一筆糊塗帳。現在有很多私人企業和外資企業，中國政府和監管當局觀念還沒有因時轉變，覺得違約最好是不要打官司不要破產，你就去對付了，造成很大隱形的Moral Hazard。兩年前我跟諾貝爾獎得主史賓賽（A. Michael Spence）教授合寫了一篇文章，就是說中國的金融體系，維持健康避免危機的爆發，一定要針對違約到法庭打官司，該破產的破產，也可以保護債權人的權益。

金融監理

在金融科技方面的創新，大陸是全球領先者，大陸的信用卡使用率很低，但消費者已跳脫用信用卡和現金支付，直接進入移動支付。現在中國的移動支付是美國的十倍，比任何一個國家都更領先，螞蟻金服是全球最大的金融科技公司，支付寶的交易額是美國Paypal的十倍以上，低成本且快速安全，所以被廣為採納。所有的銷售都是利用手機，通過網上進行，非常有活力。但也帶來消費者的保護、投資的保護、隱私權等問題，這些也是監管當局的頭痛問題。

民的生活水準才能夠持久的提高，而不只是仰賴殺富濟貧與再分配之策，這不是長久之計。

歐洲對勞工保護很好，但經濟沒有活力，企業界沒有投資的意願。所以馬克宏當選法國總統後，施政反其道而行，進行勞動改革、進行減稅、刺激企業競爭力，中長期來看雖會增加就業，恐怕也不能完全化解公平和就業問題，若把收益不平等的問題拖到極致仍無法解決，就會搞向社會主義。

現任：春華資本主席、世界經濟論壇首席經濟學家。

曾任：國際貨幣基金組織（ＩＭＦ）官員、高盛大中華區主席；研究領域包括巨集觀經濟學、公共財政、國際貿易與金融理論。其研究成果之一《全球競爭力報告》在國際上具有廣泛影響。

正視非經濟因素干擾　為宏觀決策協調溝通

許嘉棟

我們投資不振的原因，在非經濟因素的干擾，如藍綠、統獨、民粹、專業退位、所得分配惡化帶來反商仇富、勞資對立，為什麼會變成這種情況，基本上就是貧富不均造成的。

全球經濟變局走向民粹以鄰為壑害人不利己

我先談目前的國際經濟金融的變局，第一個很重要的變化就是民粹，川普現象、柯P現象、反服貿等都是民粹的反彈。

第二，全球化下各經濟體互相牽連，制定政策若能協調溝通得到雙贏，是理想狀態。如全球金融海嘯，主要國家共同面對，實施寬鬆的貨幣政策和財政政策，兩年就撐過。現在則各自掃門前雪，協調合作精神式微，過去每年G7、G20領袖會議提出問題，最近也沒見談什麼。比較顯著的是，川普只顧美國，不管別國受影響。

更嚴重的是從自掃門前雪，變成雪往隔鄰掃的以鄰為壑。近年貨幣競貶就是以鄰為壑，貨幣貶值可以提高出口競爭力、提高經濟成長，卻害了進口國。過去這一段時間有幾種型態貨幣競貶，第一是新興經濟體的央行干預匯率。第二是用寬鬆的貨幣政策，透過市場的運作讓幣值下跌。第三是其他國家的競貶措施，促使本國貨幣貶值，例如二〇一五年，歐洲央行預告要大規模的實施QE，瑞士、丹麥、加拿大、澳洲等國先發制人，實施寬鬆的貨幣政策。

再看減稅，英國、日本、美國競相減稅，重點在減資本所得稅和企業所得稅，吸引國外的廠商投資，帶動就業機會。把國外的資本引進來，就犧牲了在母國投資增加就業的機會，還進一步造成財富分配惡化問題更趨嚴重，助長民粹。

不當貨幣政策已嚴重衝擊金融穩定

第二個部分，不當的貨幣政策會衝擊資產的價格和金融的穩定。早期貨幣銀行學強調貨幣增加物價會上漲，不談資產價格，現在貨幣供給增加物價不漲，影響的是資產價格，很多專家都擔心資產泡沫金融危機會不會再來。

我要引述兩位學者的研究，首先是引述Werner, Richard A.，他說信用擴充於生產相關的、還是跟生產無關的，帶來的結果完全不一樣，如果是跟生產相關，多給一些信用可以帶動經濟成長；如果用在如房地產較投機的虛擬經濟，帶來的後果很嚴重。以日本為例，可看出在資產泡沫最嚴重時，銀行信用的成長率遠超過名目GDP的成長率。

其他如愛爾蘭、西班牙，在全球金融海嘯之前，信用成長率都是遠超過GDP成長率，信用創造太快，他認為是造成這幾個國家發生主權債務金融危機重要原因。

我也引述辜朝明的說法，他把日本九〇年泡沫破滅，引發資產重大損失，稱之為「資產負債表式的衰退」。銀行，企業都蒙受重大的資產損失和淨值惡化，就想修資產負債表。家庭是減少消費、增加儲蓄、償還負債；銀行不敢貸款；企業則是不敢投資。造成民間消費減少、投資減少、銀行貸款減少的後果，到現在還是沒辦法回復，當然日本經濟的一蹶不振還是有很多的原因，但我們不能忽略這個因素。臺灣在一九八〇年代下半葉資產泡沫，前幾年房價的飆漲，都跟資金過剩有關係。

面對這種情形，期待主要國家一起作政策的調整可能性不高，但是美國、日本、歐洲慢慢都要縮表，資金過剩的現象在改善。問題是，實施QE資金流向開發中國家，干擾金融穩定，現在要縮表，方向會反過來，開發中國家要再受一次衝擊，怎麼審慎處理這個問題，先進國家要想一想。

臺灣經濟表現比其它國家差非經濟因素值得重視與深思

貨幣政策施展到極限必須退場，接續的是財政政策，擴張性的財政政策有兩種做法，減稅、或增加支出，現在大多集中於減稅，而減的又都是資本所得，我認為應該增加支出，而不是減稅。像臺灣面臨經濟成長率下滑，民間投資意願不高，外資吸引不來，勞動力下滑、實質薪資凍漲等問題，這是各國普遍的現象，我們比較嚴重，值得大家省思。

總結起來，我們投資不振的原因，在非經濟因素的干擾，如藍綠、統獨、民粹、專業退位、所得分配惡化帶來反商仇富、勞資對立，為什麼會變成這種情況，基本上就是貧富不均造成的。對抗多，但大家意見雜陳又沒有協調溝通的機制，不同政黨意見又都不一樣，當然最近民進黨開始很強勢一意孤行的做，好像效果有點發揮出來，但決策對不對那是另一回事。

兩岸關係若能改善，有利臺灣經濟，但兩岸財經政策進退失據，馬的時候是往前，民進黨又後退，企業界不清楚未來的政策走向，對投資意願造成不利的影響。

臺灣如何因應呢？我們在國際上沒有話語權，沒人聽我們講話，也沒有機會講話，只能被動因應。

改善投資環境調高利率前有效運用過剩資金

在貨幣政策的部分，美國正漸進縮表，審慎提高利率，但是很多國家要談提高利率還言之過早。現在臺灣的利率很低，還是有很多過剩的資金根本都用不出去，考慮調高利率之前，應先設法讓過剩資金有效運用，不轉化掉怎麼談讓市場利率提高？這是一個順序的問題。

減稅也是，國際上在減稅，我們該不該跟呢？我認為不該跟。減資本所得稅雖具正面的刺激效益，問題是

三力道減緩臺幣升值壓力

許嘉棟：

過去這一年，新臺幣在一直在升值，同時外匯存底並沒有像過去成長的那麼快，顯示出：一、如果不是央行多買進一些外匯的，新臺幣大幅升值是跑不掉的。在美國關注下，央行持續介入空間少，新臺幣的升值很難不去面對，背後問題在於央行介入的程度。新臺幣匯率還是由市場供需來決定，二、從經常帳來看，有時候要降低經常帳，要靠擴大內需、提高消費、提高投資，但是目前國內投資消費提高的空間不大，經常帳的盈餘很難降下來，抵銷部分升值的壓力。三、再看金融帳，我們金融帳逆差已經持續了二十幾個季度，很多人惋惜資金慢慢地流出去，但如果不是金融帳持續外流，新臺幣對抗升值的力量在哪裡？所以不要用有色眼光去看金融帳，否則新臺幣現在不是二十九，而是二十五也說不定。

邱正雄（前行政院副院長）：

當年王蔣大戰，蔣碩傑主張傳統的貨幣論，就是物價要安定，外匯太多主張快點升值；王作榮代表企業界，認為大幅升值中小企業就沒法賺錢，政府應讓企業環境安定。貨幣政策的拿捏考量，傳統的貨幣學家大都是看貨幣的穩定，而企業界看重就業與安定。俞國華擔任央行總裁時採中間路線，這個政策對臺灣的中小企業很有幫助，因為中小企業多是靠出口。

央行的政策，如外在環境非要你升值，如二〇〇八年的日本，就要看有沒有辦法調整，過程跟經濟學有點不太一樣，教科書上談總體金融但不談政治過程，也不太強調就業問題，貨幣政策最後就是影響物價，這和世界各國的壓力有關係。

企業計較的是稅率嗎？利率也一樣，過去長期的低利率，我們投資有增加嗎？企業恐怕更重視的是非經濟因素，如何改善非經濟因素投資環境，才是當務之急。

現任：東吳大學講座教授。
曾任：財政部部長、中央銀行副總裁、金融研訓院董事長、中央信託局董事長、中華民國對外貿易發展協會董事長；專業領域為貨幣理論與政策、金融制度、國際貿易、國際金融。二〇一四年更獲臺灣經濟學會頒發「經濟學傑出貢獻獎」。

從世界角度　透析臺灣經濟前途　陳聖德

我認為，臺灣應積極發展的五大產業是：高科技、金融、觀光、運輸、教育業，這些產業加起來占GDP的三七％。

二〇一八總體金融情勢　審慎樂觀

展望二〇一八年，影響金融發展的因素，最重要的就是美國開始縮表，歐洲央行下半年也開始停止擴表。金融風暴後注入市場近十三兆美元的資金，S&P500 從二〇〇七年以後上漲了二七五％，創造的市值增加遠遠超過了十三兆，量化寬鬆退場，會不會造成市場的風暴？我的看法是，從擴張性的貨幣政策轉向擴張性的財政政策，美國的稅改將企業稅從三五％降到二一％，公司盈餘大幅上升，本益比降低，整體看資產泡沫的風險是存在的，但不是那麼大。

其次是川普推出的稅改，短期間造成美國財政赤字擴大，美元上漲不易，長期一定影響資金走向，川普強調的美國製造很可能實現，至少華爾街對川普的稅改是持正面態度。

第三是中國持續去槓桿，中國金融業這十年來快速成長，也造成影子銀行、高槓桿操作等問題，人行發布一月二十五號開始定向降準，在打擊投機高槓桿操作的同時，讓銀行在合標的業務之下有更多的空間操作，目的在改革，不是全面性的收縮。

第四是東亞、歐洲風險猶存，但朝鮮半島情勢緩和、德國要組新內閣，政策風險大幅度降低。最後是原物料價格逐步盤升，不過美國重新成為資源的輸出國，對油價有抑制作用，所以我審慎樂觀看待今年的整體金融情勢。

重視全球貿易趨緩與障礙　轉型消費與投資帶動經濟

世界銀行預估今年經濟成長率在三．一％，主計處預估臺灣是二．五九％，低於全球平均，這裡面短期的因素非常多，長期因素是全球貿易整體成長的速度減緩，和國內投資不振。

臺灣去年出口超過三千億，成長一三％左右，其中有一半基於匯率，同時間製造業的成長率僅三・九％，代表臺灣出口是負出口、或出口加工價值比較低的貨品。金融危機後，全球化停滯、貿易障礙提升，根據 global trade 公布的數字，貿易障礙增加大約四千項，此外，WTO 公布二〇一六年貿易爭執增加了三百項。川普上任後馬上退出TPP，祭出三〇一，又祭出雙反，對貿易有更大的壓抑作用。他強調把多邊協定變成單邊協定，一個一個來談，較容易施展壓力，臺灣面對的也會是這情勢。

做為一個成長多數靠貿易的國家，我們要怎麼因應？川普不是全球化唯一的殺手，各地勞工成本接近生產成本、消費者對客製化要求提升，使得製造業全球化進入在地化的階段，在這情況下，GDP的成長從貿易推動，變成投資跟消費推動是必然的。近年來國內投資不振，投資占GDP的比重，從前幾年的二五％跌到二〇％左右，民間投資持平占一七％左右，政府投資一直在下跌，這也是為什麼政府急著要推動前瞻計劃，希望能夠透過投資推動經濟成長。

以轉型正義魄力推動高效率國家建設　為肥咖擬CRS策略

臺灣持有的國際資產，排名僅次於日本、德國、中國大陸、跟香港，代表大家把錢投資國外，而不願意投資臺灣。到底是出了什麼問題，WEF（world economic forum）全球競爭力報告提供了一些答案，二〇一七年報告中有關FDI法規對外人投資的鼓勵程度，只排名第七十九；政府支出浪費程度第三十五；非關稅障礙普遍度第三十。臺灣本來是一個高效率友善投資的地方，曾幾何時跌到目前的情況。

從國際情勢省思臺灣，我提出幾點建議，第一，臺灣錢淹腳目，可是政府想做的建設民意反對，民意想要做的建設政府又建不動，建議政府拿出做轉型正義的魄力推動建設，這是最基本的增進經濟之道。

其次，這是一個資本競逐的世界，美國稅改長期一定是會有影響的，但同時間被稱為全球版肥咖條款的CRS（共同申報準則）上路亦不可忽視。去年已有一四七個國家開始做資訊的交換，臺灣預定在二〇二〇年開始與其它國家做資訊交換，代表所有在海外的資金都會無所遁形。印尼為此在二〇一六年實施所謂租稅大赦，要求國人自動申報海內外隱密的資產，結果有三千多億美元資產現身。臺灣在海內外隱匿的資產非常多，我們要讓國人做一次性的申報，正式的合法化？還是要等到美國的稅制塵埃落定，再看這些錢到底會 register 在哪裡？拖到最後可能大戶把整個稅籍遷到海外去，造成人財兩失。

正視人口老化　妥善制訂移民政策

第三，戰後嬰兒潮預估未來十年到十五年間把資產轉移給下一代，這是大洗牌的時代，我們必須要在稅制上、和資產管理的基礎建設上準備好迎接這個機會。

人才外移，人口老化是臺灣當前最重要的課題。現在很多年輕人赴大陸和海外工作，使人口老化更加嚴重，我一九八七、八八年在日本工作，看著三十年來因人口老化，整個消費投資的意願都下跌。要改變這個趨勢，一定要審慎考慮移民策略。現在臺灣在外工作的有七十幾萬人，七〇％以上是大學畢業，到臺灣做事的白領外國人大概三萬人，引進的外勞約七十二萬。政府想要把移工變成正式的移民，雖無意貶低，但如此將產生高出低進的現象，到底我們該怎麼面對？其實臺灣也不是全世界唯一在變老的國家，像澳洲新加坡都設法慢慢地挑選移民，如果我們什麼都不做，那我們就可能步上日本的後塵。

發展高產值五大產業　帶動經濟成長

政府在積極推動五加二產業，期待為經濟成長注入新動能，所謂五是指物聯網、國防產業、智慧機械、生物醫學和綠能科技，加二是新農業跟循環經濟，但這些產業產值加起來不到ＧＤＰ的二〇％。我認為，臺灣應積極發展的五大產業是：高科技、金融、觀光、運輸、教育業，這些產業加起來占ＧＤＰ的三七％，高科技包含電子零組件製造業、電腦、電子產品及光學製品製造業、資訊業等；觀光包含住宿及餐飲業、藝術、娛樂及休閒服務業。人才深耕方能長期，支援邁入高齡社會的人口特殊結構。教育是根本也是重要產業，美國一百萬大學生，一年繳的學費三百多億美金，我們要出口多少產品才能賺進三百多億美金？臺灣是民主社會，又是傳統中華文化蘊底最深厚的地方，絕對適合在教育上面占一席之地，可惜兩岸關係的冷調子，影響其成長，其他的產業要取代是非常困難的。

引進國外企業掛牌擴大資本市場政府應有格局

股市是經濟櫥窗，跟鄰近香港、深圳、上海比較，臺灣總市值一・一兆，香港四・二兆，上海五兆。過去五年深圳成長二三九％、上海一〇八％。臺灣僅成長五二％，掛牌上市有四百多家公司股價是低於淨值，遠遠高出香港、深圳和上海。股市存在的目的是為籌資，供給企業發展所需要的資金，去年上市櫃ＩＰＯ，深圳是二二一家、上海二一七家，臺灣四四家，總金額五億美金，深圳則是一百四十二億美金，比我們大非常多。臺灣在ＳＰＯ（現金增資）差得更大，去年總共籌資七十四億美金，其它三個市場都是我們三倍有餘，顯現我們市場的籌資能力，和已上市櫃企業的籌資意願不足。我曾問企業那為什麼要股票上市，答案是股東可以賣股票，公司上市不是籌資，而是賣股票，大家都這樣想股市怎會好？這牽涉到政府態度與做法，怎麼擴大資本市場？掛牌公司的資產類別，把資產的種類擴大，牽涉到怎樣找國外的企業來臺灣上市，新加坡市場值得參考。

現任：臺北富邦銀行董事長。
曾任：富登金融控股北亞及大中華區總經理、中信金總經理、花旗銀行亞太區財務長。

建議

一、全球化方興未艾，由擴張型貨幣政策，轉向擴張型財政政策。環顧當前；中國大陸持續全力推進市場經濟，面對金融體系改革，尚承擔風險、有挑戰。美國漸進縮表提高利率、推動減稅，其美國優先的貿易保護政策，與反全球化下民粹、民族主義對國際經濟金融貿易前景的衝擊，仍待觀察。

二、反觀國內；非經濟因素的民粹、藍綠、統獨、專業退位、所得分配惡化、勞資對立、兩岸財經政策進退失據，投資意願低落，改善非經濟因素的投資環境，乃當務之急。

三、全球貿易趨緩，臺灣應從貿易帶動轉型為投資與消費帶動經濟與就業成長。

高科技、金融、觀光、運輸、教育業，五大產業占GDP的三七%，是可持續發展的產業，應加強積極協助成長。

四、臺灣的銀行體系尚有很多過剩資金應有效運用，不急著跟進提高利率；財政政策應以增加支出代替減稅為優先，以免財富不均更形惡化，不必要的激化反商仇富。

五、建立友善投資環境，恢復國家高效率與競爭力，爭取FDI外人投資，帶動經濟成長。臺股籌資能力、企業籌資意願低，擴大資本市場、籌措企業發展的需要，政府應面對國際競爭持開放態度與長遠做法，並積極引進國外優質企業來臺上市。

結語

薛琦

臺灣是一個開放又不完全開放的中型經濟體，我們完全開放嗎？全世界都對中國大陸開放，只有我們不完全開放；我們的努力，以臺灣兩千三百萬的人口，成就GDP列名全球二十三、二十四左右，大家不需唱衰彼此、妄自菲薄。今天在臺大梁國樹國際會議廳舉辦論壇，前央行總裁梁國樹對公共政策建樹良多，追懷恩師的卓見與貢獻，師法前輩們一生的關注與投入。簡單的說，面對外在的變動，不要背道而馳捨本逐末，建設臺灣沒有悲觀的權利，既然無法也無力阻絕全球化下的國際金融情勢與外來因素的影響，預做準備增強彈性與韌性，乃不失為可行的做法。

策劃、整理：王克敬、黃雅慧

第二篇

中美貿易戰下　臺灣因應之道[7]

前言

二〇一八年初，美國Fed預期漸進升息，歐洲央行也預告啟動縮表，力求利率正常化，隨繼掀起貿易戰風聲、制裁伊朗，油價大漲股市波動，全球化下的政治與經濟局勢持續動盪，在中美貿易戰升溫中，臺灣經濟、產業無法置身於外，小型經濟體的臺灣，受國際政經情勢變動影響極大，兩岸關係與兩岸經濟更是我們不得不面對的問題。基金會於二〇一八年九月十九日邀請產官學界對中美貿易戰議題作一務實探討。

引言　由國際經貿動態　端看中美之爭

薛琦

我們常講經濟離不開政治，隨年齡增長，我覺得經濟不重要，重要的是政治，馬克思也說經濟是社會的基礎建設，經濟沒有搞好，政治就沒有基礎。美中貨貿戰在經濟上是雙輸局面，但美國在服貿、智財TRIPS以及海外直接投資上具龐大的優勢，這也導致美國跟中國在貿易上非常不公平。

7本篇由二〇一八年九月十九日舉辦之「從全球貿易戰看國際政經變化」座談整理而成。

去年（二〇一八年）一月基金會舉辦國際金融座談會，當時猜測美國跟中國在貿易不會很平靜，但今天整個的美中經貿關係發展可能會超過許多人的預期跟想像，更重要的是方興未艾。在這個時點，我們要保持較高的角度看問題。

美中貿易戰　關鍵在服貿

從美中貿易資料來看，去年美國經常帳赤字是四六六二億，實際上是二〇〇九年以後的新高，主要因素是貨貿。美國貨貿赤字超過八千億，在八千億中，跟中國的貿易赤字占四六．三%，是很大的比例。這也是為什麼會把重點放在主要的貿易對手中國大陸。另一個常常被忽略的部分就是服貿，美國在服務業貿易上，去年順差是二四二八億美元，海外投資淨收入約三〇五〇億美元，毛收入約為三千七百多億美金，這兩項已有五千多億，還不足以抵消貨貿的八千億。

在其他次要項目，服貿收益實際上被投資的收入抵銷。由此可知，如果要打貿易戰，貨貿最容易，因可單邊課稅，不理WTO規範。至於服貿跟投資背後就比較複雜。

美國強項在於服貿，其中有四項目金額最大，也最重要：旅遊（含教育，外國留學生到美國付的學費）；金融服務，它二〇〇〇年以來成長最快，美國金融是服貿裡的強中之強；智財權收費；其他商業服務（研發、管理顧問及技術服務等）。以上得知，美國如果打貿易戰，貨貿定兩敗俱傷。但服貿只是要求對方把市場開放，在投資業務減少限制，簡言就是希望到你國家去可享受國民待遇。美國如要在貿易取得平衡，就得是自己強項。推測美國打貨貿，他真正要的是服貿。

中國金融市場進入不易　開放金融一舉值得關注

金融是美國服貿最強項目。但所有外銀相加在中國大陸的資產占一．二%。如果你是美國金融業，最抱怨的國家便是中國大陸，因為進入它們市場不容易，多受限制。外銀在中國大陸的表現，只能用悲慘形容。中國銀行資產報酬率（ROA）約〇．八至一%，而且其股東權益報酬率（ROE）皆符合國際水準，超過一〇%，臺灣的話大概只有〇．七%，另一個數字大概是八%，我們都還不合格，外資銀行跟本國銀行比起來只有這樣（〇．四八%，三．四四%）。進入這個市場不容易，即便進去，業務上也多受限制。

美中貿易戰開打，四月四號公布六百億的加關稅措施，一周後，習近平在博鰲會議開幕時作重大宣示：第一，他把金融業擺在前面，確保去年底作出放寬的相關宣示，放寬銀行證券保險外資持股，就是市場的準度，還有機構的設立；其次是業務範圍，與國民待遇相關，在製造業端特別提到要放寬汽車、船舶、飛機。以汽車而言，規定外資進入中國大陸的汽車持股不能超過五

▲合照，圖左起為林明仁教授、薛琦教授、劉遵義院士、余範英董事長、許嘉棟顧問、施振榮董事長、陳添枝教授與蔡練生秘書長。

○%，在七月十五號的時候就開放讓BMW的持股從五○%提高到七五%；一個就是所謂的投資負面清單；還有一個就是要重組國家的知識財產局。四月十二號人民日報社論提到「習主席宣布的市場開放措施『唯不適用』違反世貿規範、對別國發動貿易戰的國家」。如果中國大陸真照前面四大方向，銀行的開放，實際上要把銀行的持股跟營業範圍全部開放，然後不讓美國的銀行進入，這樣下去，可能引起第三次世界大戰。

今年六月二八號中國大陸發布人行新規定，要分兩階段開放，一個階段於七月二八號實施。舉例而言，過去外資單一持股對銀行不能超過二○%，全部總合不能超過二五%，這很嚴格，現在他要把內外資的股權比例一致，證券反而比較沒有那麼嚴格，他要放寬到可以持有到五一%，二○二一年便不再設限，今年年底要做業務開放，表示在金融服務業全面開放。

貿易戰風雲　衝擊中國信心　美方步步為營

美國對中國啟動貿易戰，中國馬上採報復措施，目前為止，對實體經濟產生的影響不會太大，但依目前經濟情勢，中國產業去槓桿、去產能仍在進行，且其網路經濟P2P的問題仍在解決；地方政府負債比率很高，占其GDP大概八、九成；從股市下跌看出經濟並不是很好，簡言之，中國大陸的民間消費跟其投資信心也下降。中國大陸前任人行行長周小川說，如果貿易戰步步加深的話，對我們經濟真正的實質影響應該不大，但對信心衝擊很難講。經濟學家知道投資是動物本能，完全是信心問題。

美國的經濟與資本市場目前已處「一鼓作氣」之末。美國採取任何反景氣措施將因下列因素而進入「再而衰」：一，刺激民間消費的減稅政策已難再試。政策效果無法預期像一般狀況那麼好，因為刺激民生消費、減稅措施皆已用過；二，企業減稅已反映在公司盈餘與股價上，美國本來希望企業減稅能反映在投資上，結果反應在股利上，他的獲利增加。三，股市好的原因之一是持續打下去，他通膨一定起來，任何國家通膨一產生，貨幣政策就會受到很大的限制，對任何刺激投資的貨幣跟財政政策都會面臨很大的壓力跟限制。

貿易戰議題　政治問題大於經濟問題

我們常講經濟離不開政治，隨年齡成長，我覺得經濟不重要，重要的是政治，馬克思也說經濟是社會的基礎建設，經濟沒有搞好，政治就沒有基礎。美中貨貿戰在經濟上是雙輸局面，但美國在服貿、智財TRIPS以及海外直接投資上具龐大的優勢，這也導致美國跟中國在貿易上非常不公平，故習近平先生跟其幕僚做出重大原則性宣示，服貿原則基準端看如何落實；其次，雙方應可在服貿領域好好坐下來，對岸現在思考策略時是要因應新局面，把中國大陸市場做徹底開放，第一，要符合美國要求；第二，大陸市場應作總體審視，才能好好解釋上述的怪奇現象。

中美雙輸謀求互利之計　貿易戰加速生產鏈變化

劉遵義

貿易戰對中、美兩國的長期關係會有損害。一個基本事實是，中美之間在經濟、科學技術上是全球競爭，沒有川普也會有種種摩擦。美國歐巴馬總統提出重返亞洲與跨太平洋夥伴關係協定（TPP），也是針對中國。

川普貿易戰目標　在政治非經濟

貿易戰其實是雙輸的。我覺得大家應該坐下來談一談，如何能夠雙贏。我曾為文談貿易戰有雙贏方法，但卻沒有落實。我覺得川普的目標其實不是經濟，是政治。他現在最重要的就是如何能在期中選舉十一月六號打贏一仗，然後取得二〇二〇年連任。其實貿易戰對美國影響不大，白宮首席經濟顧問庫德洛（Larry Kudlow）就提到其實對美國的影響不算一回事。雖然貿易戰直接對中國大陸有負面影響，但是實際上很低，在中國大陸六．五％左右的成長率，影響約〇．四三％。

貿易戰對中、美兩國的長期關係會有損害。一個基本事實是，中美之間在經濟、科學技術上是全球競爭，沒有川普也會有種種摩擦。美國歐巴馬總統提出重返亞洲與跨太平洋夥伴關係協定（TPP），也是針對中國。站在美方立場，二〇〇〇年中國的GDP只是美國的五分之一，今天是三分之二，再過十幾年可能超越美國。美國作為老大定想方設法讓他不要成長那麼快，這在美方有共識。因此中美之間的貿易關係其實很複雜，不單是貿易關係。基本上中美之間有競爭，難免會有摩擦。

貿易戰對經濟主要是心理而非實質影響

貿易戰最重要是心理影響，而非實際影響。因此還未執行關稅，股市便已下跌，人民幣也微跌。金融市場對不確定性是很敏感的，所以深圳股市跟上海股市都下降約二〇％，自今年始至今，香港股市當地上市的陸企跌，香港自身股票也跌，但跌幅不大。而美國在S&P上升了五％，所以由此看得出來是心理作用影響。

我認為中國股市並非中國經濟的工作表。中國大部分投資股市是個人，中國股民平均股票持有期是二十天，以前是七天，中國股民都不是長期持有股票，也不看基本面。

此外，匯率也是心理作用。假如看經常帳或是貿易，把中國對美輸出變成零，中國經常帳也還是平衡。

貿易加權貨幣反應實況　人民幣匯率指數重要

關於大陸匯率，一般看人民幣兌美元匯率，但其實看穩定度，不能光看人民幣兌美元的匯率，從大陸角度來看，美元是超強貨幣，人民幣如果跟住美元，美元一升，全球其他貿易夥伴都要加價。人民幣兌美元的匯率今年應該下跌約八%，假如看一籃子貨幣，就是貿易加權貨幣，較能反映實況。人民幣基本上是希望跟著人民幣匯率指數（CFETs）。

對美元而言，美元超強時，人民幣也會升，但升的沒有美元多，加權後頂多二—五%左右，故當美元走強，對美元人民幣在貶值，反過來假如美元貶值，人民幣不可能永遠超強，而美元回升，人民幣也會跟著下降。所以相對美元，人民幣到時會升值。長期來看，人民幣波動率會比美元低，這是中國現在情況，不要光看美元，也要看住其他貨幣跟美元之間的關係，這些其實都心理上作用，非實質影響。

▲講者對談，左起為薛琦教授、劉遵義院士、許嘉棟顧問、陳添枝教授與施振榮董事長。

同是大陸型經濟體　受外部波動有限

中國經濟與美國相似，一方面是大陸型經濟體，有很大的本國市場，受外國經濟波動影響有限。中國大陸進出口波動性跟其他亞洲經濟體是一樣大。但看GDP的話，中國大陸雖有波動，都穩定地在零以上。其他經濟體都是跟著進出口波動而波動的，基本上很不一樣。因為臺灣外貿占比例很高，故受外部影響大。而中國大陸對於出口依賴度其實很低，以往以為中國大量依賴出口，但近十年已下降很多。在顛峰期，中國出口占的比例是三五%，但到二〇一七年就跌近一半，中國開放時一直上升，加入WTO後，上升速度加快，但現在持續下降。

把服務項的商品與出口商品GDP分開看，因關稅只在商品作用，服務項沒有關稅。中國對美輸出最高峰時是七%，不出口到美國，犧牲約三．四%的GDP。因為中國對美商品輸出，國內附加值很低。以蘋果手機為例，蘋果手機在美國大概要賣五百至六百美元，但在中國的附加值是十五塊美元，其實沒收益。假如把三．四%乘以〇．二五，當全無出口，其實犧牲只有〇．八五%，影響不大。但仍會影響消費者，收入少，需求也會下降。

同時可看出，中國對美國、全球的輸出成長率在下降，表示中國對外貿的依賴度跟出口依賴率在下降，因中國自己變成很大的市場。另一個也是因外國人能出口的地方也差不多飽和，對外貿的依賴度會越來越低。

中國的貿易順差一直很高，達八%至九%GDP，但已下降到二%左右。假如缺乏一半對美輸出還是可以平衡。所有蘋果手機都是在中國製造，據我了解，超過五百億美元的進口都是蘋果手機運回美國，假如要加二五%的關稅的話，對蘋果公司有很大影響，也會引起蘋果手機消費者反彈。

然貿易戰加速生產端替代　服貿仍是美國亮點

還有一個重要的出口是半導體，中國進口晶圓，將其切好、包裹再運出，變成中國出口，美國在上面加二五%關稅的話，國內很多半導體企業也會跟政府過不去，因為中國附加值（value added）很低。短期影響不會特別大，但長期會有效應，中國出口產品因被其他地區出口產品代替。二〇一〇年開始，因中國匯率提高、工資也提高，所以會產生代替方式。很多在中國設廠，也在越南、孟加拉等地設廠生產，生產往工資較低處流動是必然道理。有趣的是貿易戰加速這個過程，因輕工業利潤很低，低利潤付不起一〇%的關稅。

美國對中國的輸出商品占其ＧＤＰ是〇．六七%，其國內附加值是〇．五%。美國出口平均約五〇%，換算五〇%乘以〇．六%是〇．三%，假如中美雙方停止進出口，最大也只到〇．三%。所以美國商務負責人講這是零頭。但全部停下來也有困難，如中興需要芯片的心態。

故我覺得對美國的影響其實更低，服貿是美國最亮點，如果旅遊跟學生不想去就會有影響，所以最大的影響在服貿。服貿也是美國對中國一個很大的淨餘（surplus）。

中美貿易互利之道：油氣、農業、旅遊、教育

假如把雙方的順差、逆差用附加值計算，中國順差約一千五百億。這也對美國有好處，我當時也提出有三方面：一方面是增加天然氣跟石油的出口，因為天然氣跟石油在美國產量持續增加，甚有許多沒開採的地方，假如有固定長期客戶，便能無中生有。把現有產品轉賣給中國對美國來講沒好處；另一點就是加大農業進口，讓美國有新的生產可以增加；最後是服務業，中國在旅遊跟教育的需求量很大，現美國有三五萬留學陸生，兩國關係不好會減少，實際上是龐大市場。中美如何平衡，真正是在美國繼續創造新價值，對美國好，中國也有得益，可雙贏。但在美總統大選後方有空間解決。

關注貿易戰　引發匯率戰　金融市場變動難預測

許嘉棟

貨幣戰就是說央行主動引導政策讓他貶值，也許透過貨幣的買賣、政策的運用等，指央行有意政策造成，才能夠叫做貨幣戰。

貿易戰增加對金融市場的不可測性

貿易戰將使國際金融動盪局面加劇。首先，過剩短期資金跨海跨行流動會使各國金融不穩定，尤其是新興經濟體。當資金進到新興經濟體，貨幣、房地產大概都往上升。加上近年QE退場，資金往先進國家回流。一些國家在這陣子發生通膨危機、貨幣貶值危機及債務危機，如阿根廷、土耳其等等；另一個大家關注的是資金太氾濫，會造成房地產泡沫，泡沫破滅則會引發金融危機。最後就是貿易戰，它更增加金融市場的不可測性。

不可測與金融市場幾個特性相關。首先，全球化下各國經濟金融是連動的，而且金融上速度尤其快，所以造成的衝擊也就較快。資金做跨國間移動定經比較之後的結果，不只有單一國家的因素來決定。金融移動涉及各國風險性、報酬率，複雜度高，經國與國之間的比較後決定資金往哪邊去。這其中政治是很重要的。

對國際金融衝擊難測　多方因素加乘變化難以把握

影響金融業的因素，除經濟實質面外，還有政策面，如財政貨幣政策、金融監理會影響資金進入市場，還有政治面。影響因素如此多，貿易戰對國際金融的衝擊便難以預測。首先，貿易戰如何發展難以預料，每天都有新變化，撲朔迷離。應先談國際金融貿易戰如何發展，才能談對實體經濟的影響。各國財政部、央行都在運作，會開始反應問題，不同反應影響又不一樣。另外，就政治層面，一個國家經濟不好，會影響政治的調整，如美國期中選舉結果也跟經濟表現有關係。

但可用四水晶球來做個映照預測：包括貿易戰的發展，實質面的影響，政策面的影響，再加上政治面的變化，這四項因素最後交叉相乘起來才是金融業。任一水晶球都無法把握會變怎樣。

有無匯率戰是一個關鍵。我認為，貿易戰中美兩國必然兩敗俱傷，全球的經濟、貿易跟金融都會陪葬。大家在討論貿易戰打下來誰會贏，很多人都提到雙邊貿易量對比，中國對美國有五千億的出口，反過來美國對中國只有一千億，所以中國一定倒楣。但這只是生產面，而忽略這五千億在美國對國內消費者影響，價格上漲的話，美消費者也會受傷。此外，這也會反應到政治面，無法忽略。政治體制是中國大陸的優勢，他沒有面對選民的壓力，打持久戰的話，中國一定贏美國，故中國是否一定輸，很難講。

貿易戰不可能一直打下去，某階段雙方可能要和解、妥協，美歐在抱怨的是中國大陸不公平貿易，這方面中國大概一定會往比較公平方向在妥協，包括市場的開放等；第二點，如果美國寄望透過貿易戰課稅縮小中美之間的貿易赤字或是縮小美國的貿易赤字是不可能的，因貿易赤字除價格外，是內需跟儲蓄相對數量的問題。美國長久以來過度消費、儲蓄不足，最後的結果包括財政赤字，帶來的就是貿易逆差。美國不改善，光在價格貿易戰方面著手改善有限。

談匯率不可忽視政策面　貨幣戰央行政策干預難咎

影響匯率有市場因素，還有政府政策，尤其是匯率政策不可忽略。所以中美貿易戰會影響到任何國家的經常帳，國際收支有經常帳，也有金融帳，貿易戰的經常帳、金融帳大概會受到衝擊；另外，不要忽略美元的價位。衡量一國貨幣對外價值是否不應只看對美元，用名目有效匯率指數會較客觀，一國的貨幣相對所有的外幣加權平均概念的這個匯率。現在美元價格起伏的話，當然人民幣兌美元也會有所起伏；第三點是市場因素。金融帳、經常帳還有美元本身的價位，大概都有市場因素在影響；第四點談政策。貨幣政策如果不是純粹浮動，而是央行可以干預的管理制度的話，央行有相當程度可以影響匯率走向，所以還有匯率政策，中國大陸就是管很多匯率政策，所以大家擔心，人行會否以政策主導人民幣貶值。

什麼叫匯率戰？如果是正常市場供需因素導致匯率波動的話不能稱匯率戰，比如中國大陸很多資金往外跑，所以金融帳有赤字，所以人民幣貶值，不能說是人行造成，因其出超也在減少，所以對人民幣會產生惡化影響，這是市場因素。美元走強，所以人民幣對美元走貶，這也是市場因素，都不能稱為貨幣戰。貨幣戰就是說央行主動引導政策讓他貶值，也許透過貨幣的買賣、政策的運用等，指央行有意政策造成，才能夠叫做貨幣戰。

人民幣會否真的啟動貨幣戰？首先，這幾年人民幣匯率形成機制正在改善，中國慢慢傾向讓市場決定人民幣匯率，有些重要變革，他現在重視的不是人民幣兌美元的匯率，而是一籃子貨幣（SDR），也就是名目有效匯率，人行編了人民幣匯率指數（CFETS）。當他穩定人民幣匯率時，主要穩定的是人民幣匯率指數，而非跟美元的匯率，實際上人行政策多次對外宣示中國大陸現在不會靠貶值救經濟，但實際上他確實為了穩定人民幣的匯率在阻貶，並沒有在阻升。所以現在人民幣匯率是市場因素，他經常帳有盈餘，所以每年會造成人民幣的升值、金融帳有赤字，所以造成人民幣貶值。

中國大陸爭取國際地位為先　未必靠貶值救經濟

我認為人行不會政策性地讓人民幣貶值，啟動匯率戰。貶值確實對中國的經濟有幫助，但中國大陸現在所重視的，或許不是經濟、政治面，而是國際上的地位。美國受重視程度似乎在下滑，中國趁機取代美國，成為國際上的領導應該是最好的機會。中國在一帶一路、投資非洲計畫上花的錢比貿易戰帶給來的經濟損失大得多。人民幣要國際化，總得使國際對人民幣有信心。幾個因素綜合下來，我認為弊高於利，所以不會靠著讓人民幣貶值來爭取經濟上的好處，且也沒有貶值的必要性，即使貿易戰使出口經濟成長、就業受到了些損傷，但他有很大的內需市場、民間的消費投資，政府如果真願意投入錢，投入基礎建設可以馬上提升，貨幣政策也還有很大的運作空間，未必要靠貶值挽救經濟景氣。

因此，人民幣兌美元的匯率因為各種因素的變化而有所升貶是正常的現象，要談匯率戰一定就是談人行有無動作，政策性地讓人民幣貶值，這部分我認為短期內不太可能，除非到了必要的關頭。

貿易戰實為美、中兩大技術之戰

陳添枝

> 中國未來一定會加強自主技術的研發，也會加強人才、技術的取得，這對臺灣造成影響與壓力，技術流動變得比較不容易，國際技術分工風險也越來越增加，中國將會逐漸發展自己的技術體系跟美國的體系有所區隔。……觀此未來經濟成長速度應該會變慢，技術體系的分割會造成生產體系的分割，形成兩個集團的對抗，美系供應鏈跟紅色供應鏈將會慢慢分道揚鑣。

美國真正利益所在　大陸金融與網路市場

貿易戰的展開，三〇一才是真正的重點。二〇一七年八月啟動調查，隨後雙方高層進行談判，但沒有達成協議。華爾街日報報導說美國要求中國開放金融市場，要求他取消對網路的管制，包括言論管制、網路的一些審查機制，還有資料必須在某種條件之下提供給政府；美國的電子商務公司，尤其是Google或是Facebook可進入中國市場，這兩個最重要的關鍵市場、開放的條件，中國無法接受，認為牽涉國家安全問題，如果未來無法突破這兩塊，要達成協議是非常難，因為這是美國真正關心的利益所在。美國第一波跟第二波的進口商品名單二五％，第三波名單涵蓋二千億中國商品。第一波主要商品是機械與電機設備，第二波則是機械與塑膠產品，明顯針對中國製造二〇二五課稅，可見美國課稅清單的選擇很精準；而中國報復清單的四個稅率涵蓋不同商品範圍，其中排除必要由美國進口商品。從中、美雙方白第一波、第二波到第三波課稅內容，在排除雙方必要利益項目，可知雙方之後能產生具體效果的課稅清單已不是很多。

對中國崛起不安　美國欲挾國際力量抗衡中國

美國動機名義上是貿易逆差，但經濟學者向來認為貿易逆差不是貿易問題，是總體的問題。真正的原因可能不在這裡，美國貿易代表署（USTR）在三〇一調查報告有明顯舉證，基於貿易法啟動法律的先決條件是對手要有不公平貿易行為，因此要精準，WTO是否能承認這樣的動作是另外一回事。美國USTR所列舉中國不公平貿易行為，如技術移轉、國際併購（M&A）審查等相關情事，列舉都非常具體，皆是美國廠商長期抱怨在中國所受的不公平待遇。貿易戰後，美國有高通（Qualcomm）併購NXP半導體失敗案便是一例，故中國政府很多行為在國際上對商業活動造成非常大的風險。

真正問題可能在於中國從二〇〇一年加入WTO後，本來美國期待中國會成為市場經濟國家，但中方利用WTO快速地與國際網路連接，利用國際資源使其經濟實力大幅提高。從二〇〇一年到二〇〇七年這段時間，中國貿易發展速度是二〇%以上，WTO事實上無法約束中國。二〇〇八年後，全球貿易的成長速度在下滑，唯有「數位經濟」貿易不斷成長。但中國利用網路監控制度讓美國的企業如Google、Facebook完全無法進入中國市場，除非中國有所改變。沒有辦法期待WTO體系能夠在未來的數位貿易裡扮演角色，建立所謂全球數位貿易新制度，這令美國灰心。

中國許多製造業，經國家補助造成全球產能過剩，例如鋼鐵、太陽能的各種設備，令國際市場秩序難以維持，美國認為唯有斷絕其出口，方能迫使中國政府正視問題。這說法在歐洲也相當具說服力，也是能得到歐洲政府不反對的重要因素。此外，「中國製造二〇二五」宣示中國在下個世代產業競爭的決心讓美國感覺到害怕，幾乎不計代價的競爭方式讓美國感到恐怖。

貿易戰是政治問題，也是戰略性競爭的問題。八〇年代美國也曾用過非常相似的手段對付日本，當時美國純粹以經濟技術發展的角度論述。而今天面對中國的情形完全不一樣，第一，這個國家的GDP已經成長到你的三分之二，而且有可能超越你；其次，他不可能是一個友好的對手。今日的情境改變，對一個世界霸主這是非常寢食難安的事情，勢必要想辦法讓自己的主導地位能夠鞏固，這才是真正所有問題的根源。

貿易持久戰　多國籍公司要重新安排國際事務布局

在G2（中、美兩大）時代，不論市場或政治都要有新秩序，秩序不可能在短期建立。如果是持久戰，大型的多國籍公司就必須重新安排國際事務的布局，中國作為海外加工基地的風險實在太高，且成本也已經很高。最近美國商會對在中國的美商做調查，是否考慮移轉生產鏈，明顯的答案是，如果移轉大部分轉向東南亞。但中國已是第二大市場，將來可能更

▲經濟界專家共同參與討論。圖為陳添枝教授提問發言。

大，也不能放棄。外商對中國投資將以中國市場的金融為主，如果在中國生產，應該是以銷售為主要目的，美中貿易周邊的逆差一定都會縮小，可是美國的貿易逆差不一定會消失，可能轉移到別處。因此，以貿易逆差作為戰爭的理由遲早站不住腳。

貿易戰將促使中美形成兩大抗衡技術體系

未來中國從美國取得技術，不論透過授權或收購美國企業都將更加困難。美國國會八月通過《外國投資風險評估現代化法案》，其中加強美國外資審查委員會的審查權限，對於有外國政府參與的投資要加強審查，即使外國政府所持有股權非常少也可加以否決，這是很少見的。美國向來非常自由且歡迎外國人投資，且可採取事後審查的制度，現在法律要求美國外國投資委員會（CFIUS）做非常嚴格的審查。中國未來一定會加強自主技術的研發，也會加強人才、技術的取得，這對臺灣造成影響與壓力，技術流動變得比較不容易，國際技術分工風險也越來越增加，中國將會逐漸發展自己的技術體系跟美國的體系有所區隔。在這一波貿易戰，中方明顯體悟到非常危險，在中興通訊案案例中，當美國切斷供應鏈，公司就垮了，這對國家安全實際上是很危險的技術發展模式。觀此未來經濟成長速度應該會變慢，技術體系的分割會造成生產體系的分割，形成兩個集團的對抗，美系供應鏈跟紅色供應鏈將會慢慢分道揚鑣。

川普首席經濟顧問庫德洛（Larry Kudlow）最近為文說美國應該要創造一個貿易聯盟來跟中國對抗。將價值理念跟美國接近的國家共同發展他的供應鏈，把重要供應鏈從中國脫離出來，這應該是目前川普重要的核心的目標；中國國務院發展研究中心副主任隆國強最近寫的一篇文章，他認為美國貿易戰發動的目的第一個就是利益敲詐、第二個是戰略抑制、第三個是模式打壓。中國人長期感覺美國把中國定位為長期戰略競爭的對手而不是戰略夥伴，貿易戰是美國抑制中國的重要手段，美國加徵的五百億美元的中國出口商品，主要是針對「中國製造二〇二五」，是美國抑制中國技術追趕的意圖。這是抑制中國崛起，但是中國學者對美方的解讀，在這樣一種認知下要有善意的談判的結果，要有雙贏的局面不容易。

貿易風雲中的價值認識　王道思維裡的世界定位

施振榮

如果政府或公會有一套方法協助中小企業，在策略性友好地區建構群聚效應。如何在全世界分工裡扮演關鍵角色，也就是展現共榮共存的基本思維。我多次在公開場合談我們的定位，臺灣要當全世界的朋友，成為世界公民。

共創價值　利益平衡　永續經營

我首要倡導王道的基本思維；貿易立基於互惠，利他乃最好的立基。如果沒有貿易，生產價值就無法體現。

王道是兩千五百年前的政治思維，政治是零和遊戲，拿了執政權當王就是你輸我贏，當將其引導於商業上詮釋，則王道的領導者應是服務大眾的政治人物，應共創價值，利益平衡。它的基本定義應是：創造價值，考慮所有利害相關的利益可能，才能夠永續經營。創造價值更需買賣雙方的交易，兩邊利益平衡。

臺積電張忠謀也非常擔心目前全世界產生的新問題，國家主義跟保護主義都是政治考量，從商者不會這麼考慮。我認為保護主義不能持久，因保護下沒有競爭力，只能算是短期的輔導，對長期目標創造價值不利。國家主義能創造使命與誘因，為何而戰；但就長期而言世界秩序仍需強化，共創價值。獲利者要考慮六面向利益平衡觀：直接／間接，有形／無形，現在／未來。以總帳思考價值，除顯性價值，包括民主主義、資本主義、管理系統等主流派，更要重視間接／無形／未來的價值。領導人，如政治人物如果只看顯性價值，不是完整的生態思維，價值共創，需要有利益平衡機制，有誘因方能持續合作。

釐清逆差的成因　爭取合理的回報

以今天貿易戰而言，美國提出貿易逆差是顯性價值，如果以附加價值來看，逆差就減少很多，要以有間接／無形／未來性的價值來做平衡，沒有絕對的平衡，是相對且不斷動態的平衡，不能光看現在，每一刻僅是一個平衡點，但長期來看，某一點要長期平衡才更重要。

以間接／無形／未來之影響思考「逆差」，貿易中「逆差」一方也可獲利。三十幾年前我在國貿局演講提到日本人耗能量做外銷，被美國控訴「逆差」，實際上是美國消費者享受日本人犧牲物價跟小國的生活品質所獲取的好處。問題在於很多是長期的累積與思維。解決之道要看的長看得遠，要有決心，從長計議要從共創價值的基本王道思維出發，即使自我發展，爭取合理的代價才叫公平，這是很重要的。

共創價值需轉型升級　扮演產業鏈關鍵角色

臺灣現在競爭力很強，像半導體完全靠知識分子在打拼，臺灣製造可能比美國或大陸製造超出二〇%。這二〇%是技術人員的能力。臺積電研發科有「夜鷹計劃」，全天與設備為伍做研發，我們的工程師是這樣拼出來的。薪水在臺灣雖是中等，但薪酬福利比美國高，因為共創價值，利益平衡的機制非常重要。臺灣往前走一定要轉型升級，迎接未來。

我覺得大陸金融可以開放，包含臺灣都該開放，臺灣金融要國際化，過去金融偏向保護主義，只有開放後會比較有競爭力，金融績效會比較好。目前大陸在金融安定的監督方面還需強化，包括網路銀行等都與金融監理效率相關。我肯定大陸目前網路監控態度，因這涉及國安問題。現階段網路霸凌、資安弊端事件層出不窮，政府應有前瞻概念，對於社會經濟發生影響的不確定性，應及早重視網路秩序問題，數位素養的問題需要更被關注，最近我也正推數位素養，在數位世界的素養要加速培育人才，建立有體系的教育思維。

我們要用未來生態系統的思維在世界定位臺灣角色。我提議要投資，讓臺灣所有產業進入產業四・〇，我們進度也許比德國、美國、日本差一點，但是我們的方案（solution）絕對是世界最有競爭力的。臺灣要提高自己關鍵分工的角色，比如半導體電腦已經領先，實際上還有很多隱形關鍵。在供應鏈裡面扮演不可或缺的關鍵角色就是臺灣的價值。臺灣在現代的基礎上要慢慢培養新的核心能力，那都是五年、十年甚至更多的工夫。

以科技島為自身定位　培育具素養世界公民

我自一九八九年於總統府提出科技島，當時主題是兩個：臺灣未來定位是科技島、臺灣國際化定位是世界公民。當時媒體尚未倡導世界公民，但這是臺灣的未來及對人類做具體貢獻應有的自我定位。要到任何國家生產貿易，是為當地創造利益，基本概念是作價值交換，互惠本是非常重要的基本思維。

在負責宏碁集團時我認為大陸之所以可以發展，不只有成本問題，而是基於當時整個在價值鏈裡的群聚（cluster）共榮。如果政府或公會有一套方法協助中小企業，在策略性友好地區建構群聚效應。如何在全世界分工裡扮演關鍵角色，也就是展現共榮共存的基本思維。我多次在公開場合談我們的定位，臺灣要當全世界的朋友，成為世界公民。

現任：智榮基金會董事長、宏碁集團創辦人。一九九二年推動宏碁再造，提出微笑曲線理論。一九九六年美國《商業周刊》評選他為「全球二十五位最傑出的企業管理者」之一，二〇〇六年獲美國《時代雜誌》（Time）選為六十週年「亞洲英雄」。

結語

薛琦

美中貿易戰日夜分秒變化中，涉及國際政經變化與關係的角力，速度快程度波及大。小經濟體的臺灣前程在地緣政治受考驗下應尋求務實對策，在變化多端的貿易戰中掌握轉機，因應新常態，最後僅於此聚焦解析，及對臺灣的影響。

鑄幣權與匯率戰往日與今後的影響。鑄幣權是熱門話題，貿易逆差鑄幣權最為重要，美國過去幾十年來占有最大優勢，其逆差沒問題，反正印債、印鈔票存在銀行裡，人民幣國際化走到最後也是要他人接受鑄幣權。匯率戰在打貨貿時幫助出口，如以財政政策、貨幣政策間接影響匯率，或應直接介入外匯市場才叫匯率戰。美、日、歐及中國央行皆有介入行動與紀錄。

全球智財權的影響方興未艾，開發有價的東西就是無形智財，也是知識力所形成的新核心競爭力。在美國為首的智財霸權下，國際智財競爭是基本思維，強調嚴謹的保護智財、商標、專利，智財侵犯立即以貿易手段制裁。臺灣政策轉型的關鍵需與國際接軌與時俱進，不斷修訂政府專責組織的設立，企業更需高附加價值發展為主導，與智財訴訟運用的知識準備。

從貿易與產業結構看臺灣影響。貿易戰可視為全球化回縮力量的呈現，因應高科技的導入，生產模式不同以往分散生產線，已強調整合。貿易戰對在陸臺商影響鉅，建議臺商要作好國際事務與生產策略的新布局，重新思考供應鏈的重組與轉型。

貿易戰美國強勢主導雙邊談判，繼美國與加拿大完成雙邊貿易協定後，陸續與日本等各國協商，臺灣除積極爭取機會加入國際貿易組織，如CTPTT，參與亞太地區經貿組織。更需務實推進雙邊與多邊貿易談判。政府應在總體政策面協助中小企業的成長與發展，積極與策略性友好地區連結，進入全球市場。

策劃、整理：黃雅慧

第三篇 貿易戰的未來

前言

中美貿易的未來發展是全球矚目關心的議題，關心的不只中美，也是全世界。劉遵義校長的著作，掌握充分又分析細密，以他熟知美國政經體制，與了解當今中國經濟發展的軌跡，作及時的觀察、解析、立論與建言，非常感謝交付時報出版，榮幸能與余紀忠文教基金會共同舉辦今日對話，謝謝薛琦教授、徐小波律師與陳添枝教授的參與，陳文茜的主持。

主持 陳文茜

經濟學家面臨的困境，在貿易戰中，不只要看經濟結構，還要看因經濟崩潰所崛起的經濟民族主義。簡言之，民族主義包含太多心理學與精神瘋狂學，這都不是用數據可以計算的。

今天談全世界最關心的議題，我們看著它發生，但沒有人真的預期到。翻閱全球近代歷史，可以看到每次美國金融危機時都會發動對其他國家不同的貿易戰，但為美國帶來崩潰，一九三〇年代胡佛總統期間的經濟大蕭條，帶來美國一段的經濟繁榮，事實上並沒有解決問題，隨之一九四五—一九四九年間美國成功的把大英帝國打成小英帝國成為國際事務的領導者，去殖民化浪潮後紛紛獨立的世界秩序與發展卻不見全然成型，整體而言歷史不斷的在複製。-

經濟學家面臨的困境，在貿易戰中，不只要看經濟結構，還要看因經濟崩潰所崛起的經濟民族主義。簡言之，民族主義包含太多心理學與精神瘋狂學，這都不是用數據可以計算的。當你理性地說，今天貿易戰裡面沒有贏家，要互相依存，但是這些話在歷史上從未發生作用，如何預期前景對經濟學家是很大膽的事。比如說剛看到保羅克魯曼（Paul Krugman）紐約時報發表的文章說今年會經濟衰退，而美國聯準會沒有工具可以使用。預言今年可能馬上作錯或作對，預言未來則通通都是困境，現在的美中貿易衝突，或演變全球的各國經濟民族主義，會把人類的歷史帶到哪個方向，今天座談期待給出一些線索。

現任：中天新聞臺《文茜的世界周報》、《文茜的世界財經周報》主持人。

曾任：民主進步黨文化宣傳部主任、民主進步黨中央黨部發言人、立法委員等職。主持多個電視節目與廣播節目，如《文茜小妹大》、《文茜的異想世界》等等。曾獲獲亞洲週刊英文版（Asia week）評選為一九九七年全亞洲二十五位「創造趨勢的人物」之一；讀者文摘亞洲消費者票選「新聞時事節目類最受信任主持人」。

天塌不下來！美中貿易戰應尋求共贏之道

> 中美的競爭與中美的摩擦，大面向是：不能只看貿易，貿易可以作到平衡，但平衡後仍會有問題，誰是老大，誰是老二，這就是問題。

貿易戰對中國經濟其實影響並不是太大。中國二〇一八全年經濟運行成績，實際ＧＤＰ增長率達到六．五%，超過六．五%的預定目標，所以目前看起來沒有對中國造成顯著的傷害。但這必須小心，很多人會因關稅將提高便加快出口，一時是看不清之後究竟有多少影響，到今年第二季、第三季就可開始看見真正的影響。

現在不知道三月一號能否解決關稅問題。貿易跟關稅只是中美競爭的一部分，中國跟美國是經濟上、世界領導與科技領導地位的競爭，非同以往。中國大陸發展太迅速，二〇〇〇年ＧＤＰ僅是美國的五分之一，二〇一七年是三分之二，按現在趨勢，十七年後ＧＤＰ肯定會超過美國；但現今中國人均ＧＤＰ只有幾千美元，美國人均ＧＤＰ約為六萬美元[8]。按現在相對增長速度，中國人均ＧＤＰ達到美國水平要到本世紀末。所以我想跟大家講「天塌不下來！」的。

中美的競爭與中美的摩擦，大面向是；不能只看貿易，貿易可以作到平衡，但平衡後仍會有問題，誰是老大，誰是老二，這就是問題。華為就是科技競爭中發生的問題，這表示華為做得不錯，翻譯機技術很好，美國急了。客觀說，若美國完全依賴中國翻譯機技術，會有戒心、是不放心的。換個角度，中國完全依賴美國，中國也不放心。雙方都有打算，美國緊張即有「五眼聯盟」（Five eyes，簡稱 FVEY）：由美國、英國、加拿大、澳洲和紐西蘭共同組成的國際聯盟，他們禁用華為設備，其實是雙方都有戒心。

貿易戰對中美實際影響皆在可控範圍

首先談談，貿易戰主要是心理方面的影響，圖一最下方一條線是深圳的指數，自去年初已下降差不多三〇%。最上方的線是標普五百，基本上沒什麼變化，二〇一八年年底其實是持平，今年開始有點變化，貿易戰對美國影響不大，但對中國不是，香港、上海股市都

貿易戰對中美實際影響皆在可控範圍

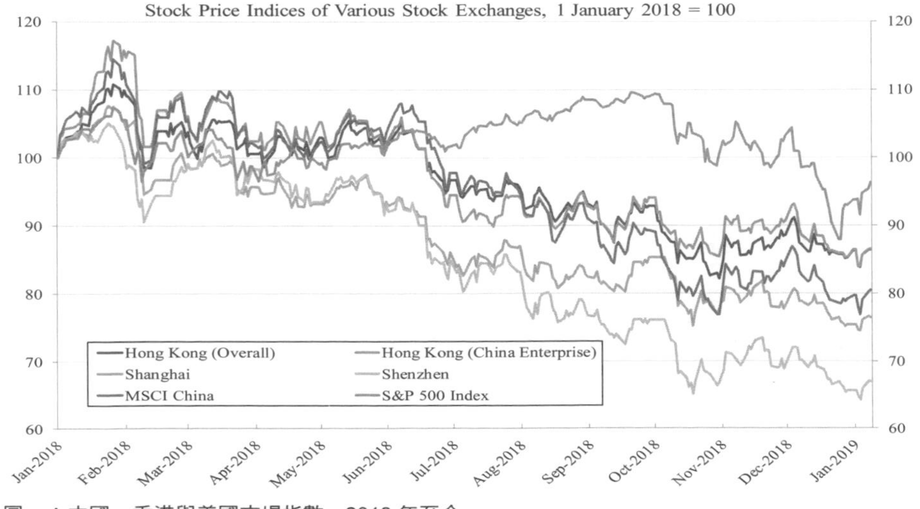

圖一：中國、香港與美國市場指數，2018 年至今

有負面影響，這表示心理作用比較大。

中國股民投資者大部分是個人投資，每人平均持股時間約十九天，不需要知道公司基本面，反正馬上會賣掉。這類型投資者看貿易戰，不知道如何解決，先賣後觀望，對股市會有影響的。但中國股市跟中國實體經濟關聯性很低，從股市看不出實體經濟的好壞，看看過去十幾、二十年的指數與其成長率沒有什麼關聯，故也不必太擔心。

再談，對人民幣匯率的影響，圖二有兩條線，紅線是人民幣兌美元的匯率，往上走表示貶值；藍線是貿易加權一籃子貨幣指數，雖然對美元貶了很多，最高時大概貶了一〇%。但看一籃子貨幣，其實貶得不多，約二%、三%左右。美元超強的時候，假如人民幣跟住美元，表示美國貿易只占中國貿易的二〇%，你對其他八〇%的客戶都加價，這是沒有道理的。反過來說，美元下降時也一樣，假如跟住美元，表示對其他的客戶減

8根據統計資料，二〇一八年第三季度，美國人均GDP為六萬二千八佰六十九美元，中國人均GDP為九千九百美元。

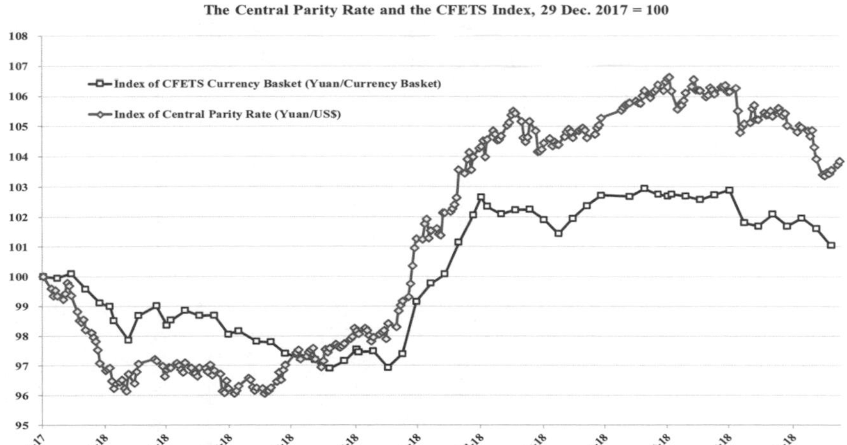

圖二：人民幣兌美元中央匯率與中國外匯交易中心貿易加權一籃子貨幣匯率指數

價，也沒有道理。所以看人民幣匯率不能只看人民幣兌美元的匯率，要看人民幣兌一籃子貨幣的匯率。基本上我覺得中國的中央銀行是維持人民幣平均購買力，不是維持兌美元的購買力，所以藍線其實沒有過多升降。

圖三、圖四分別是亞洲的經濟體各季度的進、出口增長率，從圖可見中國跟其他地區國家一樣波動性很大。

但從圖五看GDP增長率，其他國家GDP波動性很大，受到進、出口影響，但中國相對穩定，表示中國大陸經濟體大，對外依賴性不高，美國更是如此，受外部衝擊效果不大，精準點說，因美國調整關稅，只有在中對美出口商品有影響，而中對美出口的商品占中國GDP的比例是三．四％，已經不高。一個最簡單的想法，假如完全不對美出口，也只差三．四％的GDP。但同時值得注意的一點，中國出口增加值是相對低的，中國的出口在國內增長的GDP很多時候是很低的。舉個比較極端的例子，假如蘋果iPhone在外面賣大概是六百美元一臺，但在中國增長的GDP是不超過二十塊錢，可能要再低一點。雖然賣了很多中國製造品的出口，但實際上對中國GDP的貢獻不大。其實這二十塊錢相當大部分是臺灣富士康賺去的，而非大陸企業。是故算增加值，若全部不對美出口，中國最壞打算也是下降大約二．四％，雖負面但絕對可承受。

因為關稅貿易戰，很多美國進口商不會繼續從大陸進口，很多中國、臺灣、韓國的廠商在中國大陸有廠，越南、孟加拉等地都有工廠，如果對中國打關稅，就從越南、柬埔寨等地替代。

圖六下方部分是以前香港、臺灣、韓國加起來的對美成衣出口，持續下降；往上部分是中國大陸一直擴張，後來完全把香港、臺灣、南韓的部分併吞掉；而現在再往上部分的東協（ASEAN）開始擴大。不論有無貿易戰都會持續，貿易戰只是加速這過程，這是無法避免。影響最嚴重的、出口最重要的省份是廣東，廣東對美國出口大概占八．七％，遠高於全國平均的三．四％，但經估算，對廣東

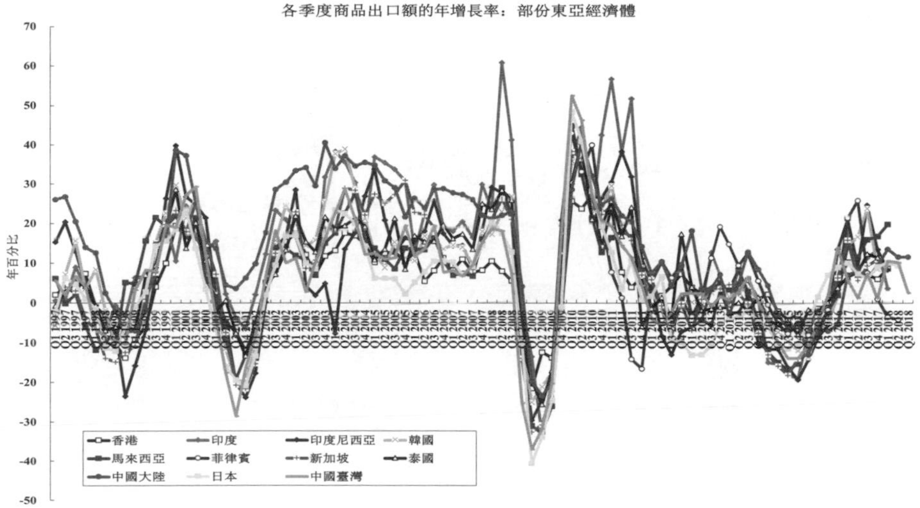

圖三：各季度商品出口額的增長率：部分亞洲經濟體

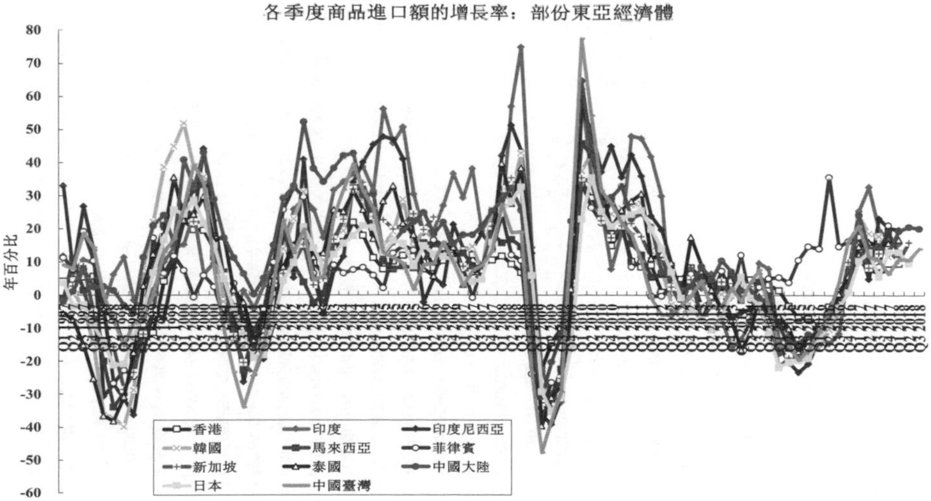

圖四：各季度商品進口額的增長率：部分亞洲經濟體

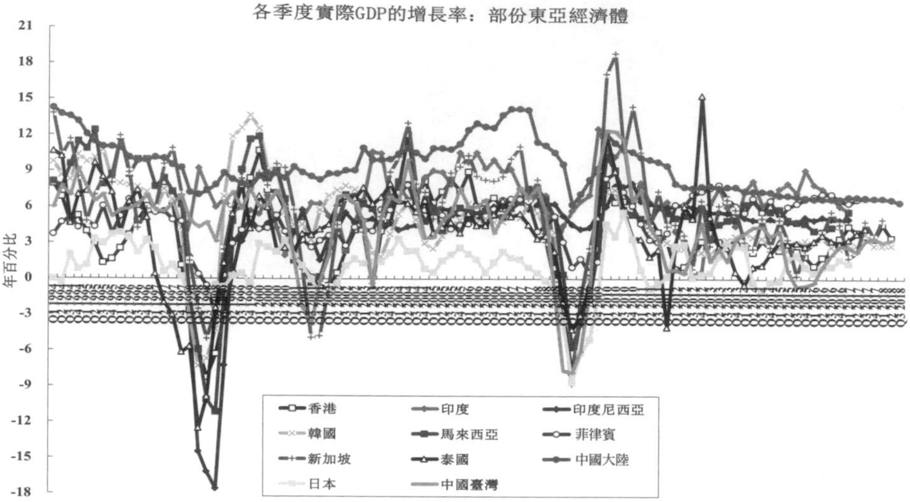

圖五：各季度實際 GDP 增長率：部分亞洲經濟體

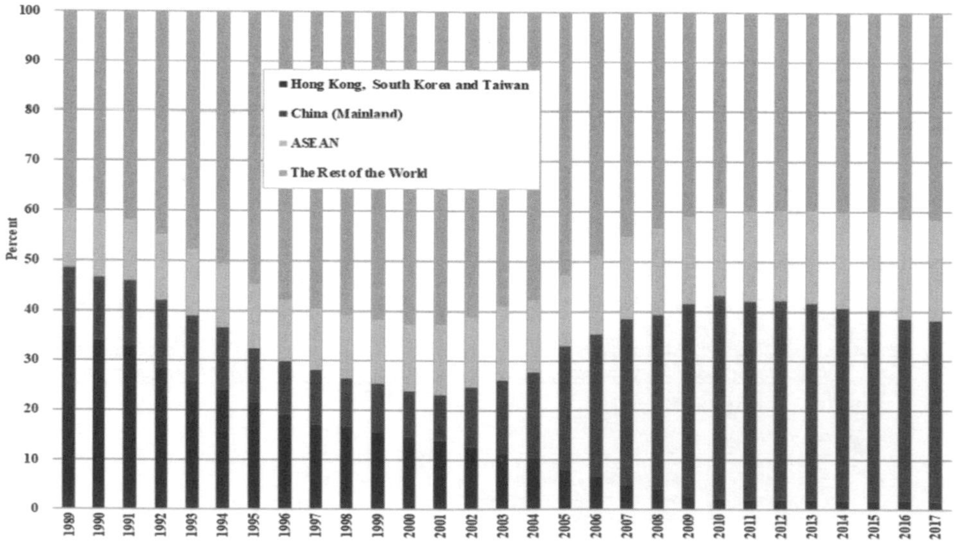

圖六：美國成衣與鞋類進口來源地的分配

GDP影響約一％[9]，基本上可承受。二〇一八年廣東實際增長率是六．八％，明年可能影響大些，剩下六％、五％，我覺得仍是絕對可承受的。

此外，貿易戰對美國影響也不大，美國對中國的出口其實很低，參考圖七，商品出口大概占〇．七％，對美國GDP影響不大。所以雙方都有負面影響，中國損失大一點，美國損失小一點，但非大到不能忍受的。

就這個角度，中美能達成協議最好，因關稅競爭是雙輸。也就是為什麼「天塌不下來」。對美國而言，美對中的出口實際增加值比中國高，即如；美出口牛肉，吃的是美國草、喝美國水，增加值大部分在美國；而中國牛吃的是美國玉米，增加值不一樣的道理在此。

9 根據劉遵義教授的估算，廣東對美國的出口額在二〇一七年占其GDP的八．七％。假設廣東對美國的出口中直接的國內增加值占比與全國出口相同（二五％），且對美國的出口有一半陷入停滯，則對廣東的GDP直接最大影響可能達到一．〇九％（＝8.7％÷2×0.25）。詳細內容參見劉遵義（二〇一八）。《共贏：中美貿易戰及未來經濟關係》，臺北：時報出版。頁97。

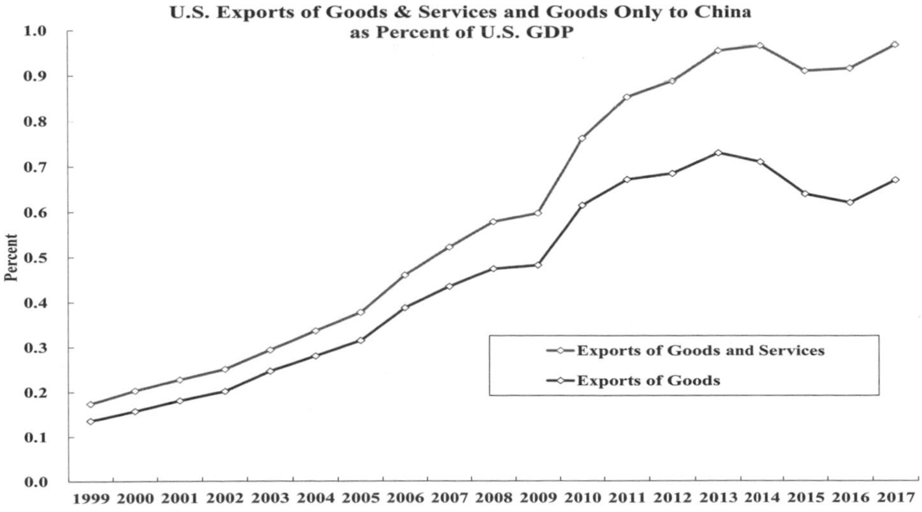

圖七：美國對華出口之商品與服務與僅商品占美國 GDP 的百分比

中美雙邊貿易差額重新測算

根據出口總值重新測算中美雙邊貿易差額，二〇一七年美國官方估計美中商品貿易逆差是三千七百六十億美元，而中國官方估計是二千七百八十億美元，這些數字都存在若干缺陷。經重新測算，美方數字有幾個問題：第一，不包括服務的出超、入超，美國的服務出口對中國有大量的順差，差不多四百到五百億左右；另外，美方把中國經香港轉口至美國也算是中國，這沒有問題。但沒計算美國經香港轉口到中國也算進去，當然不對。所有的內容加減，算出的數字差不多是二千五百億。這還並沒有算增加值，如果以全部增加值計算，最後貿易逆差估計為一千一百一十億美元。[10]這一千一百一十億的缺口是可以彌補的，但三千多億的差距不太可能的。尤其美國一直以來不願意把高科技產品賣給中國，從韓戰至今，美國不許出口高科技商品到中國。

長期競爭不全然負面 可能帶來正向效應

競爭是長期的，中國發展快速讓美國覺得威脅到其世界領導地位。二〇〇〇年中國的GDP僅美國的五分之一；二〇一七年中國GDP是美國的三分之二，十七年就達到了三分之二，再十七年可能會超過。但這只是總量GDP，人均GDP還是差的太多。但總量GDP仍有其用處，美國能否單方改變全球貿易制度，位居第一的話一定能夠有能力做，這對美國經濟領導地位有影響。歐巴馬任總統時，他提「重返亞洲」與跨太平洋夥伴關係協定（TPP），這帶有遏制中國的目的，這會是長期競爭。競爭並非完全負面，可能帶來建設性的結果，比如超級電腦競賽，二〇一八年的冠軍是美國IBM Summit，二〇一六—一七年則是中國的「神威太湖一號」，兩年都是中國最快。雙方有競爭，自然會引起進步，假如當年不是蘇聯衛星，美國後來驚醒，成功地登陸月球，這就是競爭。

長期而言，在貿易戰裡智慧財產權的問題，關於智慧財產權的保護是個過程。日本和臺灣在早期經濟發展階段也並未採取充分行動來保護知識產權。如五〇年代日本有個小城宇佐名字是USA，在此製造的產品可印Made in USA，讓人以為是美國製造，這種事情有發生；六〇年代台灣盜版書猖獗，但隨著這些地方從知識產權的使用者和模仿者變成創造者，日本、臺灣開始更為積極地執行知識產權保護。中國也到達一階段，知識產權保護應該積極逐步改善。中國今日授予的專利數量位居世界首位，達到每年三十萬件。中國的發明者和發現者將會與外國同行一樣，要求對自己的知識產權給與有效保護。

強迫技術轉移與資安問題應合作協議解決

強迫技術轉移的問題怎麼產生；中方有規定，外國人可以來投資，一定要有一個本地的合資夥伴（Joint Venture Partner），既然是夥伴，不可能不看見技術。最近中國推出自由化措施，包括取消設立合資企業的要求，強制技術轉移的議題將很快失去意義。以汽車製造業為例，特斯拉公司（Tesla）獲准在上海建立獨資子公司，生產電動汽車；寶馬公司（BMW）獲准將其在合資汽車製造企業的股份占比提高至七五％；通用汽車公司（General Motors）也可以比照收購中國合資夥伴的股份，但通用已表態無此意向。另外，德國的安聯公司（Allianz）已獲准在中國設立獨資保險控股公司。如果不再要求外國直接投資者接受中國的對等合資夥伴，也

10詳細演算過程參見劉遵義（二〇一八）。《共贏：中美貿易戰及未來經濟關係》，臺北：時報出版。頁64－68。

就不存在技術轉移，顯然也沒有強制技術轉移。另一點是網路安全（Cyber Safety）的問題，中國有些企業會經由互聯網偷竊，這是犯法行為。犯法要嚴懲，可由兩國聯合展開行動，假如能夠達成協議，可以談的攏。故基本面而言，我比較樂觀，關稅的競爭是雙輸，協議能談成的話是雙贏。

填補雙方貿易逆差：加深雙方經濟依賴度

我提出三個可能：首先，真正讓雙方有利是讓美方有新的生產出口給中方，新的生產會創造新的GDP、新的企業，而非現有市場上把價位拉高，是最好的方式。舉例；阿拉斯加有天然氣，在當地液化後運到中國，中國很需要這些能源。這是雙贏，需要長期的供需合約，長期才有新的生產；另外是農產品，中國人對肉類的需求非常高，中國缺地、缺水，最好讓外人替你養牛養豬，養好把肉運來。很多事情可以這樣操作，最後成功就是雙贏，特別強調這需要長期的，新的生產一定要長期的供需合同。

參考圖八可看到人均GDP高的時候，增長率會慢慢下降，中國現在是相對比較高成長率的時代。

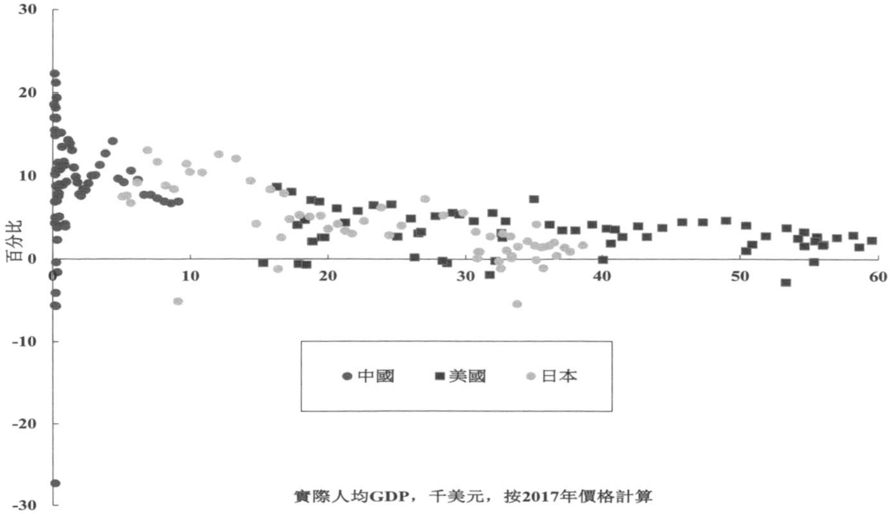

圖八：實際 GDP 增長率與實際人均水平（千 2017 年美元）的關係

參考圖九國民儲蓄率的比較，中國儲蓄率是很高的，就可以投入很多的資本，浪費一點也不會有太大的影響。

圖十是資本勞動力比例比較，中國其實有很多空間，每一個中國勞動力能夠利用的資本，比起美國跟日本是非常低的。也就是中國有空間可以增加其資本量，就可以增加他的成長率。

圖十一是第一產業占就業跟國內生產總值的份額，臺灣、南韓、日本其實都已跌到很低。但農業就業人口占的比例在中國還有很大的空間，三〇%在農業人口，卻生產不超過一〇%，表示有很多勞動力可以從第一產業挪到第二或是第三產業。

所以我預測大概在二〇三一左右中國的總量會超過美國（參考圖十二），實際上大概會差兩、三年。雖然總量GDP是如此，但是人均GDP還差得太遠，要到本世紀末才能追上，所以增長率其實很快，但是水平還是差太遠。

技術競爭方面，從圖十三可看到研發支出占GDP比例，美國一直維持在二·五%左右，中國在美國之下。

圖十四是獲美國批准的專利權，中國位居下方，但是

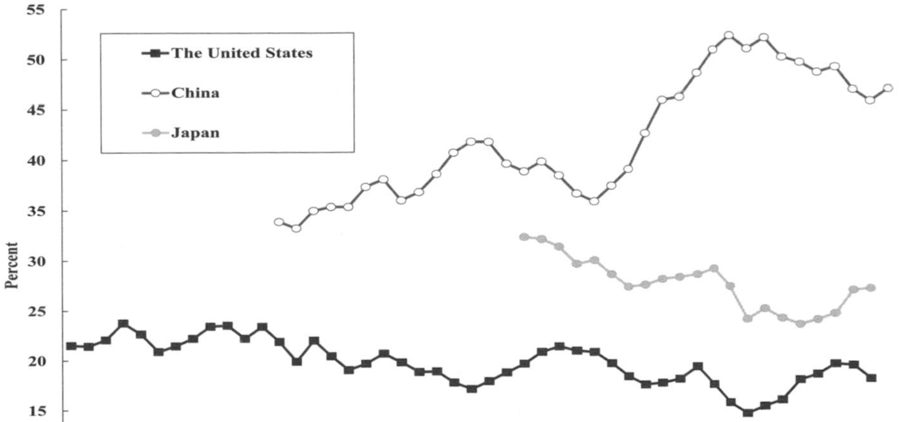

圖九：國民儲蓄率比較：中國、日本與美國

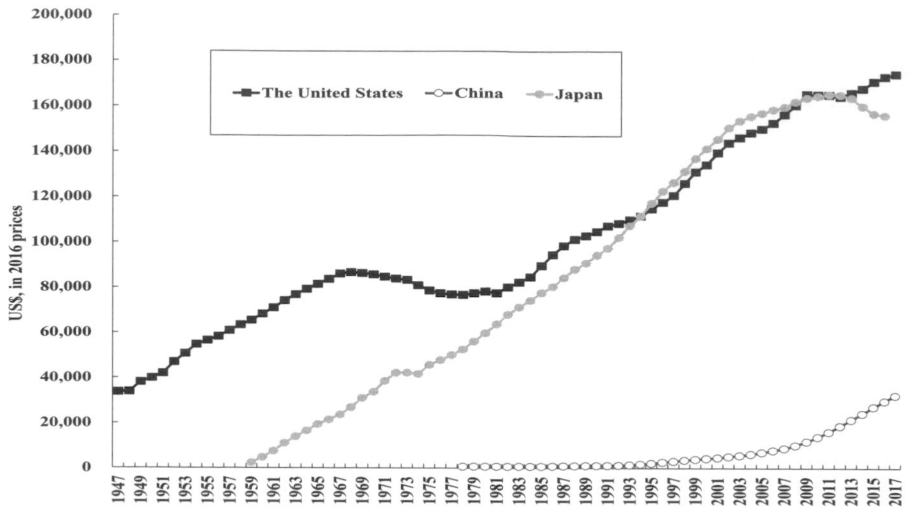

圖十：資本與勞動力比例的比較：中國，日本與美國

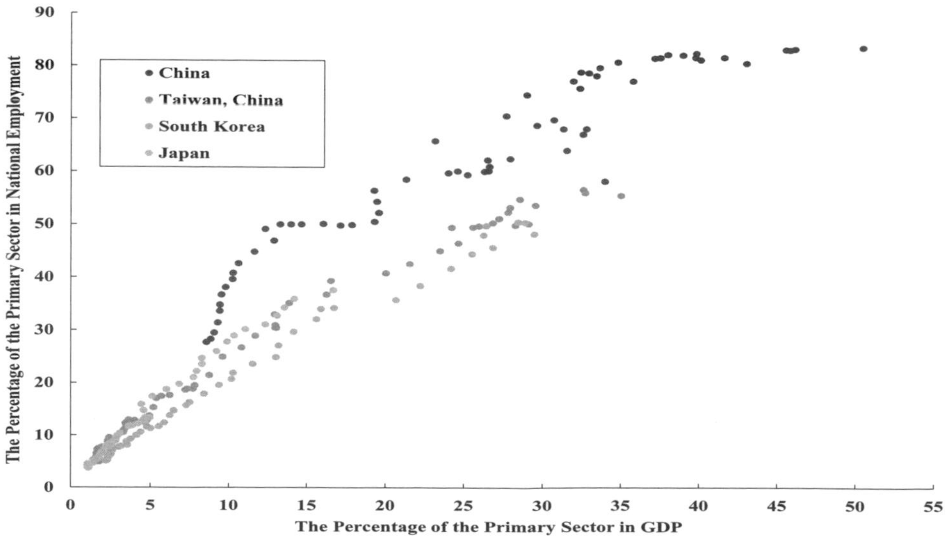

圖十一：第一產業占就業與國內生產總值的份額：中國、日本、臺灣與南韓

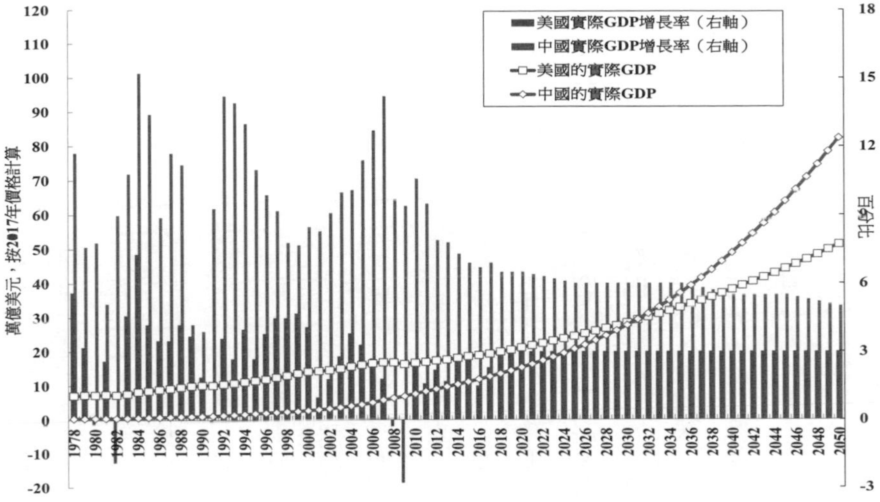

圖十二：實際與預測中美兩國實際 GDP 水平與增長率（萬億 2017 美元）

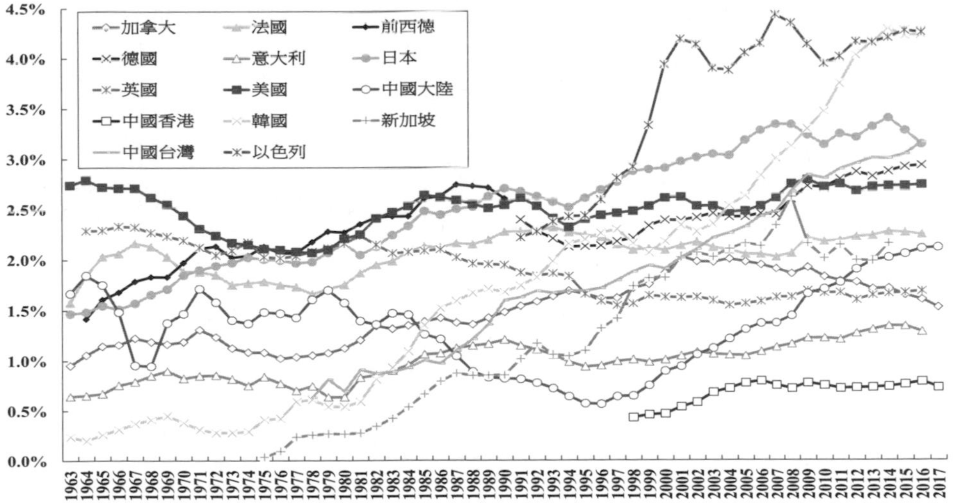

圖十三：研發支出占 GDP 的比例：G7 國家，東亞四小龍，中國和以色列

增長率很快，這很有趣。投入開發的資本多，取得的專利就多，拿到多少專利權端看投入研發的程度，但中國其實有點特別，投入基礎研究太低，中國的投入超過五%，而美國差不多一五%以上。要有突破性的發明一定要做基礎研究，根本不預期有財務上的回報。愛因斯坦做研究假如算回報恐怕是負的。中國大陸做基礎研究的不夠多，所以不能期望有突破性的發明跟發現，這需要一點時間。

最重要的是能源的輸出、農產品的輸出跟服務業，兩國應該加強彼此的依賴度，就打不起來。至於艾利森（Graham Allison）的修昔底德陷阱（Thucydide's Trap），說一個崛起的國家跟一個現在的領導國家是否一定會發生衝突，我覺得不一定。因為艾利森的研究附有十六個案例，有十二個發生衝突，有四個是沒有的。但要注意，發生衝突的都是地緣政治很接近的，中國跟美國隔了太平洋，應該不會有地緣政治上的考慮，所以應該不會發生。但我想雙方都要克制，小心處理以防出事。

現在中美在幾個月之內對關稅會有適當的處理辦法，可能雙方都不滿意但都能夠接受。但在經濟領導地位與科

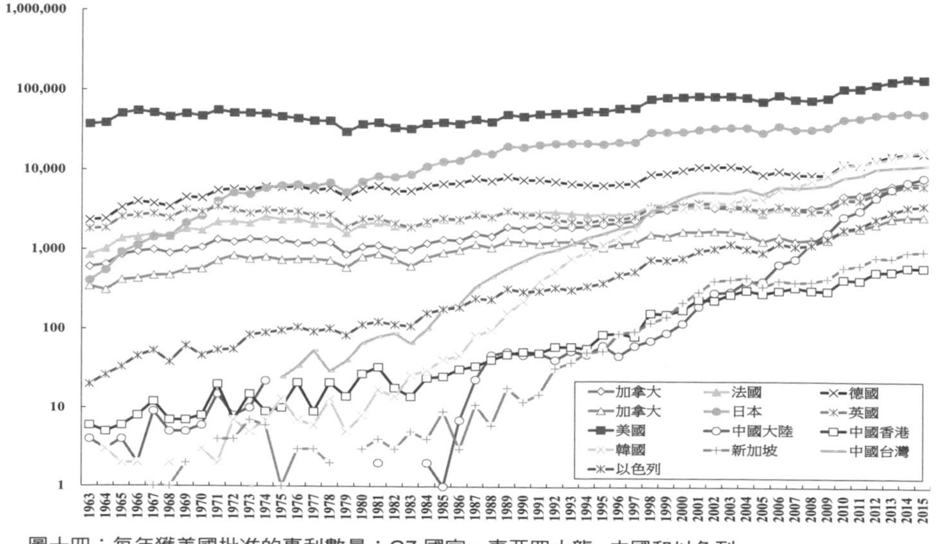

圖十四：每年獲美國批准的專利數量：G7 國家，東亞四小龍，中國和以色列

技方面的競爭會繼續，雖中國不一定想跟美國競爭，但美國看中國發展迅速，還是會警惕，覺得有威脅。希望加強雙方的經濟依賴度，能夠盡量減少雙方衝突機率。

為貿易戰算總帳 關鍵在服貿

薛琦

> 美中貿易戰貨貿是引信，我覺得真正的戰場是在服貿……服貿是火藥，但是真正產生傷害的是外面的彈殼，彈殼炸起來才是真正帶來損傷（damage），最難妥協的可能是體制。

我提出兩點請大家一起思考：第一點，如果這場戰爭繼續打下去，會沒有贏家。現在已經開打，時間拖越久越可看到負面作用越來越明顯，是在比誰的氣較長。雙方國內都已有人反對（resistant），負面的壓力越來越大；第二點，美中貿易戰貨貿是引信，我覺得真正的戰場是在服貿，貨貿其實不是那麼難解決。中國大陸需要美國的能源與農產品，美國農產品的競爭力在全世界大概除中南美洲那些國家外，沒有人競爭對手。炮彈打出去，首先要點火（ignite），打出去後，發生作用的是裡面的火藥，服貿是火藥，但是真正產生傷害的是外面的彈殼，彈殼炸起來才是真正帶來損傷（damage），最難妥協的可能是體制。

也提出兩點觀察反思：先說，現常常講國際收支平衡（BOP，Balance of payment）上面的帳倒底要如何計算？後談，到底會不會真的掉進修昔底德陷阱（Thucydides trap）[11]？我學經濟，覺得經濟學還是蠻好，「不全是理論，端看如何使用。」

美國鑄幣權優勢 貿易戰恐自傷

經濟學（Economics）的原意就是household accounting（家計）。要了解美中貿易戰的內涵，要從怎麼計算國際貿易收支帳開始。大家執著美國要平衡貿易，但如真要平衡，他會產生什麼另外一本帳，如果另外一本帳不平衡，這本帳永遠不可能平衡。記得有本書談亞當斯密（Adam smith）有個章節很有意思，他說：「真正學經濟學的就是可以看到一般看不到的東西（to anticipate the unanticipated）。」美國要平衡貿易帳的話，國內的儲蓄跟投資帳一定要平衡，美國貿易的赤字等於其國內儲蓄不足，儲蓄不足代表消費太多。美國在埋怨別人出口太多的同時，忘了別人在支持美國人過度的消費。美國如果真要平衡他的貿易，只有一條路：「消費要減少，儲蓄要增加。」這是一個恆等式，但川普不會提及。

另外，美國的經常帳的赤字還是赤字，國際收支平衡表就告訴我們，左邊有赤字右邊一定要有個項目去彌補它，這做補償（compensation）。而美國用什麼東西彌補每年的赤字？就是擁有鑄幣權。全世界只有一個國家可以印鈔票，而且人家還願意接受，就很弔詭，美國印鈔票跟別人換東西，還埋怨別人賣給他東西太多，我以為美國人心裡絕對不想放棄鑄幣權。如果有以上理解大概會得到結論，美國的貿易戰是打假的。因為如真正把它平衡，傷到自己的程度非常大。

這次美中貿易戰主戰場，我認為是服貿，二〇一七年美國整體貨貿赤字八千一百一十二億美元，頗為驚人，GDP占比四．一九％。但美國在服貿享有二千四百二十八億美元的順差。美國貨貿赤字中，中國貢獻了四六．三％，但美對中服貿享有四百零二億（美方資料）的順差，中國僅占一六．五六％。很明顯美國在全球與美中貿易的強項都在服貿，但不足彌補貨貿的差額。

美對中服貿申訴無門

美國在服貿人量順差的四大強項是：旅遊（含教育），金融，智財權（charge for the use of intellectual property）與其他商業服務。第一項即WTO三個協定中「與智財權有關的貿易」（Trade Related Intellectual Properties, TRIPs）．前三項順差合計二千二百五十八億，占服貿順差的九三％。另有國際收支表中的強項，便是經年累積對外投資產生的「基本所得收入」（Primary income receipts），二〇一七年美國享有二千一百七十億美元的順差，但美國從來不提這些，其中直接投資收入為五千零七十億，淨收入三千零五十億美元。就以上可得知美國的強項在服貿、在對外投資。美國現在真正放在心裡面，要跟中國大陸爭的是這兩項目的諸多設限。美國這四大服貿強項中，若以出口占進口的比重來衡量產業競爭力，則以金融服務業的三．八倍最強，即是他國銀行到美國投資所賺到的錢；智財權二．六倍居次，旅遊及其他商業服務均為一．五倍。

11 修昔底德陷阱意指新崛起的大國必然挑戰現存大國，而現存大國也必然會回應這種威脅，這樣戰爭變得不可避免。使這概念得到注目的是哈佛大學貝爾弗科學與國際事務中心主任格雷厄姆•阿利森。在其著作《註定一戰：美國和中國能否擺脫修昔底德陷阱》一書中探討當前兩大勢力中美是否註定一戰。

服貿問題在哪裡？在WTO上面有服貿協定（GATS）機利，以前對外談判時，我是赴GATS的主談人。它有一「爭議處理機制」（Dispute Settlement Body），但時效非常不彰，一個案子送進去，到結案大概要十七個月，更難在處理投資爭議，這是問題所在。簡言之，美國如果對中國大陸投資設限要進行中訴好像找不到管道。如客觀地以路人甲身分看爭議，有時也會有點同情美國。

中國金融設限過多引起爭議

圖一是中國、美國、英國、臺灣和日本這些國家的金融服務業占GDP的比重。可看到自兩千年到現在，只有中國大陸是一直往上走，注意二〇一六年時，中國大陸的金融服務業占GDP比重是八％，是這些國家中最高的。但中國大陸的經濟發展是這些國家中相對落後的，如此一個經濟體怎麼會長成八％的經濟活動集中在金融服務業？我會覺得中國的金融服務業是娛樂業（entertainment），一定是中國大陸太缺乏娛樂場所，所以金融業彌補了缺口，不然真想不到為何如此。全世界的金融中心一是紐約，一是倫敦，為全球、國外提供很多各式服務，但中國大陸從沒有。有機會把中國的金融機構組成一項項分析，應可確認好多金融活動是娛樂業。

圖二是各類銀行資產在中國大陸金融市場的占比，可看到國有商業銀行在下降，這是很好的，國有銀行效率各方面都有問題，其他都是在上升；而外資銀行占整個大陸資產的比例只有一．二六％。他成長快速，比重又大，但不讓外國銀行參加。臺灣在這部分的數字，外國銀行的子行跟分行的占比皆為百分之四點幾，加起來超過九％。連大陸銀行在臺灣分行占比都有三％，但是全世界的銀行到中國大陸卻只占一．二六％，如果你是金融業者會很憤怒，再看到這現象，大概火上加火。

參考表一，在中國大陸的外資銀行的資產報酬率（ROA）只有〇．四八％，通常國際上是一％，其股東

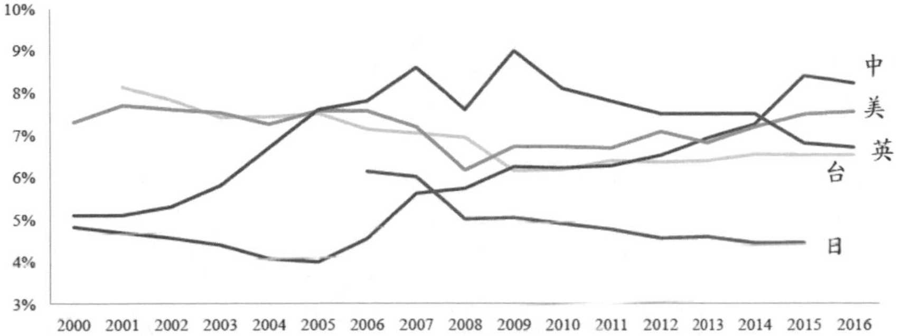

圖一：中國大陸金融業 GDP。資料來源：台灣主計總處；Statistical Survey Department, Statistics Bureau, Ministry of Internal Affairs and Communications；中華人民共和國國家統計局；U.S. Bureau of Economic Analysis；ONS）

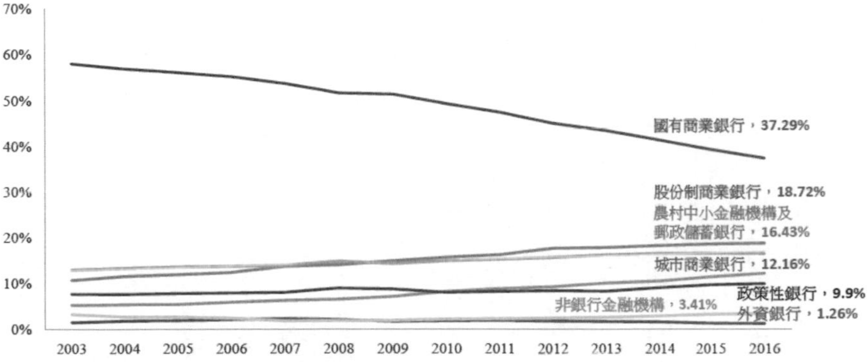

圖二：中國銀行體系各類金融機構市場占比。資料來源：中國銀監會

表一：中國大陸各類銀行投資報酬率。說明：ROE 為 2016 年資料

	ROA	ROE*
政策性銀行	–	8.19%
大型商業銀行	1.02%	13.17%
股份制商業銀行	0.83%	13.21%
城市商業銀行	0.83%	12.24%
民營銀行	0.76%	–
農村商業銀行	0.92%	11.77%
外資銀行	0.48%	3.44%

權益報酬率（ROE）是三・四四%，在國際上應該是一〇%。進去也不容易，進去後還表現最糟。如果我是外商金融業者，當然天天跟自己政府要求幫忙施壓中國大陸。

解決貿易體制之爭：中美長期合約、中國開放投資

關於貿易戰體制之爭，第一點，要平衡中美貨貿逆差，有兩個最重要的項目：能源、農業，都需要長期的合約；第二點，服貿裡的mode3就是談商業呈現（commercial presence），商業呈現就是投資。中國大陸在這項目上，第一是：市場准入，讓你進來但股份不會讓你完全持有，還有營業項目限制，就是國民待遇。今年四月三日美國啟動貿易戰後，習近平在四個領域做出重大承諾，且逐步附諸實施，包括擴大外人投資負面表列及分兩階段開放金融市場。所以看來應該不是問題。

但如何確保承諾項目的落實，尤其是出現爭議時的處理，是問題所在。我的猜測是，如果可以達成某種協議，應該要在這點上雙邊簽一個協議，如果投資方面有爭議時，不能只是你說了算，這很關鍵。

除服貿領域外，美方所爭議的項目還包括：強迫技術移轉，政府輔貼或主導的商業行為，甚至外匯政策等，涉及的問題更為複雜，且無前例可循，這將更難解決。

貿易帳要怎麼算？中國大陸對美國的出口一定是中國大陸用FOB（離岸價格，Free on Board）、美國是一定用CIF（到岸價，COST, INSURANCE AND FREIGHT），CIF的折舊（depreciation）一定比FOB來得大，這樣吵得沒完。從賺取與支付外匯觀點，出口用FOB、進口用CIF計算貨貿差額是對的。兩者之差是運費及保費，這本就是服貿的範圍，但不一定是分由兩個貿易對手國取得，而是由全球海運與保險的大國賺取。這在服貿裡面就是境外的消費。

在計算出口時，要考慮出口對我國內經濟的貢獻，就是國內附加價值（local value added）比重到底多大。在計算出口對國內創匯與經濟的影響時，出口要扣除其中所有直接與間接用到的進口中間財，稱X，剩下的才是出口所創造的國內附加價值。其中有三點值得討論，更值得台灣思考。

1.從全球貿易的角度來看，一個國家的X很小，像中國大陸本來就小，表示他是加工（process），很多的中間財不會生產，是靠進口。這樣就不對了嗎？戰後全世界的經濟發展會這麼快，就是因為貿易跟分工的關係。所以X小，表示對第三者出口的貢獻很大，這就是比較利益。表示當一國在出口時，同時貢獻了較多他國的出口，仍具正面意義。

2.從賺取外匯的角度，要看一國的總進口與總出口。中國大陸是一很好的例子。

3.從雙邊貿易的角度來看，一國的X小，表示該國一旦受到貿易對手的杯葛，因為出口中的進口占比高，國內經濟受害反較輕，傷害較大的反而是其他中間財出口國。

因應全球化新變局 思考營運新模式

徐小波

我們應該多思考進軍全球不同產業的供應鏈，對全球各地需要臺灣經驗的地區做技術、經驗與知識輸出，如臺灣過去六十年的發展經驗是非常珍貴的……

我提供稍微跟經濟學家不同的思考點與各位分享。基本上我不如劉遵義教授對大陸那麼樂觀，感覺大陸是有很多問題待考，尤其在關注臺灣方面，我把感觸分為六點就教。

現在新興市場快速發展，科技突飛猛進，營運模式的千變萬化，以及各類全球化的趨勢，在以上情形下迸進，建議我國學者、政策的擬定者以及企業經營者思考如何因應，這是一個懸而未決的問題（open question）。

思考大陸國家資本主義 善用臺灣經濟優勢

在思考兩岸議題時，應該多花些精神評估與分析大陸實施的國家資本主義（state capitalism），他在全球的擴散，其前途究竟何在？習近平在十九大的時候強調，企業應該接受共產黨的領導，我覺得他在給自己設陷阱，如何領導？共產黨要怎麼領導企業？

另外，臺灣可以逐漸開始思考一些重要對策；我在一九九一年成立了時代基金會至今近三十年，臺灣企業的全力支持讓時代基金會能以企業力量作為平台與美國的麻省理工學院（ＭＩＴ）接軌，連接最新的技術，現在還在繼續擴展合作，最近也有好多大學希望透過我跟台灣產業合作。在此已放棄政府跟政府合作，因為政府官員任期不長，做決策後又常會翻盤，政黨輪替也是常態，還不如跟臺灣的企業做長久合作。以往的經驗我建議，大陸未來是否應多思考私營企業、非營利組織（Private Sector）在經濟發展的地位，作為其整體發展或佈局轉型的選項之一。這發言可能會傳播到大陸的領導階層，與大陸很多朋友特別是企業家有聯繫，都說鄧小平改革開放時給他們很多啟發，讓他們全力投入企業發展稍積財富，現在卻想要離開，人跟錢都要離開。這表示臺灣又有新的機會，台灣過去錯失很多機會。

談到中美間貿易矛盾，不管在台灣或大陸的朋友，多在意中華民族的光榮歷史及受到的屈辱，如今檢視中國崛起自身地位與美國關係與全球的變化。對此，我看法稍微不同，如果大陸有那麼多在改革開放後快速發展的企業，顯示中國人有很多智慧跟創業家精神，有狼性能到全世界發展。但如果中國制度改變，比如說華為、中興通訊或是ＴＣＬ等企業現在受到西方國家政府打壓，假設這些企業股權結構跟台積電（ＴＳＭＣ）相似，還會受到禁用或重罰嗎？答案是否定的，問題不在民族主義，而在制度。我們回頭想想臺灣多年來在中國歷史上創造的自由經濟體系，還有公平正義的概念，如利用稅收提供民間服務與基礎建設，要好好思考一下台灣的優勢在哪裡。

臺灣應思考輸出優勢技術經驗　進軍全球產業供應鏈

回到臺灣本身的問題，臺灣在未來顯然沒有人口紅利，年輕人不想生小孩，少子化問題越來越嚴重。這種情況下，臺灣的企業、政策擬定者應該思考，我們開發許多不錯的產業，但要如何積極進軍全球不同產業的供應鏈。在趙耀東的時代，他推動大汽車廠以失敗收場，之後我研究臺灣汽車產業時反倒認為他的失敗帶給臺灣另一種福氣。臺灣發展的是零件產業，且供應全世界各種品牌汽車所需的零件，反觀韓國搞大汽車廠，現在卻經營困難，因他們要成為世界好的品牌，面對世界品牌激烈競爭，像以前有名的汽車品牌叫 Pachard、De Soto 都消失了，後起是新品牌。台灣在產業鏈裡占有一席之地是有競爭力的汽車零件產業。我們應多思考進軍全球不同產業的供應鏈，對全球各地需要台灣經驗的地區做技術、經驗與知識輸出，如臺灣過去六十年的發展經驗是非常珍貴的，臺灣紡織業二十年前就已經成夕陽產業，但現在又再生、活化，因為有很多人不放棄的努力，讓臺灣產業能夠再生。此外，又如製造業、農業、醫療服務業、教育產業（我把教育部除外，因教育部對教育產業是傷害），還有社會轉型、經濟轉型以及政治轉型的過程，究竟開發了哪些核心價值，可以讓正在崛起的新興市場國家（包括中國大陸）借鏡，這是需要研究的。我覺得下的功夫不夠多，特別是政府人物在過渡之餘沒心思思考臺灣過去六十年開發的核心價值何在。如果多往新興市場國家跑，會發現他們非常歡迎臺灣的產業經驗及學習發展歷程。六年前，百忙之餘與一些熱心朋友成立新興市場國家研究協會，努力推動臺灣的產業走到新興市場國家。

臺灣錯失亞太營運中心良機　亡羊補牢猶未晚

二〇一六年四月版的經濟學人一篇文章指出 GDP 計算方式不足以反映經濟發展真實的真實全貌以及一

個國家的繁榮度（prosperity）。這篇文章一直強調GDP的概念其實是一九三〇年代開發的，鼓勵經濟學家多研究GDP以外的變因。英國曾是日不落帝國，當時他用軍事力量、宗教力量及商業力量，在全世界很多地方作為其殖民地。現在臺灣或許沒有這個條件，但有一個很棒的特質，便是台灣企業能到全世界投資、經營，包括中國大陸。不論中國大陸今日多繁榮，我都提醒他們不要忘記在改革開放前後，曾經有一批臺商免費提供企業經營的經驗、市場經營的經驗。希望兩岸都要多一點思考，想想看海外臺商（包括跨國投資的設廠、跨國合資的經營等）的經濟實力、潛力與策略，難道還是用GDP衡量嗎？還是用另外一個當然在經濟學上有一個叫GNP（國民生產毛額），有經濟學家會認為用GNP很難作研究，我了解學者，常沒有人提供資源做研究，但如果到許多國家跟當地政府好好研究，包括當地到底有多少臺商，產生如何的經濟效益會是有價值的。在此回到我心中之痛，我跟薛琦教授及當年的夥伴推動亞太營運中心，其實最早不叫亞太營運中心，是叫「亞太利潤中心」，是要全世界外商跟臺商以臺灣為利潤中心，蕭萬長先生也贊同，希望叫亞太營運中心，因為其英文稱「regional operation center」正好是ROC=Republic Of China，雖我持保留，如果達到同樣成效，也絕對不反對。現在我回憶分析失敗原因，一是，當時的金融院的主管未了解很多預防性措施，如果嚴加控制資本進出的話作不成亞太營運中心。因不論外商、臺商，其海外累積的利潤不會匯回來；此外，稅務機構也有問題，沒能料到臺灣變成低稅國家反而會收到稅，當時我做了很多說明，如在軍中在基隆憲兵隊服務有很多委託行（船員或空服員帶回東西賣之所）都收不到任何關稅，後來美國施壓，有貿易、關稅的談判，結果關稅降低後反而收到關稅，委託行亦消失。如何重新建構亞太利潤中心，用新的思維建構新科學。另個遺憾的是，當年提出非銀行金融服務業，薛琦教授主持的經建會努力推動，後因主管機關搞不定，金管會還是經濟部就不推了，非常可惜。今天如 apple pay 或支付寶都是非銀行金融服務業，臺灣幾乎是早有所準備，錯過機會可惜還是要有創造機會。

最後談新創事業的培育以及扶植，是未來必須要積極進行的工作，因為新創事業，例如創意產業，不僅具爆發力，更可以讓臺灣過去累積的硬底子跟軟實力能夠結合起來綻放光芒。我在大陸形容臺灣特別的經濟結構，列出臺灣前一千大或前兩千大的企業，保證八〇％以上甚至靠近九〇％的企業，二、三十年前都是新創事業，包括廣達、富士康等。攤開這些數據會有非常明顯的呈現，世界上少有個國家是這樣的結構，除美國外。

現任：時代基金會創會董事長，宇智顧問股份有限公司董事長暨執行長，恆業法律事務所首席顧問，新興市場研究協會理事長。

曾任：美國麻省理工學院史隆管理學院亞洲區執行委員會委員。為國內各界公認之跨國性經濟與商業事務專家之一。徐先生長期投入國際交流、公共政策、非營利組織（NPO）方面之活動，亦積極參與亞太地區各項相關事務，尤其在推動臺灣參與各種國際組織及國際活動方面更是不遺餘力。

中美貿易戰技術競爭會是持久戰

陳添枝

衝突的根源不是企業，而是政府的問題，政府要想辦法尋求一個全球的解決方法，企業是無能為力的。問題的根源當然是爭取全世界主要技術的主導權，技術競爭的勝負取決於市場，而不是政府，所以市場是非常重要的元素。但技術的成就不是一天就可成功，這會是持久仗。

中美貿易戰，我針對技術競爭的部分來談，即使貿易戰結束，科技上面的爭霸恐怕還是會持續。許多經濟學者都會說貿易是雙贏的遊戲，包括我自己也是教貿易的，課堂上第一章就講貿易是雙贏的遊戲，但技術競爭絕不是雙贏的遊戲，而是你死我活的遊戲，我想真正的問題在此。我從中國發展的角度來看競爭的本質，或許可以給大家一些啟示。分三個部分來談：中國技術發展的一些政策的演變，二〇〇〇年以後的自主創新，衝突的來源。

中國技術政策演變：從自力更生到產業技術市場化

毛澤東在一九六三年講過一段話：「科學技術這一仗，一定要打好，而且必須打好，過去我們打的是上層建築的伎，⋯建立這些上層建築做什麼呢？就是要搞生產⋯現在生產關係改變了，就要提高生產力。不搞科學技術，生產力無法提高。」[12]此外，他另外一些講話裡面也提到，作為一個要建設社會主義的國家，最後這道關卡就是科技。所以中國低所得的時代就對技術非常重視。劉遵義教授著作裡清楚說明，一九六〇年研發（R&D）占GDP的比例已經高達二．五七％[13]，這是不可思議的。一個低所得的國家可以投入這麼多的錢做技術發展，在西方完全封鎖之下，取不到任何技術的資源，完成「兩彈一星」（原子彈、氫彈跟人造衛星）的研發工作。在西方技術封鎖下，中國「自力更生」，取得的技術具有完整性，技術不見得好，但可達到「功能性」目標，技術投資報酬也不受市場的制約。許多技術可用，但不一定有市場價值，因為它從不需在市場上測試。在一九七八年前，中國的R&D或技術的投入在軍工方面是比較多的，產業技術的投資相對不足，即使引進先進的產業技術（整廠輸入），因為缺乏配套（支援系統）和市場誘因，技術的能量也不易發揮；一九七八年後情況完全改變，引進產業技術的方式多元化，除整廠輸入（機器設備）外，也可由技術授權、外人投資等管道取得技術。而且因為市場的規範，技術引進的效率大為提高，產業技術進步快速。所以這三十年來，中國產業技術的進步，不管用什麼方式衡量，都是非常卓越的進步。

產業技術的市場化固然使技術引進的效率提高，但也帶來技術的碎片化（fragmentation），這也是他們執政者最擔心的問題；廠商只引進其所需的技術，利用槓桿極大化技術的效益。在R&D方面，也採相同的策略，極大化R&D的效率。這也是臺灣廠商生存的方法，用少量的資金產生巨大效益，唯一辦法就是找一個可以做的地方投入並占有一席之地，發揮技術全部功能，但如此技術就是碎片，不像過去要掌握完整技術，只掌握一部分的技術。市場化的技術發展使中國產業對西方技術的依賴日深，以往是在現有架構裡去找尋可突破的點，但現在是利用原有的架構去發揮剛剛的功能。此反映在零組件和生產設備的大量進口上，也反映在低附加價值率上。這種對西方的依賴使中國決策者不安，當經濟越來越龐大的時候，技術的基板越來越脆弱。例如最近常聽說的「半導體的進口值已經超過石油」

一九八八年鄧小平說：「中國必須在世界高科技領域占有一席之地。」[14]自一九八六年中國改革開放初步有成效且有些資金，科學家便建議中央要執行一些基礎研究、工作，於是啟動「八六三計畫」，而在一九八八年啟動「火炬計畫」以來，把「高新技術」視為國家戰略，設立高新技術園區，中國政府不斷增加對R&D的投入（包括對企業補貼），企圖提高自主性技術。二〇〇五年發布「中長期科技發展規劃綱要」，這在西方文獻裡是非常重要的轉捩點，清楚揭示「自主創新」的目標，要擁有關鍵性的技術、核心技術（Core Technology），並以研發補助、政府採購、租稅減免（針對高新技術企業）等方式推進政策；並把R&D占GDP比列為五年計畫目標，例如十一五期間（二〇〇五至二〇一〇年）為一．三九％到一．七六％。每一年每個期間非常清楚設定一個R&D占GDP的比例。

中國大陸政府帶頭自主創新　從技術邊緣漸入核心

市場化的技術發展、政府尚未干預的時代強調「技術互補」，以自有的技術槓桿別人的技術，以極大化技術投資的效益，這也是臺灣技術發展的基本策略之一，沒有什麼是核心技術、什麼是邊緣技術的分別。技術的投資要做是端看能不能賺錢。國家政策帶領「自主創新」則強調掌握核心技術，核心跟邊緣就有很重要的差

12 摘錄自毛澤東一九六三年十二月講於「科學技術發展十年規劃」報告後。
13 劉遵義（二〇一八）。《共贏：中美貿易戰及未來經濟關係》，臺北：時報出版。頁140。
14 摘錄自一九八八年十月二十四日鄧小平視察北京正負電子對撞機時發言。

別，政府並不鼓勵你做邊緣性的技術開發，必須自己出錢，但是核心部分政府可以協助，不管有無市場價值，會繼續地投入跟作，讓它有一天能夠累積到某一個程度，也許這個技術可以在市場上同他人競爭。在技術落後，但西方技術領先的前提下，要做如此突破其實非常困難。臺灣過去也嘗盡苦頭，每當要進入核心領域，跟世界技術領導者產生競爭時，就會面臨圍堵，技術先行者圍堵後進，第一要突破圍堵，所以需要商業模式（Business model），像我們台積電（TSMC）就很好；第二，技術在企業開始應用以後，還要能持續的獲利，每年都有錢繼續地投入才能活得下去，技術才能維持，故要有獲利模式，是讓你可以支撐住（sustainable），否則技術也只是曇花一現。這兩個障礙在自由市場環境下要克服其實非常困難。世界上從來沒有任何國家可以因為經濟規模夠大，而真正挑戰美國在核心技術的地位。中國在自由經濟、市場主導下的「自主創新」大半失敗，比如半導體。政府補助開發的CPU只能應用在軍工產業上，包括超級電腦（Super computer），一般商業應用很難突破，因為市場上沒人敢做這件事情。又例如半導體晶圓代工（foundry）技術，因獲利不佳無法持續投資，一直處於追趕狀態。「自主創新」政策只吸引了一些先進技術的外人投資，如Intel、Samsung、TSMC。

另外一面是，但在非自由經濟的環境下，「自主創新」頗有些成效，例如現在的華為觸控筆就是中國第三代的通訊時代設立自主性的技術標準，創造空間讓自主性的通訊技術可以得到開發跟應用的機會、高速鐵路、能源等方面。在這些領域，中國有主場優勢，有系統整合的主導權，可以引進西方技術以為輔助，慢慢地從邊緣切入到核心，逐步取得核心技術能力。這塊是非市場經濟或是政府高度干預的領域，利用主場優勢去取得的技術，也就是真正的衝突的來源。中美貿易戰發生，習近平視察珠海格力講話中提到：「從大國到強國，實體經濟發展至關重要⋯。製造業是實體經濟的一個關鍵，製造業的核心就是創新，就是掌握關鍵核心技術，必須靠自力更生奮鬥，靠自主創新爭取，希望所有企業都朝著這個方向奮鬥。」[15]

中國成功的自主創新基本上有三個特點：第一，他是一個系統性的整合技術，而非台灣擅長的模組化的技術；第二，在國內有廣大的市場；第三，在市場進入有明顯的障礙，所以往往是國企或類國企，例如華為。這種技術的應用如果只限國內，外國企業也樂於合作，以取得市場參入（market access）的機會，不致釀成衝突。

包括高鐵技術的取得跟應用上明顯的進展，也沒有產生非常重大的國際衝突。

但中國政府的自主創新不僅止於國內，也有輸出海外的雄心，這體現在「一帶一路」的政策上。中國政府以援助的手段，協助自主技術的擴散，衝突乃不可免。

中美衝突之源：中國技術擴展海外

我認為因技術要擴展到海外才引爆中美衝突，不只是海外的爭奪，還包括：一，中國技術整合者強力吸納西方技術，讓主客異位（核心-邊緣逆轉），包括非自願性的「市場換技術」的交易；二，或剛剛講的投資條件，策略性的干預西方企業的聯合行為。例如操作國內的「反壟斷法」以取得技術競爭優勢，這明顯反應在最近高通跟NXP的合併案上，中國花了一年多時間審查，還是不願意合作，重要關鍵點在於他想要有些技術，所以必須要做一些安排讓中國可以享受到些技術優勢；三，是國際人才和研發資源的競逐。中國廠商逐漸在美國主要大學裡投資各種研發經費以取得先進技術來源。

所以現在衝突開始，想必會是一個長久的鬥爭，美國籌碼有很多，包括：一，美國仍然有很多領先的技術跟生產設備，所以可用禁運來遏制你的技術；二，美國仍掌握相當的市場，包括盟友的市場，這就是圍堵，如

15摘錄自二〇一八年十月二十二日習近平視察珠海格力電器公司的講話。

現在對華為的行為；三，美國基礎研究仍然遙遙領先，這方面還未看到明顯的門檻，但顯然是可以利用的策略；四，美國仍有領先的高等教育，包括留學生的政策正在改變。最近有報導說MIT今年的大學部的提早錄取（early admissions）沒有一位來自中國的學生。

我的評論是，衝突的根源不是企業，而是政府的問題，政府要想辦法尋求一個全球的解決方法，企業是無能為力的。問題的根源當然是爭取全世界主要技術的主導權，技術競爭的勝負取決於市場，而不是政府，所以市場是非常重要的元素。但技術的成就不是一天就可成功，這會是持久仗。最後，自力更生不是好的技術發展策略，這在過去已被證明。

綜合討論

陳文茜：

美中協商在川普訂立的三月二日會不會談成，可以給一些你們的預測？第一輪協商，美到北京的代表有納瓦羅（Peter Navarro）[16]，但沒有梅努欽（Steve Mnuchin）[17]，後來在華府有梅努欽也有納瓦羅，這回合北京沒有納瓦羅有梅努欽。你們看三月二日會有協商成果？

劉遵義：

我以為不一定能夠達成協議，但是不會破局。川普的決定是看國內政治的需要，對國內經濟需要考量的是，在政治上有好成績，如國內情勢不好，就考慮調整。考量的無關美國經濟，還在於國內對下一次競選有利的考量，現尚未明朗。我的分析著眼於基本面的衡量，真正能夠做的事，應是可以談得成，可以雙贏，不需要雙輸。

陳文茜：

許多人認為會談成，是因大多數競選候選人荒於國家治理、不太會管國家，而是只顧個人選舉。臺灣是最好的美國政治分析者，川普為在他選區得到好處，可能會選擇將協議硬壓下來，到二〇二〇當選後，先休戰再有新戰場。

如不看短期政治，看長期發展，則陳添枝教授所言，真正美中長期競爭是科技競爭。在美國真正發生明顯的對華裔發動類似麥卡錫主義（McCarthyism）的行動，類似全面ＦＢＩ。半年前，大多數美國學者尚未意識到，美中貿易戰會延長成科技戰，延長至美國ＦＢＩ到國內各大研究機構個個調查，包括 Boston、ＭＩＴ、Stanford 等大學及研究

16 美國現任白宮國家貿易委員會主任

17 美國現任財政部長

▲講者討論，左起為陳文茜小姐、劉遵義院士、薛琦教授、 徐小波律師與陳添枝教授。

機構。

科技戰將會發展到什麼程度？從過程看，沒人想到關稅戰會演變成科技戰。這跟過去的一九二〇年的大蕭條一樣，沒人會想到演變成間接的促成全世界法西斯主義跟二次世界大戰。

陳添枝：

較好的歷史借鏡應該是美日一九八〇年末期的貿易戰，當時背後隱藏的也是科技戰，也即是半導體戰爭，日本半導體崛起慢慢威脅到美國地位。剛開始，有日本半導體公司買美晶片廠商快捷半導體（Fairchild）被拒絕，之後美日半導體協議限制了日本半導體的發展，衝突減少後，日本半導體全面消失，至今可說是全面敗退。美國所用策略還沒有包含人才圍堵，因日本從未有人才戰爭，美做法是改變商業模式（Business model），利用亞洲其他新興國家力量打敗日本，包括協同臺灣跟韓國在內。當時的新科技就是半導體、IT，顯然也是一個技術的霸權（supremacy），引發對日本的警惕，當時日本GDP還不到美國的三分之一。

劉遵義：

日本當時最高好像到美國百分之五十。

陳文茜：

日本有段時間追趕很快，但遇到貿易戰就被壓縮回退。所以不要以為中國人會一直成長，可能跟日本人一樣在貿易戰時就被壓縮了。

陳添枝：

如果中國的經濟成長真的減緩到令人安適的水平，戰爭就會熄火。

劉遵義：

反思當年美、日是有意思的，但有兩點不同之處：第一，中國市場比日本市場大得多，中國可以靠內需維持；第二，中國不靠美國保護，日本基本上靠美國，自身力量有限，根本無法 Say No，每次美國要日圓升值，就得升值，沒有辦法說ＮＯ。

陳文茜：

中國大陸現可看到許多充滿民族感覺的評論，中國早就想發展雲計算裡最重要的核心技術，找了臺灣聯發科、趨勢科技跟中國的聯想、Yahoo 的創辦人等聚集北京亦莊[18]進行開發，但就是寫不出來。今天中國的阿里巴巴雲、騰訊雲都是跟 Microsoft 和 Amazon 買的。換句話說，即使今天中國最驕傲的，跟雲端有關的產品，還是美國人賺最多錢，中國只是在下層的應用上有點賺頭；其次是大飛機，很重要的創新產業，引擎是美國西屋（Westinghouse），現在最擔心 Westinghouse 不賣飛機引擎，中國還無法製造飛機引擎。這就是陳添枝教授提出的自主創新，靠民族主義是無法解決問題，因自己沒有人才，美國把你人才管道直接拔掉。如果當年美國對台灣發動類似的貿易戰，張忠謀就被開除，後來臺灣的ＴＳＭＣ也會被叫做竊取美國技術。

18 為北京經濟技術發展區所在地，北京市唯一享受國家級經濟開發區和國家高新技術產業源園區雙重優惠政策的國家級經濟開發區。

劉遵義：

中國大陸必須要自力更生。有沒有能力端看怎麼做，蘇聯製造原子彈時，美國沒有幫忙，中國製造原子彈，美國跟蘇聯也都沒有幫忙。法國製造出核武，美國是最不高興的，現在朝鮮也自己製造的。新技術肯定要自己做，美國對中國一直都有科技出口的限制，從韓戰到現在都未取消，要超越的話，肯定要走另外的路。

陳文茜：

另一個問題有別於討論的日美貿易戰，有很大性質的不同，美中國貿易戰跟日本那次不一樣，不只貿易逆差，不只科技戰，而是有強烈的經濟民族主義。美國不直說威脅自身的全球第一，認為中國侵犯全球生產鏈有問題。全球經濟發展是從過去三、四十年來世界生產鏈形成分工帶動，可是現在美國的川普主義，他的政治訴求是所有生產都應該回到美國。回顧於一九〇〇年代時所有的生產都在美國，美工資只有五美元，大量使用童工，政策性的外來移民從三千萬人快速成長為七千多萬人，過程中靠榨取外來移民、廉價勞工，

▲本座談吸引產官學界各方先進參與。

當時美國是百分之一的人控制百分之九十的財富，那使一九〇〇年美國成為全球GDP第一名。另一次集中所有生產在美自己國內是二次大戰一九四五年。當美國主張已走到如此極端情境，美中貿易衝突可能遠比美日衝突，或美國跟西德、或美國當年跟亞洲四小龍之間的競合複雜的很多，各位同意嗎？

劉遵義：

美國政府政策支持他的企業，金融業在美國影響力很大，比製造業影響力要大。他們能拖垮美國經濟，但待經濟回復後，金融業還是最發達，一點損失都沒有，就證明還是有辦法，還是由他們控制。美國金融業想去中國引進不同的東西，尤其是衍生事務，很多東西都是他們發明的，我個人非常反對，像信用違約互換（CDS），它是一種保險，但美國工會說這不是保險，也不是賭博，所以不受監管，這是很有問題的。我覺得中國不讓他們進去是合理的，臺灣也不應該讓他進來。自主創新不可能自己放棄，現在更加要積極做。

薛琦：

經濟學家通常預測不準，如果他們關心的問題不在貨貿，而是服貿或體制爭議的話，該怎麼談，一定談不成。比如農業、能源最容易達成協定，會先把談得成的部分先進展。但還有很多問題沒法一時解決。關於技術自主性，看看臺灣，雄風飛彈也是靠自己的。我同意如果別人越不給你，在更大壓力下趕快自立自強。至於日本，日本跟今天中國完全不一樣，最簡單的回應是日本沒有國防，軍事跟國防完全靠美國，沒有跟美國談判的力量；而今天中國大陸不一樣，為什麼貿易戰打不下去，越打下去負面效果馬上會呈現出來，變成一個政治效應。

陳文茜：

擔心聚焦在科技戰，科技關係到人才，其實臺灣人在美國亦被當作潛在對象，會調查一年去大陸演講幾次，我們都必須小心。

徐小波：

這有好幾個面向，提供思考：第一，我們要真正研究美國利益（American interest）是很矛盾的，美國自己也搞不清楚。站在臺灣立場談幾個過去的故事，時代基金會成立到ＭＩＴ談判，正好碰上美國正對ＭＩＴ進行調查，懷疑ＭＩＴ是否接受太多日本企業的贊助。後來ＭＩＴ為解決問題，是說ＭＩＴ作為世界級的教育研究機構應該跟國際接軌，當時趁著ＭＩＴ要跟國際接軌，我們才能與ＭＩＴ有長期合作；廣達才能跟ＭＩＴ在雲端運算上密切合作。

我們應該研究美國利益的矛盾；今天大家的關切重點在美國跟中國大陸會否有衝突，會到何種程度？這完全看大陸的制度，如果他們喊口號，要自主研發又私下設法竊取美國技術，這將是明顯衝突點。衝突點有好幾個不同的解決方法，一是戰爭，我覺得完全不可能，美國在中東小型戰爭也是點到為止。大陸在幾個邊線糾紛，如印度、越南也是適時而止。所以站在臺灣應有不同立場，靜觀其變，能讓臺灣的產業成長，吸收新技術，才是最重要。

薛琦：

猜猜會否真的有戰爭，端看法國跟德國，上世紀跟上上世紀打了多少次仗，一個要煤礦，一個要鐵礦。但德法鋼鐵聯盟組成時，所有鋼鐵製品都是零關稅，後來還走向現在的歐盟。

美國跟中國的科技戰以非貿易的行政作為，是最容易的。用關稅等手段都是傷對方一〇〇，自身大概亦會傷八〇，故預期以後會在行政作為上互相牽制對方。經濟學家在分析數字時，那些數字看來實際上不痛不癢的，剛剛劉遵義教授提到頂多中國損失三％GDP，但只要一％GDP就會受到傷害，多少就業損失、地區蕭條帶來的社會問題，美國也是一樣，所以比較有針對性的科技戰比較容易，中美貿易戰基本上是打不起來。

陳添枝：

自主創新每個國家都有權利做，可能都要做，包括臺灣。如果僅就軍事國家安全需要而言，不會有衝突。衝突是因中國大陸要把技術市場化，並賣到國外。即便是大陸這樣的經濟體制，華為要繼續創新研發也需要很多資金，不能僅仰賴中央補助。用國家力量支持沒有市場價值的技術持續發展，過去蘇聯經驗證明這是失敗的，因為沒有市場力量支持長期R&D投資，而美國的制度善於結合市場跟非市場，累積力量可長期投資基礎研究或其他研發。中國今天當然需要把他的技術賣出去，繼續發展才有足夠資源，利用市場經濟勢必要走出去，這就有衝突。所以問題便在此，技術本身市場化所帶來的政治衝突，到最後當然是因為背後的國家體制。

陳文茜：

在一九八七年的時候，美國對臺灣也發動過貿易戰。蕭萬長先生代表台灣國貿局協商，讓台幣從一：三七升值到一：二五，傳統產業一夕之間就沒有了。每個人都以為我們會有高附加價值的經濟，但最終傳統產業都走了，遺留下的是臺灣的貧富差距。這些問題一直持續到今日。一九八七年，如果蕭萬長先生當時負責談判時已經有台積電，那台積電會否成為美國告訴對象？他也是受政府支持，雖然其運作相當重視私人制度。但是當時的台積電不就類似現在的華為或中興通訊？這中間有何不同？

陳添枝：

美國人深知台積電掌握晶圓專工（foundry）最先端的技術，美國包括高通（quantum）的晶片，如果沒有台積電是做不出來。美國從來不會當作威脅，因為台積電一開始的商業模式就是跟美國互補，到今天為止堅持不賣自己的產品。所以有人要請他收購有產品的公司，台積電一向拒絕。故他的基本策略：只做互補性的（complementary）的產品，不構成美國的威脅。

陳文茜：

美國現在爭執的已不是銀行、不是 iPhone 手機等。美國在乎的是鐵鏽帶（Rust belt）的失業工人，這群人已成為美國爭執核心。如果是企業團體遊說（lobby），只要開放就容易擺平，而今天美國在吵的是一群在全球化生產鏈過程中，毫無競爭力的美國工人，基本上是一群在市場經濟跟全球資本主義裡沒有資格擁有工作、被淘汰的人。但這群人認為：因為我是美國人，所以這工作本來就是我的，全亞洲人手上的工作都是從我這邊偷走的。現在美國的麻煩是這群傳統工業工人（如，卡車司機或是煤礦工人），這類型的人已形成川普主義最大的支持者，如何擺平這群人，這會成為整個全球化與 WTO 的現象，已非當時美日貿易衝突或以前的情況可比擬。

經濟民族主義跟國家民族主義、法西斯差別很小。法國一位著名哲學家李維（Bernard-Henri Levy）寫公開信批判本地民粹主義是新法西斯主義。簡言之，今天談貿易戰，從國家民族經濟主義、民族主義到法西斯主義的演變。這個情況漫延在全球皆是，不只美國，但因美國最強大，有能力聚集形成最大的需索現況，這要如何善了？

徐小波：

美國有個特別的現象，到底是泛泛民眾代表其民族主義，還是美國知識分子在背後激發民族主義？從這個角度思考，川普在美國東北部的大城市特別是華盛頓州（Washington）、新英格蘭州（New England）的支持者非常少，而是中西部地區在支持他。他首先要爭取農民選票，但他很多措施都無法吸引農民，所以他放鬆跟大陸的談判，大陸也放鬆買美國的大豆，現在的矛盾可說每個月都在改變。美國大選又將來臨，川普能否再當選。在一個民主體制裡是有變化的，中國大陸不了解，還在用舊式民族主義，沒有尊重人民的反應。我們研究大陸問題，第一要研究大陸政權的弱點，便是國家資本主義能夠走到多遠。從臺灣觀點，絕不要放棄吸引大陸人民的人心，吸引大陸人民對臺灣嚮往，這是最好的機會，如今當政者是否了解這點，我沒有信心。臺灣年輕人變有意思，想法都在轉變，且沒有歷史情結，為何臺灣沒有政黨做出積極的措施，吸引大陸民心？

陳文茜：

美國現在有一套美國式的民族主義，而中國出現前所未有的，繼毛澤東後的政治強人，把沒有多大產值的一帶一路，讓很多地方累積對中國的外債，結果反引起全球對中國崛起的恐懼。歷史評價一帶一路，跟現在眾多正面評價會有不一樣的結論。中美雙方都在操作民族主義，用民族主義方式鞏固自身政權。而臺灣政治人物只管自己的權利不管國家的利益。現在全球可能許多國家都會出現這種政治領袖，就是危險之所在。

薛琦：

兩年前亞洲基礎開發銀行成立時，普遍覺得這是了不起的，甚至以第二個馬歇爾計劃比擬。但實際內容是很空洞的。一帶一路最好留在說帖中，不做看起來很偉大，一做就所有問題接踵而至。

美國要打破國際分工，要把供應鏈移回來，但真的移回去，就是美國崩跨的時候，因那都是低生產力工作。至於會不會有真正的戰爭？例數每一次戰爭發生都有國家經濟出大問題，目前的美國經濟是有史以來最好，現在美國人敢下賭注嗎？我們常常聽到政治是高明的騙術，古今中外皆一樣，最笨的就是政治家認為自己不是騙人，真正去做傻事。川普很聰明，所以他不會做。

陳文茜：

回顧中國改革開放，中國在一九七九年打了場中越戰爭，這有限度的戰爭目的是鞏固改革開放的政權，讓解放軍知道國家需要現代化。中國現在還落一至二個世紀，中共認為國家沒有太大的失業率，讓老百姓有幸福感，至少要保持六．二%的成長率，失業率要在五%以下，美中貿易衝突如衝擊到中國經濟，這股創新需要的時間會更長。面對經濟與社會壓力挑戰，這時的領導者就有需求，川習會選擇回到當年越南，難免讓人臆測誰會是下一個受害者（victim），有人說答案是臺灣，不是真的打，是跟你有適度的衝突，衝突後鞏固自己的政權，成為中國解決未來經濟難題的困境。提出這問題不是要危言聳聽，而是要有所警惕，美中貿易衝突牽扯到經濟面向，牽涉到華裔科學家在美國的發展，牽涉你覺得自己不是華裔叫臺裔，但在美國ＦＢＩ眼中你不是，正是可悲可憂慮之處。

像日本、韓國最近出口都下滑，中國是最後出口地，生產鏈中間的日本、韓國或臺灣也一樣，都會受到中美衝突的傷害。唯臺灣跟其他地區不太相同，習近平很清楚現在是不同民族主義的自身核心問題，不是臺灣問題。如果衝突無限制下去，對中國將造成很大的經濟傷害，臺灣有人呼籲中國放棄國家資本主義，但共產黨做不到，反倒國企化。事實上法國有國家資本主義，英國也曾經有，有社會主義傳統的國家都不會完全丟掉這一切。

世界國家民族經濟主義崛起，全球生產鏈到底會發生什麼變化？如果中國經濟持續下滑，真的扛不住那趨勢，中國邁進的另一條腿；內需在過年期間創下有史以來最低的數字八％因沒有信心，也是股市下跌的原因。各國都要在美中貿易戰個別案子、議題、狀況作判斷，長期看這個問題，其危險性？

陳添枝：

雙方對抗顯然不會在短期內結束，這是一個價值的競爭，也是政治上持續的競爭。短期內最大的受害者就是臺商，因為大陸出口最多的廠商，幾乎都是臺灣公司。我覺得臺商目前為止在大陸所有營運策略皆建立在美中和好，我們像中間者整合資源，協助完成海外加工，但未來大陸不僅不是好的加工基地，美國還把他作為對抗對象，這是非常嚴肅的問題。這些廠商現在都非常龐大，包括臺灣最大的製造業，將來勢必要面臨非常困難的抉擇，從鴻海最近的困境就看得很清楚，一方面要討好美國，一方又要討好中國，兩邊都非常為難。包含台積電在內，雖然他的商業模式不會構成跟美國衝突，但現在幫助華為製造晶片，這個困境一定會來臨的。所以我們必須重新思考臺灣戰略發展，尤其是大型企業跟策略性的定位。中國是很大的市場，雖然我們在內需市場上沒什麼成就，但他會使用各種壓力使臺灣廠商跟他合作，合作當然是兩岸和平的一種方法，會是一種潤滑劑。這不像過去冷戰時代，可把門關起來只作美國人的生意，時代不一樣。這是時代巨變，帶來很大的挑戰，也帶來機會。我相信有很多美國企業現在會回頭看臺灣價值。在新衝突的時代，要重新定位自己的角色。

陳文茜：

我喜歡陳添枝教授的結論，但也懷疑這樣的結論。美國現在積極處理的幾件事都令人懷疑，譬如：聯電支援福建晉華的合作案的問題。有些人認為臺灣跟中國大陸一邊一國，有些人覺得兩岸是不同的政治主體，但在美國人眼中，認為你就是會幫中國大陸偷東西。我認識的高管朋友提到，幾位在波音或ＮＡＳＡ的台灣科學家，都被ＦＢＩ調查。美國人眼中或許也有臺灣人也是中國人的看法。

徐小波：

我希望自己不被認為盲目愛臺灣。臺灣現在重要課題是面臨全世界不同的情勢，產業要轉型。農業科技是台灣最好的應用科技，把臺灣的農業科技包裝，並以智慧財產權保護，研究全世界最適合種香蕉的土地跟氣候，再把技術整場輸出，不是送人家，而是有高附加價值的轉移過去。這方面需要很多人才的培育。目前已有的農業科技如何把它發揮，包括接下來的模式、市場。以鞋子產業為例，Nike、Reebok、Adidas 等品牌老早就思考清楚只要保護自己的品牌、全球運銷系統跟新的研發，製造全部交給臺商。臺灣要做這樣的轉型。

薛琦：

兩岸之間何去何從？當初我們規劃亞太營運中心時，出發點在區域的一個營運中心，區域是 regional，營運就是 operations，剛好拼起來是 ROC。其中區域不是指全球，而是亞太，英文縮寫是 Asian Pacific，亞太營運中心就是 APROC，裡面有 ROC，ROC 前面是 PROC，前面又有一個 A，所以亞太營運中心就是兩岸。臺灣自己如果把兩岸隔開，地理與市場優勢不知利用，什麼都不用談。

習近平表示寬闊的太平洋可以容得下兩個大國。臺灣剛好就在太平洋中間，如果能夠扮演角色維持平衡，就像翹翹板，臺灣人策略大方向應這樣納入考量。反而最令人擔心的就是臺灣在兩個力量中間，如果變成應力（stress），一個方型建築，成為所有作用力集中的那個點，要垮從那裡垮。臺灣要有自知之明，不要變成美國挑戰中國的應力，對岸也把我們當作要跟美國反制的焦點，這才真是臺灣的不智與不幸。

| 輯三 |

產業數位轉型

臺灣與國際經濟連動關係深，面對多變前景，如何在產業轉型中舖陳國家願景，在既有的人力、物力中支持產業創新，提昇經濟規模，重塑亞洲科技榮景、領航地位。本專輯將探討臺灣因應之道。

第一篇 數位時代 把握轉型

19

前言

臺灣與國際經濟連動關係深，面對貿易戰下與經濟金融動盪的多變前景，如何在產業轉型中鋪陳國家願景，在既有的人力、物力中支持產業創新，提昇經濟規模，重塑亞洲科技榮景、領航地位。臺灣如何因應動盪的世界，並站穩腳步？如何在資訊時代尋求資源整合、數位運用，政府需是大格局領航員。基金會於二〇一八年十月二十二日特邀產官學界進行接軌與對話，努力從中掌握未來。

國際經貿的變局　臺灣因應的思考

許勝雄

積極推動我國加入區域經濟整合，不管是RCEP、CPTPP與個別FTA；政府推動對外計畫協助解決企業關切議題，比如政府鼓勵南向，那跟南向國家雙邊租稅協定、雙邊保障協定，或金融體系資源、人才資源的合作有賴政府一步步執行；兩岸關係很重要，關係不穩定導致許多事室礙難行，未取得中國認可下，無法進入RCEP，這需要大家共同努力。

今全球產業面臨困難和挑戰，臺灣產業多從事中間財的生產製造出口，中美貿易戰絕對影響臺灣產業。我們要掌握趨勢及臺灣產業的成長機遇，在全球大變局下，知悉臺灣經貿政策何去何從？中美經貿大戰將是長期化，約超過二十年，世界經貿體系會有很大轉變。

國際經貿規則、產業鏈角色　趨勢中改變

國際經貿情勢從三個角度看臺灣面臨的問題：第一，是國際經貿遊戲規則改變，WTO在全球經貿議題失去影響力；另外，新單邊主義盛行，雙邊協定傾斜。美中貿易大戰後，未來架構將以大國為主體並傾斜；保護主義成為新王道，區域經濟整合讓東協國家飛躍成長，二〇一五年的一二月三一日後，東協經濟共同體（AEC）已把九〇%以上產品關稅降到零，且未來有十加三、加六的問題；本來美國召集十二個國家進入TPP，川普上臺後美退出，由日本主導成CPTPP，現有十一國。當時協議已完成，日本、墨西哥、新加坡內部國會也通過生效；各國自主供應鏈興起，形成短鏈革命。過去強調產業鏈，我認為在產業鏈裡要扮演價值貢獻者的角色。產業根據不同優勢會有不同產業鏈結合。全世界經濟行為有所改變，全球貿易成長百分比低於經濟成長率，意味全球經濟成長多靠單國本身內需市場支撐經濟發展，而非像過去靠全球自由貿易刺激經濟成長。臺灣是海島型經濟，一切以進出口導向，全世界經濟成長率如果不佳，臺灣就很難好。

19本篇由二〇一八年十月二十二日舉辦之「臺灣挑戰與布局—產業轉型、投資與資本市場」研討會整理而成。

中美持久戰　臺灣無法倖免

美中貿易戰的幾個因素：美國期望重新在國內建立製造體系，創造就業機會；另個目的是抑制中國製造二〇二五的能量，涉及國安、智慧財產權問題，中美貿易戰已牽涉到產業、經濟、社會治安、軍事層面。其中三個重要時間點：一是，今年一月二二日，美國提出二〇一協議規定，針對太陽能電池跟模組採取防衛性關稅行為；三月份鋼鐵、鋰製品要課徵關稅；今年六月一五日，美國宣布五百億擴徵，中國大陸也提出五百億高關稅應對，接著過程開始加重；今年九月二三日美國政府宣布兩千億關稅，用一〇%徵收，明年一月一號後將提高為二五%。如果產品進口到我國被扣關稅，產品會否產生競爭力衰退？川普曾談過後面還有二六七〇億美金，意味所有產品無一倖免。

美中貿易對臺灣造成的影響：臺灣二〇一六年出口金額是二八〇三億，出口到中國大陸占四〇%左右，其中半成品約占九七二億，所占份額相當高；二〇一七年也如此。有些廠商已回臺投資，或到其他地方布局。每個產業會根據不同需求，如工具機應會朝中高階製造方面走，網通第二階段會被提高關稅，當然要持續在海外，如回臺灣擴展。

兩岸政策不確定　臺商海外投資挑戰深

臺商海外投資趨勢與挑戰，二〇一五年投資金額超過一百億，接著三年持續成長，臺灣國內投資雖不足，但海外投資一直增加。從全球投資狀況可看到，對中國大陸投資約占五八%，美國投資約五%，在中國跟美國兩個貿易戰國家共占六三%，兩國經貿糾紛讓我們面臨問題；對東協投資大概占一一%。從臺灣投資中國大陸概況可看到，早期高峰一百四十多億，降到近兩年未超過一百億。主要投資電子、資訊、電腦、光學等，近年服務業考慮到中國大陸市場，也加大投資行為。但臺商在中國大陸經營面臨問題：首先，兩岸政治不確定性增加，可能會影響我們在大陸的經營；其次，經營成本日益增高，不論實質薪資、稅費等，成本都在增加，大陸經過一、二十年培養，改革開放後，中國大陸企業慢慢有競爭力，反避稅條款、外匯管制力度增強，也有查稅、環保的問題。

簽定ＦＴＡ　改善臺灣投資環境

說到在東協六國有些投資，主要以電腦居多，投資新加坡約占三九％，第二大越南占二九％，泰國占一一％，總和七九％。在東協投資面臨狀況：一，營運風險高，因法令不完備、治安不佳、幣值波動大等因素，這會影響投資；另外，一些國家基礎建設、電力供應是問題，有些國家情勢不夠穩定。臺灣被邊緣化與產業外移的狀況，導致無法進入東協十加六。這也是我跟政府在談的。首先，我認為要跟其他國家簽訂ＦＴＡ，不簽會逼臺商外移。二〇一六上半年，臺灣ＦＴＡ簽約比例只占出口的九．七％，中國大陸約占三八％，日本約三九．二％，韓國占六五％，而越南跟全世界簽得ＦＴＡ已占出口的八三％，全世界最高是新加坡的八七．七％。如果無法塑造臺灣投資環境，臺灣就業率、所得無法提升，消費能力跟經濟會有問題；第二，政府須積極培養人才並就廠商遭遇問題協助，重要的是簽各式協議。

解決五缺　成立多中心　多邊貿易協定

臺灣未來要解決的問題在五缺：缺水、缺電、缺土地、缺人才、缺工。政府應改善臺灣投資環境，多邊貿易計畫不利臺灣製造業發展。現在很多產業、產品利潤不到三％，當關稅一提高五％，甚至二五％，如何出口？要加強不論ＲＥＣＰ或單邊貿易協定；再則，產業升級確實不足，政府跟企業都要努力；全球變局美中經貿戰下，臺灣宜採必要避險措施。建議行政院成立中美貿易戰專案小組，因時間拉長項目廣泛，要思考對臺商、臺企產生的影響；改善臺灣投資、引導臺商回臺，除五缺外，在一九九七年提過，臺灣應要有五個中心：人力中心、研發中心、創新中心、資本市場與籌資中心。另一個是關鍵性產業鏈結中心，對關鍵性產業進行鏈結，先有發展主體性的中心，後乘數擴散效果；積極推動我國加入區域經濟整合，不管是ＲＣＥＰ、ＣＰＴＰＰ與個別ＦＴＡ；政府推動對外計畫協助解決企業關切議題，比如政府鼓勵南向，那跟南向國家雙邊租稅協定、雙邊保障協定，或金融體系資源、人才資源的合作有賴政府一步步執行；兩岸關係很重要，關係不穩定導致許多事窒礙難行，未取得中國認可下，無法進入ＲＣＥＰ，這需要大家共同努力。

現任：金仁寶集團董座、中國生產力中心董事長、三三企業交流會理事長，也是中華民國全國工業總會名譽理事長、臺灣區電機電子工業同業公會榮譽理事長與臺北市進出口商業同業公會名譽理事長。二〇一八年十一月，榮獲日本天皇頒發「旭日重光章」勳章。對於加強日本與臺灣間之經濟關係、及增進相互理解方面有卓越貢獻。

數位轉型　新價值與新變革

詹文男

政府的角度；則是思考建立良好科技整合的環境，並集中科技研發，甚至培養跨領域的人才跟法規調適與資料開放，這可是為產業應要做的；在整體思維上，如何帶動全民開放創新的想法，讓創新環境可與國際接軌，更是未來政府需努力的部分。

「數位優化」到「數位轉型」

在談數位轉型時大家腦海裡想像的其實不太一樣；如果有乞丐用 QR Code 行動支付乞討，叫數位優化，提升數位效能，但不一定是轉型。但如對品牌進行經營，跳脫原來產品服務的層級或從事別的商業，才叫做轉型。科技的堆疊累加可帶給企業不一樣的前景，讓商業服務產生重大變革；起步從優化開始，如果能夠從自身改變，甚至轉變價值的創造跟傳遞方式，便是數位轉型。這些科技聚集可運用在處理（process）、商務（business），一直到整個生態系（ecosystem）的連結，可發揮更大價值，能更理解客戶需求。

產品服務上的應用：比如說物流的無人機，或是 C2B 大量的客製化生產。再如便利商店，以前是人就商店，以後可能商店就人。這時前臺後臺完全不一樣，甚至透過這些科技，在食衣住行育樂可以產生重大改變

透過這些科技在食衣住行育樂產生重大改變，包括：共享經濟、設備即服務，將從賣硬體，慢慢轉向賣軟體送硬體、送服務。

「大智移雲」時代　政府應作好科技整合

從產業發展史透視，工業革命原是政府主掌發展，透過工業革命推動各產業，之後進入資訊革命在跨業間不斷提升生產力，現在可看到ＡＩ、ＩＯＴ，全部聯網的「大智移雲」時代（「大」數據，人工「智」慧，「移」動載具，包括無人機、無人車，甚至海上的無人航具的「雲」端）。未來十年非常關鍵，會擴散到所有不同領域，並改變各個產業生態。從臺灣轉型角度回看；臺灣在pc上累積非常多能量，在雲端（Cloud）和共享經濟年代，如無法掌握價值和扮演角色，未來情勢可能更險峻。數位轉型非一蹴可及，除數量改變外，思維要改變。技術方面，數位優化可能是第一步，慢慢往制度轉型，甚至基因要轉型，所以是輸血、混血，最後換血的過程，這可能是長期調整的過程。從企業角度而言，要考量應用技術讓它產生不同服務，或者在內部制度上做調整，或是成為數位化服務公司。

政府的角度；則是思考建立良好科技整合的環境，並集中科技研發，甚至培養跨領域的人才跟法規調適與資料開放，這可是為產業應要做的；在整體思維上，如何帶動全民開放創新的想法，讓創新環境可與國際接軌，更是未來政府需努力的部分。

現任：資策會產業情報研究所所長。期間除主持多項經濟部及經建會委託之產業政策規劃專案計畫，亦經常協助高科技公司進行策略轉型及產品技術發展規劃；研究領域主要在高科技產業智慧資本、產業政策及企業策略規劃；著作《作自己職場的諸葛亮》榮獲二〇一三年中華民國金書獎的肯定。

掌握產業知識　擴展企業布局　經濟規模不可忽視

杜書伍

在談提升的過程，不能忘記提升經濟規模，要持續有能力追逐各方面往更高層次的提升。經濟規模跟數位化程度是帶領我們數位化新境界與使事業能得到不斷地擴展非常重要的基礎。

新工具運用　無需恐懼

從過去兩、三年的網路平臺、遠端監控（ATP）到近兩年談到的物聯網、大數據、雲端、人工智慧，這些名詞讓人有相當的恐懼感，似乎是眾所趨向的趨勢，但又似遙不可及。對於想要提升的個人跟企業而言，有非常大的壓力。我希望安大家的心，這世界不是突變的，是持續延展的，今日談到的新名詞，這幾十年都在進行中，比如數位化早期稱電腦化，將資料盡可能交由電腦處理，習慣縮寫叫企業資源計畫（ERP）。今日的新名詞也是過去的事物，只是被提升、擴展，內涵也不同，在當前行銷盛行的年代給予偉大的新名詞，因為偉大就會感覺遙遠，特別對非科技業人更甚。

就物聯網來說，以前是電腦網路連在一起，後用手機把人連在一起；但還有好多沒有連，所以新科技不斷發展感測元件，把許多線性的、非數位的東西轉化成數位，收集更多訊息、數據。過去稱網路提升，收集到一定數量的資料後叫大數據，大數據只有兩個重要元素，一是巨量數據，多到人無法處理；二是多元數據，非單一數據，多元化的數據經統計分析後，再交叉比對就能增加判斷力。所以大數據能加強判斷力的基礎，這些資料透過雲端運算等會加速整個數據靈通性，再加上對於深度學習、演算法的技術被開發，讓機器自己達到人腦層級學習，就叫人工智慧。這些內容其實一直都在談，並非很深奧。

Domain knowledge 促進管理提升

管理學有個重要案例；叫做美國的鐵路大亨。當公路、航空發展的時候，他沒有把自己提升定位為交通運輸業，所以失掉商機，並隨產業間的移轉而沒落。今天重要的是，如何隨著數位技術的提升而提升，所以企業要往上提升的時候，ERP要做的更加細膩跟有深度。

提升後會發現管理運作的改變，現在能做到過去無法作到的，比如秦始皇時代，很遠的地方管不到只好封建，但隨交通開發而演變郡縣制。當企業運作，會有不同的位置，因聯網關係，在總部可以掌握所有數據，因此運作方式會不一樣，自然要擴展不同分駐點，擴展到海外，又拿到好的工具，促使你更能夠國際化，更有把握。最重要的還是這個工具本身是增進你最重要的產業知識（domain knowledge），工具需求再加上產業知識，才是善用工具，才能讓企業往上提升。

當提升後，會看到新渴望，以往彼此無法跨越，現在可以了。比方資訊業跟家電業原來是兩個產業，但是漸漸的會發現現在賣電視的、製造電視的是資訊業。擴大後會進入跨領域的整合，這就是商機所在。數位化不斷的提升改變管理的觀念與方法，同時也因提升而重新看到原本專長可以延伸到另外一個產業，這個就是擴展。

經濟規模是數位轉型基礎

今談數位轉型不如說是數位的提升與擴展，使我們能有更好的管理模式、商業模式與商業機會。當然裡面有個非常重要的技術，當不斷地往上提升時，它需要的不只有實力，另一重要的是所需成本。今年半導體界跟臺積電有好消息，格芯（GLOBAL FOUNDRIES）宣布七奈米暫停研發，七奈米的研發成本很高，需要雄厚實力才能付擔高額研發費用。在不斷提升過程中，越尖端的物品所需要的成本是高的，必須要有更大的經濟規模支撐，否則很難走向高層次。所以在談提升的過程，不能忘記提升經濟規模，要持續有能力追逐各方面往更高層次的提升。經濟規模跟數位化程度是帶領我們數位化新境界與使事業能得到不斷地擴展非常重要的基礎。

現任：聯強國際集團總裁兼執行長。大學畢業後即積極投入引進推廣英特爾 CPU 技術，被推選為影響臺灣電子資訊產業發展的十大關鍵人物之一；針對企業營運、制度觀念、組織認知、職場行為與觀念多有深究；獲《哈佛商業評論》評選為「臺灣執行長五十強」、被基金投資經理人選為「最佳專業經理人」。

善用數據營運　深化無形資產

周延鵬

在這時無形資產就是智慧財產更加重要。過去四十年臺灣很多智慧財產問題懸而未解，我們一年付出兩千多億權利金，每年只收到十幾億到二十幾億的權利金。。過去四十年僥倖申請很多專利，但大部分沒有品質（Quality）與價值（value）。

挑戰：缺市場　數據不管用　人才缺培育

我是律師，做投資併購、專利交易時看見的問題，同時亦有數位時代智慧財產布局與競爭時的觀察：一，臺灣沒有市場。二，從事研究的領域需要蒐集各式專業情資與數據，臺灣數據不管用，必需往外找。當然先找科技先進的美國，因不論數據、硬體到軟體皆是自過去的延伸，只是另一層次的演化。三則最重要，臺灣有很好的人才，但缺乏人帶領演進、歷練。近三年我努力經營在臺灣、美國、日本與中國公司，整合不同背景經驗，雖辛苦也稍有所成。思考並善用美國所累積的各項開放資源（open source）、各種知識、經驗，實踐於資料分析運用於我們公司所提供的服務，即是數據的策略運用。

指導原則　產業分析　用戶體驗

允我先為數位化拉出個架構；一是，重要的商業指導原則。這並沒有一套規則，端賴不同產業個別思考，需不受限以往經驗；二，知曉技術層次是高位，資料科學如何讓資料聰明運用。（數據本身太多黑暗面，需要技術處理。）；再則，數據資料零散，臺灣縱有好數據，又可支撐那些產業，如何變成生意。思考數據整理（data cleansing）、標籤，增強產業知識 (domain know-ho) 的能力。過去除高階產業外，日常企業經營很少作產業分析；這正在改變，比如在臺使用的各種電商平臺，跟用 Amazon 體驗感覺不一樣，因素是；使用者介面（UI）、資料視覺化（data visualization）道盡一切，應該去學習、再提升。再者，使用者經驗（UX）也是數位化的困難點，讓製造出來的 App 或是大系統，可以真正幫助用戶便利使用，最後還要客觀分析客戶採用意願。

整個組織運作要轉變敏捷，以往的大型瀑布式開發，較不利數位時代，客戶用戶交織是所有的出發點。技術跟開放資源的關鍵，在數位化過程需要總體分析，才有辦法作概要，這馬虎不得。即是由UI跟UX再提升至企業雲計算（salesforce）的客戶關係管理（CRM）層次。開發完成要重新定義，有多少容量跟方法。

一個有真正有技術含量，有好人才的產業，要看經營者如何帶領；心中有客戶，不能只站在自己立場，自我本位的去做產品、做服務，要作最根本的組織轉變、觀念改變。經營管理知曉運用總體分析，數據能聽到整個事業經營的聲音，數據聲音到客戶聲音，就是轉變。知道怎樣用既有的數據人才來管理。數位世界每個人同時都在搜索，過去的組織顯然不適用，整個組織可以做有秩序的改變。如何從開發過程上，做各種測試機會很多，可以改變自己，改變世界，也面對資安在不同背景的挑戰。

強化數據工具、價值與運用效能

在這時無形資產就是智慧財產更加重要。過去四十年臺灣很多智慧財產問題懸而未解，我們一年付出兩千多億權利金，每年只收到十幾億到二十幾億的權利金。過去四十年僥倖申請很多專利保護，但大部分沒有品質（Quality）與價值（value）。改變觀念沒那麼可怕，過去專業人員要編組非常複雜的檢索條件，現在的技術只要輸入圖像即可搜索。以往專利公司要上不同的系統約二十多天，才能將資料輸入服務完畢，現面產品輸入號碼，在不同系統的資料就能全部萃取。訴訟律師，以前需二十多天型塑戰略，現二分鐘就完成。過去提供法律服務就是法律，不是數據分析，而今少量數據分析雖無法探測事情的全面，但見其工具性與價值。法律人都可學習，整合數據資料進行分析、判斷與決策，這世界的挑戰讓我頗感興趣，需要厲害的年輕人參與開發設計，面對今天改變。

現任：世博科技集團律師。

曾任：工業技術研究院顧問、鴻海法務長，並擔任財團法人工業技術研究院顧問、司法院智慧財產法院諮詢委員及經濟部智慧財產局諮詢委員，擅長領域為跨國企業法律事務、智慧財產行銷與商業模式、產業分析、智慧資源規劃等。

重視軟體、數據　塑造契機與新價值

林榮賜

未來是重智慧的時代，各企業都需要強化其開發與應用軟體的能力。各企業可從OSS開放原始碼開始，擁抱開放原始碼、熟悉開放原始碼的文化、機制，並轉化成自己可以運用的機制。

尋求電信本業外的業務延伸　積極突圍剪刀效應

電信公司提供給一般消費者最基礎最切身的通訊服務，在第一線深刻觀察客戶的行為變化，底下試著從電信業的角度，分享我們對企業數位轉型的兩個看法。一是掌握世代演進的契機。隨著電信技術快速影響改變消費者行為的過程裡，有些指標企業因為掌握了世代演進的契機，勇敢轉型、滿足消費者的關鍵需求，因此能順勢躍然而起引領風騷（譬如行動數據時代的Apple公司推出IPhone智慧型手機，又如Line、臉書等公司推出社群服務軟體等）；二，轉型需要關鍵數位能力。關鍵數位能力對積極求新求變的各行各業來說，是重要機會、也是挑戰。

以電信業為例，近幾年主要成長動力的行動數據營收已趨近飽和，難以彌補傳統語音營收的下降幅度，自二〇一二年起，全球電信行業的整體市場規模皆呈現下滑趨勢，我們觀察到，電信業投入資本持續增加，但獲利率卻下降的剪刀效應愈趨明顯。所以思考如何積極突圍，體認不自我設限，開始走向新業務領域，在自身核心事業外做延伸，成為電信業重要的轉型課題。例如以前電信公司做網路電路生意，現在則可能更進一步朝網路資通訊安全、網路內容管理來服務客戶，甚至跨進新領域，譬如：IOT萬物互聯或大數據分析、AI人工智慧深度學習等。

全球電信業者都在轉型，尋求新的自我定位。譬如美國最大的電信公司AT&T，近期已定位自己是TMT（Telecom、Media、Technology）公司，除電信公司外，同時也是媒體公司、科技公司。同樣的，日本最大的電信業者NTT，也以成為日本最大的IT公司為目標，重新定位自己並聚焦於B2B2X：要成為其企業客戶共創價值的重要夥伴。然而，當電信業者積極轉型進入新市場的同時，所面臨的挑戰是：所進入的IT新世界，對手都是世界級的企業巨擘，如Amazon、Google、Facebook等在IT領域的巨人。論規模，今年初Facebook市值約等同臺灣GDP，如把美國IT五強加總，大於德國GDP，如再加上中國大陸阿里巴巴、騰訊，已接近日本GDP。新市場的巨擘競爭，是非常具挑戰性的。

另我們也要注意到，前面所談的美國IT五強加大陸二強，沒有一家是電信業！這些公司都擁有強大的IT數位能力，在過去二十年間因為抓住了行動電信世代交替、與消費者行為改變的契機，因此得以快速崛起茁壯成為市場巨人。目前又即將進入行動5G的新世代，5G所揭示的三大特色——超高速、大連結跟低延遲的應用延伸，再加上周邊如物聯網、人工智慧、大數據分析等技術逐漸成熟，將可能翻轉各行各業，再次帶來新成長契機。原引領風騷的這些公司是否能延續事業高峰，抑或有新的獨角獸公司順勢而起取而代之，值得觀察。另我們也深切期盼政府能更重視這些新世代商機，思考國家產業面的整體佈局規劃。

數位時代　軟體掛帥

針對企業數位轉型、學術界提出可從兩個角度來觀察：一是領導力，一是數位能力。領導力是指企業經營階層是否擁有洞察未來、塑造願景、帶領企業走過轉型艱辛歷程的領導能力。數位能力則泛指各項新興數位科技、如人工智慧、數據分析、區塊鍊、雲架構與資通安全等，擁有數位能力的企業將擁有相對優勢，較有機會以數位能力為基礎作快速調整轉型，即時滿足客戶需求並掌握商機，因此數位能力也是企業的核心競爭力。針對數位能力、底下擬聚焦談兩大重點：軟體與數據。

早在二〇一一年華爾街期刊即指出，軟體正在吃掉整個世界。幾年過去、我們再回頭看，軟體越來越關鍵越重要的趨勢更為鮮明，各行各業皆受軟體影響。在所有數位產品／服務的價值分析中，軟體比重越來越高，反之硬體比重則越來越低。另一個重要趨勢稱之為解構，意指軟硬體分離。譬如智慧型手機的裝置定義與價值，關鍵在於該手機下載安裝了什麼軟體，如安裝導航軟體，手機就變成導航機器；若安裝了影音播放軟體，手機則變成了個人娛樂裝置。其本身價值不完全在底層硬體，關鍵反而是上層軟體。底層硬體可能因標準化、大量生產模式而越來越便宜，上層軟體則可能建構新的生態系與商業模式而越顯重要。同樣地、軟體與解構概念也延伸到其他領域例如ＳＤＮ軟體定義網路、ＳＤＤＣ軟體定義資料中心等。如果某企業機房與網路資源，其系統架構不是可經由軟體定義來快速設計與調整的，便可能是相對落伍。透過ＳＤＮ／ＳＤＤＣ，企業可以軟體定義方式，在十分鐘內快速改變企業應用服務的網路結構與伺服器環境，而傳統架構則可能需要一到兩週時間，這便是數位企業的相對優勢。未來是重智慧的時代，各企業都需要強化其開發與應用軟體的能力。我們建議各企業可從ＯＳＳ開放原始碼開始，擁抱開放原始碼、熟悉開放原始碼的文化、機制，並轉化成自己可以運用的機制。

掌握數據　產生新商業價值

數據（data）是影響企業未來的另一重要關鍵。過去企業界已熟悉用業務數字管理與管理會計來了解分析企業發展，在大數據時代企業更可以把監測設備／量測點廣泛佈建到各種業務設備、服務場域與網站、甚至作業流程中，藉此收集資訊並分析洞察包含資訊服務、網路系統的服務品質。同樣也可透過取得與分析客戶網站行為，進而提升客戶體驗，並改變商業模式。譬如GE奇異公司過去賣引擎，現在則在引擎上安裝大量感測器，可完整了解飛行細節，甚至知道如何精簡維修成本，提升品質跟服務，同時轉變其商業模式，由賣引擎硬體轉變為販售服務。電信業者也有類似案例，譬如在MOD影視服務中，透過機上盒收集量測數據，建立以客戶實際收視率為基礎的營收攤分機制，並藉此發展出新型態廣告業務。透過各種數據的綜整融合，可貫穿企業的各個領域，產生新的商業價值。

臺灣市場規模相對較小，特別需要藉由「跨域合作、生態結合」來補足與強化；另外「在地深化」也是一項重點。現在政府專標案仍常把硬體跟軟體綑綁成同一個案子，且硬體為主軟體為輔。重硬輕軟的製造業思維若無轉變，長期下來將造成不利於臺灣發展的產業環境。我們建議，希望能給臺灣本土軟體產業更多機會，譬如軟體定義網路、資料中心可優先選擇臺灣本土業者，讓臺灣的軟硬體廠商、資通訊業者共同成長，雖然過程相對辛苦，但應能夠激盪出更多好的創新應用與思維。

現任：中華電信研究院院長；主要致力於資訊系統開發應用、整合網路管理、維運技術精進與作業流程簡化等；曾獲得中國工程師學會傑出工程師、中華企經會國家傑出資訊經理、中華電信十大傑出從業人員等殊榮。

數位時代　檢視學院教育生態與變革

朱雲鵬

在新時代，年輕人有新機會，重點是要能把握，接觸產業跨時代的改變，接受新機會與挑戰，上一代幫助年輕人把握機會，下一代前途才會光明。

智慧數位概念與未來產業趨勢

美國著名 Gartner 公司今年發表技術預測，特別提出重要的觀念，就是智慧數位網格（Intelligent Digital Mesh）裡有三個主要成分：一，人工智慧與機器學習使商業系統必須更有彈性更符合人性；二，必須是數位，才可提供即時資訊，如數據追蹤裝置可讓零售業者從監視器跟貨架收集資料以預測顧客流向；同樣，如果飛機裝感測器，再配合氣候資料，便能在電腦上模擬飛行中飛機狀況。可提早通知，減少晴空亂流傷害；三，是網格。把人、裝置、系統、資訊連成生態系統，快速辨識顧客需求，在對的時間、地點提供顧客服務，還有後勤資源的整合，這是標準的數位科技平臺，串連所有消費。如中國大陸美團便是智慧數位網格概念，除建立消費者平臺，也建立運送騎手平臺，跟 Uber 車手一樣。它股票今年九月二一號在香港上市，市值已超過小米。第二例子是 Amazon go，它用裝在天花板的無數攝影機，透用影像辨識系統加上貨架精密秤重機，當消費者經過後，從貨架重量變化確定消費者是否取走商品。未來消費模式會是在家裡下載 App，透過 VR 眼鏡感受商品，半個鐘頭商品就送到家門口；醫療運用上，人工智慧機器人華生（Watson）已讀遍醫學論文，如可以作為醫療行為的輔助；像仁寶推出愛糖寶 App，可協助控制攝取多少卡路里跟糖分，也已跟好幾家醫院合作控制慢性病、糖尿病。如麗臺電子跟 Watson 合作心臟切片，從切片心律預測心肌梗塞的高危險群。

回歸教學本質　學以致用

數位正在轉型，問題在於國內有無足夠的人才。跟數位轉型有關的科系，薪水是相當高的。為何人才不夠？擔任景文技術學院校長時，每一年招生不足的是會計系，很多人要念觀光旅遊。但畢業後，會計系最容易就業且薪水最高，觀光旅遊很難找到高薪，卻有十萬人就業，整個人力規劃出問題。科技部長警告科技領域博

▲講者討論，左起為朱雲鵬教授、周延鵬律師、杜書伍總裁、詹文男所長與林榮賜院長

士生比率逐年下滑。曾有3D動畫製作公司老闆說多媒體動畫研究所畢業的學生沒人能用，公司決定自己開補習班訓練人才。為何學校無法提供最後一哩路，訓練不出可用的學生？原因在學校只負責招生跟畢業，基本上不能「當」學生，因學生轉學就收不到學費。這樣如何培育企業所需人才呢？學校討好學生，若符合學生明確要求，教育怎麼能明確？

檢討學院生態　教育部的大課題

「快樂學習」四字害死臺灣，現在學生快樂學習，痛苦享受後半人生，因為會的企業不要，企業要的不會。必要處理這個問題，教育部首先要製造秩序，只規定補助多少，只管學生畢業後就職與薪水，但改變這規則談何容易。如此所有生態必須改變，要從收學費、寫論文比賽變成以就業、升學作為獎勵的生態，這會是大革命。另，學生填志願時不能再民粹化，填志願前須讓他知道選擇、他一生的規劃，否則畢業即失業，需要有教育就業資訊中心幫助學生填志願，這是民間團體、企業界可以幫忙的。以後寫程式應該從小學、中學就要開始具備的基本工具，不會寫程式就無法駕馭機器，不會駕馭機器在未來的社會就無法生存。在新時代，年輕人有新機會，重點是要能把握，接觸產業跨時代的改變，接受新機會與挑戰，上一代幫助年輕人把握機會，下一代前途才會光明。

現任：臺北醫學大學管理學院經濟學講座教授。
曾任：行政院政務委員，行政院公平交易委員會委員，景文技術學院校長；專業領域為經濟發展、所得分配；為政府財經核心智囊和兩岸經濟協議ＥＣＦＡ的重要推手。

知識分子危機中的責任

馬凱

所有問題環節就是知識分子何時可以醒過來，什麼時候有勇氣公開對臺灣社會大眾說：從今開始不諂媚任何政黨，不為自己利益、立場發言，心中所想、口中所言，都是全民利益。如有一群知識分子站出來如此宣示，相信真理公道才會慢慢會讓人民接受。

臺灣的九大危機　應面對絕不避諱

若臺灣五缺不解決，兩岸關係不緩和，兩前提都成立，今天論壇大概就結束不必多談。目前臺灣面對的處景危若累卵，提出面對的幾點危機：

第一，今天世界興起ＡＩ浪潮，在很多人眼裡是新機會、新生產方式。認真思考ＡＩ浪潮發現是新革命，ＡＩ革命所造成的影響、衝擊、對世界的改變不亞於工業革命。將來對人類主導占有最大優勢的國家，目前大概就是美、中，情況比過去工業革命更可怕，且無法改變。其他國家包括臺灣，如何找生存空間不落入如中國在工業革命後的次殖民地境地，搶進勝者圈。今日數位經濟必須以此為基本立足點。

第二是中美貿易大戰，這是中美霸權爭奪戰。川普恐中在經濟、軍事的趕超威脅美國霸主地位，採取雷根策略。雷根總統任內有三成就：一是採取供給派經濟學，實施大減稅，使美國停滯的經濟快速進入繁榮並持續幾十年之久；二，運用廣場協議逼迫日圓大幅升值，把近乎稱霸的日本打進失落的二十年，至今難再起；三，利用軍事競賽拖垮蘇聯經濟導致解體。今日川普會利用經濟手段、軍事競賽手段，讓中國大不能再起。大戰最後應是到中國大陸停止科技、經濟進展為止。此情況下，臺灣跟這兩個國家關係最密切，處境尷尬，不論產業還是資本市場都受到衝擊，是否利用這機會，讓臺灣找到躍升空間。

第三，是全球性的，在二〇〇八年後，對金融海嘯的恐懼，一方面把利率降到零，一方面印鈔票救經濟。使全球資金氾濫不斷的加速、擴大，整個世界泡在如海的資金潮水裡，呈現一片虛無繁榮假象。自美國停止QE，開始逐步升息且開始每月縮減五百億美元公債的收購後，現在世界已從最高滿潮的狀態，開始退潮。退潮下所有浮在滿潮頂尖的船隻回到海底去，假象都會破滅。當資金退潮到資金枯竭時，臺灣的房市、股市、金融市場如何因應此變局。

第四，是照顧經濟變局，最近成長率不斷下滑，原因是中國二〇〇八年進入關閉世界工廠階段。當中國退出世界工廠，薪資動力減弱，臺灣靠世界工廠生存，當它關閉等於斷臺灣生路。失掉生路的臺灣，至今未發現傷害已造成，還不知如何因應，找新方向、新策略而對新變局。

第五，是少子化。日本是前車之鑑，臺灣在加速，這是不能夠忽略的危機之一；

第六，是臺灣教育政策與規劃的全面失敗，從高教到技職教育失敗，使臺灣不論是基本的技術人才到高等的教育人才，都無法為市場提供所需要的素質跟數量，五缺中的缺人，就是教育破產造成。

第七，臺灣跟世界各國無法建立重要的自由貿易協定，無法加入任何區塊的自由貿易區，隨著川普對WTO打壓，在全球自由貿易橋梁退場後，更依賴雙邊協定、自由貿易區，臺灣兩者都進不去，是無路可走的；

第八，臺灣跟中國大陸過去六十年對立抗爭，始終站在優勢面，原因是我所得比較高、經濟發展較有前景、人民生活較安定、較重視法治，最近每一項逐漸在反轉。日前對中國大陸的最後一道防線業已崩潰，當習近平開始把北方政策變成陽光政策時，臺灣沒有對抗能力。

第九，面對臺灣社會進入『虛置轉盤』；一般人民已不知真假，因政治人物包括學者、專家，只問藍綠、不問是非，要人民何去何從，這跟朝野惡鬥有密切關聯。已二十年聽不到知識分子的聲音，最近胡佛、楊國樞去世，讓我們緬懷以前時代眾多正直、敢言、沒有立場、講真心話、一心為民發聲的學者，這樣時代已離我們太遠。知識分子失聲也是知識分子失職，今天沒有士，沒有知識分子。

從危機中尋找轉機與再起

但危機裡還是必需，亦可為臺灣找機會。這波ＡＩ革命臺灣至少有兩契機：一，臺灣在ＡＩ相關產業與建設於全球中是佼佼者，動用國家力量積極發展，不見得沒機會。臺灣最擅長在夾縫中找生存空間，在中美兩大國主導的ＡＩ新浪潮，會有很多縫隙。能在縫隙中找到發展機會並充分發揮優勢的國家，才有可能崛起。臺灣跟其他國家相較機會不算小，會是契機。

接續中國世界工廠　藉機加入亞洲一帶一路

中美大戰對抗過程中，轉單效應已出現，很多廠商將來都可能把臺灣當避風港，作為生產基地避免美國關稅。從美要輸往中國的也可能把臺灣當作備案，用臺灣生產代替原來在美的生產，必須善用優勢條件，盡可能爭取中美兩方企業，把握臺灣中繼站的優勢。同時，大量臺商已準備回臺投資，如果不是五缺問題阻攔，更多人會想回臺灣。此刻臺灣應該關切自己才是接手大陸世界工廠的最佳人選，一方面大部分臺商出口都是跟世界工廠有關的中間產品，本身有非常好的條件接手；另一方面，大陸沿海地區的勞動成本已跟臺灣慢慢接近。我們喊鮭魚返鄉多年未見成果，三十年來高喊改善投資環境，但投資環境更加惡劣，如此政府政策態度跟效能，讓企業回臺，不論臺灣基礎條件多優越都回不來。如讓臺商回臺，相信臺灣經濟幾年內可振翅高飛。另，大陸世界工廠關閉，習近平走向一帶一路新戰略，對中國而言能做的只是硬體建設，如要讓當地經濟發展，臺灣是這方面最具有經驗的國家，我們是這些落後的開發中鄰國最早領先者，如果臺灣能藉機加入一帶一路，會為臺灣帶來提升的機會。

老化問題在歐洲先進國家早已解決，可臺灣一籌莫展。先進國家把出生幼兒當作公共財，由全體公民共同撫養，新生兒家庭甚至可得到誘因增加生養小孩的意願。一般人非常自私，不願為國家與自己未來付出代價，因缺乏

▲圖為馬凱老師演講，聽眾專心聽講

中央力量主持公道，如採取正確方法剖析解決，少子化涵蓋極大商機，可帶動經濟成長。

再談自由貿易特區的設立－高雄

對岸不准臺灣有出路，一方面圍困臺灣，一方面打開單一出路——對臺灣讓利，用陽光政策，亦稱口袋戰術。如果臺灣唯一出路在中國大陸，沒多久就會熄光。中美貿易戰後，美國全力圍堵中國在科技的發展，中國可用力量便是從國外取才，臺灣是理想對象。臺灣會面對越來越強的挖角力量無法抵擋，防線一崩潰臺灣就沒有力量跟大陸對抗。臺灣需要有突破口、實驗區，在二〇〇八年便極力鼓吹在臺設立自由貿易特區，這個特區以高雄為首選，並以新加坡為藍本。在有效管理下，其成就甚至可超越新加坡。特區另一優點是，當中國大陸全面圍堵臺灣時，可提出開放窗口，容許特區間對接，這將使特區具吸引力，吸引臺商回流、吸引外國人投資的重要基地。如果真正開始發展，幾乎不會花費公帑，可由民間自力完成，這有可能打破臺灣困局，同時為臺灣經濟成長做強大動力。如果能成功，連帶在臺中港、臺北港各設特區，帶來效益將無可限量。

借鏡德國高教模式　知識分子站起來

教育的部分建議引進德國或瑞士最高等技術學校教學方式，如果有一家能做到，困局就會打破。年初，我曾向蔡總統提出找民間企業合作促成計畫，當場回應政府願出錢全力支持，面對一群企業家跟學者專家作了承諾，可惜目前尚沒有一家成功。我們要考慮讓教育回到正軌，讓高中生覺得選擇臺灣學校不會比大陸差，更要讓臺灣人民對臺灣價值產生非常鞏固堅強的信心。所有問題環節就是知識分子何時可以醒過來，什麼時候有勇氣公開對臺灣社會大眾說：從今開始不諂媚任何政黨，不為自己利益、立場發言，心中所想、口中所言，都是全民利益。如有一群知識分子站出來如此宣示，相信真理公道才會慢慢會讓人民接受。面對這麼多危機，已經處於絕望困境的臺灣如何走出去，這是我近幾年持續思考的問題。事在人為，端看做或不做。

經濟評論者。《經濟日報》總主筆，《理財周刊》財經顧問暨專欄主筆。社會企業公約基金會創辦人。

結語

陳添枝

深入剖析國際經貿動態與趨勢，於數位科技來臨的當下，思索產業轉型的前瞻策略，因應國內經濟、社會的「新常態」；

培才、育才、引才至關重要，在人才培育的不足的方面，據了解，教育部從未作就業統計，在「學以致用」上須從長計議。且在政府跨部會資料使用上常因缺少依據，規劃有困難，應速加強。在資料取得與運用方面，我認為政府在這部分應有責任讓個別公司、產業能夠取得及時資訊，讓資料共享創造較大的數據規模（data size）。之前在政府服務時感覺到，推動轉型最重要的是法規；現有法規設計都是數位時代以前的，多處已不合時宜，確實是非常大的障礙。政府組織設計又依據業務別，而數位時代業務別界線往往是變動的。以資料為例，光把教育部畢業生名冊資料與勞動部勞保退休資料兜合，政府行政部門就會產生很大爭執，後來以較寬解釋才將障礙克服。政府做政策時所需要的資料結合，在現行法律架構下是有疑慮的，數位轉型時代法規是應從速著手的基礎建設。

策劃、整理：黃雅慧

第二篇 數位建設翻轉臺灣[20]

前言

回顧臺灣篳路藍縷的經濟發展軌跡，在高瞻遠矚的前輩技術官僚擘劃下，於八〇年代至九〇年代的產業轉型擠身全球產業鏈，奠定產業及資通訊（ＩＣＴ）產業發展的基礎。惟二〇〇二年後，全球化下資訊與通信技術革命帶動產業版圖快速更新，臺灣引以為傲的晶圓代工業雖仍昂首全球，然未能及時布局數位藍海的思維，策略上需迎頭趕上建構物聯網、人工智慧、大數據、數位內容，強化生活品質，邁向創意發展的時代浪潮。基金會重視政府的團隊表現及對績效整合的全面檢視：如何透過綜觀全局的戰略規劃，鬆綁法規，將資本、技術、人才協調整合到位，善用臺灣傲視國際的代工優勢轉軌數位經濟，並透過政府獎勵措施，打造創新和就業機會，與年輕人一起走向未來。故於二〇一七年九月二日舉辦座談與全球經濟轉型齊步，建構數位建設的應用與推廣，檢視政策推動現況、進度不前、制度障礙、爬梳困境，了解民間資源和需求何在，希望透過討論對話，找出問題癥結、鋪陳全方位的資源可能，探討可落實執行的具體方法，邀請產官學對話。

20本篇由二〇一七年九月二日舉辦之「數位建設翻轉台灣」座談整理而成。

數位風雲中沉思　影響社會經濟的歷程

王雲

當科技一旦引入至不同國度、社會應用面時，談的會是精神概念，而非僅是某項技術。

四年前我自ＩＢＭ退休，因緣際會回到臺灣，希以國外多年實際經驗，為家國盡綿薄之力。在國外從事技術工作，不會牽涉太多策略問題，回國後，我發現光講技術不行，也要涉獵策略。在國外，提任何案子都依「what（做什麼）、why（為何做）、how（如何做）」的邏輯循序漸進。回國後，給我機會本諸純工程師角度，從 what 和 why 看問題，先從架構面和策略面剖析事情，再看 how。但根據我這幾年的觀察，國內很多案子 what 和 why 還沒講清楚，就急著談 how，也算是回國的心路歷程吧！

深思數位技術帶來的改變

近年許多新概念帶動風起雲湧，根據市場分析師說法，進入二十一世紀第二個十年，企業及ＩＴ趨勢帶來由雲端、行動、巨量資料以及社群商務所引領的第三平臺，牽動企業ＩＴ局勢，包含混合雲、快閃模組、物聯網、數據湖（Hadoop）都備受關注。隨著走入第三平臺，ＩＴ基礎架構與環境轉型的速度加快，同時，技術深入應用也逐步觸動產業正向質變。究竟什麼是數位化？數位化、跨型態ＩＴ、混合雲及人力資源短缺會帶來什麼影響？ＩＴ第三平臺跟過往平臺有什麼不一樣？

網路數據中心（ＩＤＣ）提出二十一世紀新興技術，如物聯網的應用，包括網路安全、人工智慧等延伸新的前瞻應用。這一切話說自「digital transformation」（數位轉型）：將原來的作法數位化，即技術轉型；現在的「digitalization」是聚焦執行過程，此即第三階段數位轉型，它已非僅是一個過程，而是整個思維文化的改變。如何用數位技術來改變社會、經濟樣貌？臺灣提倡科技，要深刻了解技術領域的廣度與深度，否則做決定是危險的。這一波數位建設多與 software 跟 service 技術應用直接相關，不僅是技術問題，甚至連動經濟、社會乃至文化層面，是全方位應深思的問題。

消費概念衝擊製造　思考「少樣多量」到「少量多樣」

二〇一〇年後，「consumerization」一詞出現，在ＩＴ或 software 技術發展下，大企業啟用早期演算應用於消費者服務。二十一世紀後，網路突破、爆發，此先端數位化技術不再限於大企業，雲端運算、行動與社群等新科技崛起，影響消費者行為外，也加速企業部署多元電子商務平臺腳步，便於顧客進行更細緻的互動。目前產業界採用消費者端發展的應用技術，並沒有顯著成功例子。比如談智慧製造、物聯網，或是工業四．〇，如何從「少樣多量」的大量製造進入到「少量多樣」的大量客製化，是製造業要面臨的改革。現今大數據挑戰已從技術議題轉向商業和管理議題，企業導入大數據分析時，最缺乏的關鍵是定義、釐清商業策略和價值，及建立企業整體應用大數據的組織文化和思維。

高科技應用還需務實　導入產業經營

麥肯錫（McKinsey）在二〇一一年發布的大數據報告書，全世界奉為圭臬。今年六月又發布報告談全球產業如何採用ＡＩ技術。報告回顧二〇一一年提出的五個應用案例：零售、健康醫療、製造業、公共部門和定位服務，六年後，僅零售與定位服務兩項有明顯成果。顯示這一波高科技應用，要找對的方向做。臺灣的領域知識與工程數據技術，應協力解決創新產業與商業模式，目前人才少之又少，產業這類人才必須加速培育。

Gartner 訪問七百多位黃金會員數據結果顯示，六〇%以上沒有實際成果。Gartner 分析，這一波ＡＩ、Big data 與ＩＯＴ，並非如以往作單一應用，必須從產業界全盤導入，否則立即產生價值的成功度不高。如果經營跟策略不能掌握重點，推動難有明顯結果。

當科技一旦引入至不同國度、社會應用面時，談的會是精神概念，而非僅是某項技術。今日技術轉型，無論雲端運算、大數據、還是ＡＩ，這些概念在社會經濟中發生的影響仍具不確定性。新技術進入社會，在經濟的真面貌還是一個未知數。

現任：工研院巨量資料專家；二〇一三年回臺之前，曾服務於ＩＢＭ軟體研發部門二十餘年並且獲ＩＢＭ院士的榮譽。從早期參與ＩＢＭ ＤＢ２數據庫的研究和產品開發一直到任職於ＩＢＭ中國研究院首席技術官，帶領物聯網雲計算、社交軟體、大數據、業務分析和優化等領域的研發。

藉助硬體優勢「共創」系統整合

劉克振

建議政府不必提供企業資金，而是專注幫助企業形成條件，尤其是激勵人才。首先建議對物聯網重點式培育，現在年輕人對物聯網了解非常少，相關單位大量開培訓班有需求；其次，政府應補助人才而非企業

我是研華科技創辦人，研華科技成立迄今已有三十四年。最近三年，幾乎將所有時間精力，都投入物聯網經營。今天要講的聚焦於個詞：「共創」，也是我多年經營物聯網的心得。

物聯網產業正邁向第三波數位革命，這一波數位革命是全聯網革命，無所不在的聯線，帶動傳統產業轉型，特徵是：雲服務、大數據，和垂直領域的整合。臺灣要如何抓住第三波物聯網的機會？我認為「共創」是最佳方式。

迎向數位第三波　結合平臺產業和傳統產業

為什麼第三波數位革命臺灣機會很大？首先，臺灣在物聯網的平臺產業居於領先地位，已有十五家物聯網平臺公司上市。其次，臺灣部分傳統產業，如醫院、工廠與零售等等有很好的發展。結合領先的平臺產業和傳統產業共創，將是臺灣未來再創產業發展的機會。

進軍第三波數位革命，援用過去鼓勵年輕人創新創意，再引進創投投資的模式不易成功，因為第三波物聯網是，需要大量的領域知識（domain knowledge），如要做醫院創新，沒有待過醫院體系是很困難的，需要有規模的領域產業（domain）與科技平臺提供者加持。其次，B2B的行銷需要規模企業，或政府的支持，才能有效國際化，也較能說服中大型企業買單；第三，人才不易養成，需要從不同背景「初期磨合」形成核心團隊。

為物聯網「共創」生態圈

考量此三個現實因素，我認為將焦點放在「共創」，由大型的企業跟傳統產業、政府，共創有規模、遠見，垂直領域的雲服務公司。做法上，由平臺企業，結合領域的傳統產業，再加上新創團隊，在一個雲的平臺下形成。雲的平臺不必凡事自己做，可引進國外有規模的雲，像微軟或IBM，阿里等。但是在「端」（edge）的部分是臺灣專長不必外求。這種共創模式未來將產生巨大的影響。

物聯網前面我們有的是「端」，但物聯網的解決方案不能讓系統整合（SI）從頭做起，一定要做成半成品：然後讓各個垂直領域，如工廠、零售、醫院，將SI做成最後的解決方案，「端」是工業電腦做的部分，中間是新創軟體公司，最上層是SI系統整合。這三者形成一個產業鏈，即生態圈。目前生態圈中，上面的領域產業公司是「共創」所需，中間軟硬整合部分，如研華與一些企業在研發，這波也需鼓勵，至於硬體部分問題較小，臺灣已有領先優勢。

由上而下發展策略　在在都要人才

發展物聯網，我的幾點建議：

第一，選擇關鍵未來產業，進行自上而下（top down）的戰略共創。大數據、物聯網範圍廣，政府應明白指出具體的發展方向，然後組國家團隊，在領域中結合最厲害的法人、業界、軟硬體業者，還有人才、學校一起推動。以我看，臺灣很適合發展 B2B 智慧工廠、智慧醫院、智慧零售等，並有機會推廣至全球。

第二，提議不用模仿美國矽谷，因矽谷是一個先發型產業模式，所有的產品、科技都屬先發型，臺灣的產業定位是有效率的科技使用者，運用科技於普遍化的產業定位。也不建議以矽谷天使基金的方式進行創投，因為臺灣需要的創投，是產業的共創者，最重要任務是帶進經營模式。

第三，建議政府不必提供企業資金，而是專注幫助企業形成條件，尤其是激勵人才。首先建議對物聯網重點式培育，現在年輕人對物聯網了解非常少，相關單位大量開培訓班有需求；其次，政府應補助人才而非企業，吸引人才投入物聯網產業，例如企業進行專案期間，相關人力除由企業付薪水外，政府再以專案形式加碼補助薪水，以激勵年輕人投入。另外，臺灣念碩博士比例蠻高，畢業後不曉得做什麼，就學期間補助修習物聯網課程，進行產學合作，激勵年輕人。

第四，政府可採用創投資助產業；若投資只是占股權，效果不大，建議可轉為國家投資，未來將股權分發員工，也就是把退出機制化為激勵機制，而非獲利機制。

發展物聯網，臺灣有很大的機會，能夠採取對的政策可再一次跨上世界舞臺，為臺灣創造冠軍產業。

現任：研華科技董事長；創立研華公司。

曾任：美商惠普科技臺灣分公司儀器事業部擔任業務工程師；在此期間，亦透過個人學習與實務經驗的累積；二〇〇三年研華成為全球最大的工業電腦領導者，更於二〇〇四年至今連續榮獲知名品牌鑑價公司 Interbrand 評選為臺灣前二十大國際品牌，近兩年更是品牌價值成長幅度最高的品牌企業之一。

深入第三波ＡＩ革命驅動未來產業發展

游直翰

> 早期階段的公司還在搶市場階段，不太會用ＡＩ優化，現在很多網路公司，如 Amazon 跟 Google，發展到一定程度，接下來如何用ＡＩ讓使用者有更好體驗將是發展關鍵。

公司做的是Ｂ２Ｂ的人工智慧，針對企業需求，深入開發各種人工智慧應用平臺，為現今企業解決各種伴隨龐大資料而來的棘手挑戰，未來將聚焦於擴大應用領域，協助各行各業善用人工智慧布局商業策略。一開始以ＡＩ行銷運用，現在是ＡＩ企業資料運用，這兩塊是我們主要產品。我們被《財富》雜誌評為引領ＡＩ革命的五十家企業，股東有紅衫創投、新加坡淡馬錫，最近有軟銀、line 加入。

估計人工智慧市場二〇一七年到二〇二一年每年約五〇%的成長。到二〇二五年大約有五十兆經濟產值。二〇一六年到二〇二〇年是百家爭鳴，會看到非常多資金與大公司投入。二〇二〇年ＡＩ普遍被應用，領頭羊出現，且會有較多合併發生。

善用開放資源取先機

ＡＩ經過兩次寒冬，最近有第三次機會。這次機會大有幾個關鍵：首先，是有比較大的資料量，mobile 跟 internet 使標準化資料儲存和擷取變得容易；第二，更強的運算能力，讓ＡＩ模型加速很多。以前被機器約束，現在則是被人的創造力約束；第三，社群變得比較開放。以往在國際會議發表論文，發表後再作成品，期間需待八、九個月。現在開放資源，其他人可以立基於你的創造。目前ＡＩ最頂尖會議，若沒有開放資源，想法很難被刊登。

透過ＡＩ學習模式　協助企業決策

未來有幾個趨勢：一是以ＡＩ為使用者介面，譬如自然語言還有一些姿勢辨識，這一塊大有可為，如 Amazon 的 Echo；第二，網路公司把ＡＩ作為核心技術，譬如 Facebook 最大的資產是社群數據，其人工智慧團隊則從這些社群數據（social data）中獲利。當使用者飽和到一定程度，如何利用ＡＩ和智能個性化成為商業競爭最重要內容。智能的運用能更鎖定目標族群，線下店員花工夫做出來的服務，在線上可以更客製化、個人化；第三則是我們公司比較專注的，以ＡＩ做為企業決策的軍師。

ＡＩ在商業上有三塊具有潛力：一個是ＡＩ＋行銷，幫客戶判別哪些是最具效益的客人，那些是快失去的客人，哪些是不會回頭的客人，讓行銷更有效；其二，ＡＩ＋金融，ＡＩ可從網路行為判斷金融業客戶是否可信賴；ＡＩ＋銷售，現在可以幫客戶分析成交公司的類別，進而再分析，該怎麼賣才賣得好。ＡＩ可藉學習模式，探索未知並進行分析、預測、行動，或增強企業的運用標的。

優化使用者體驗是未來關鍵

如果問ＡＩ：有無更好的 idea，或是可以創造什麼等廣泛性問題，ＡＩ是做不好的。但如果把它量化成一個目標函式的話，ＡＩ會做的蠻不錯；第二個是重組資料量，五到十年前，大家都講大數據，很多公司資料不管是否有用先存下來，在大量數據已被儲存之下，未來的領導很重要，以前由人領導，未來可是人類智慧再加上數據驅動，就是人工智慧。一個好的領導者可以區別ＡＩ與人類的分工，這在未來企業是蠻重要的事情。

早期階段的公司還在搶市場階段，不太會用ＡＩ優化，現在很多網路公司，如 Amazon 跟 Google，發展到一定程度，接下來如何用ＡＩ讓使用者有更好體驗將是發展關鍵。

現任：沛星互動科技創辦人暨執行長。

曾任：哈佛醫學院 Wyss 研究院擔任研究員，發表過數十篇與人工智慧、機器人和機器學習領域相關的研究文章，並曾獲得兩項美國專利。

營造投資環境改善兩岸關係是本

王伯元

政府應該在產業政策扮演重要角色，但不要去干預產業，只要營造一個好的投資環境，讓產業自己發揮。

今天討論重點在兩部分，第一部分談VC，第二部分則談我對臺灣產業發展的看法。

先談創投，一九八四年施振榮先生成立第一個創投——臺灣創投基金，二〇〇〇年左右到了高峰。發展創投，必須要有：錢、人才、技術、市場。當時臺灣股票市場跟經濟成長都有不錯表現。二〇〇〇年後，創投就碰到一系列瓶頸，資金減少、技術衰退、人才不足、市場太小等問題。

吸引國際創投需豺狼雄心　政府基金應引入國外策略聯盟

分析起來，創投能否蓬勃發展，有幾項重要因素：首先，要自由化，政府不應有太多限制，當然這些限制已慢慢取消；第二，要國際化，不能一直看臺灣市場；第三，要在地化，創投業是一種服務業，一定要對當地環境十分了解。二〇〇〇年網路剛剛起來時，我投資十六個網路公司，因臺灣市場太小全部陣亡。因此市場大小非常重要。現在政府鼓勵年輕人創新、創意、創業，創投可以扮演一個推手的角色。而創業要成功，要有豺狼本性與侵略性的雄心，不能有小確幸的看法，同時要國際化。

再談主權基金，我贊成臺灣應有主權基金，建議這些基金應該是以投資國外大公司為主。在國外找一些好案例，跟國外大公司策略聯盟，引進這些國外的人來臺，才可以讓全世界看到臺灣。美國矽谷很多知名公司，像 Facebook、Google、蘋果等，都沒見臺灣的投資，錯失這些在矽谷的新興公司，我認為在於沒有擠入他們的投資圈。建議政府，應投資知名的 VC 及私募基金，讓有經驗的人幫忙賺錢，讓臺灣變成金融中心。

人才、水電、稅務、法令 影響投資長期意願

第二部分，臺灣產業發展的問題，現在臺灣整體產業發展，面臨了人才、水電、稅務、法令、司法，還有產業規模太小、產業轉型太慢、投資意願不夠等問題。尤其人才方面，發展產業需要五才：「育才、用才、引才、留才、聚才」，如今都缺乏規劃。水電供應、稅制不友善、法律僵化，司法不透明、在在影響投資意願，明顯的例子是，在外人直接投資（ＦＤＩ）上，臺灣在亞洲敬陪末座，雖然很多熱錢，但都是股票炒作，對臺灣長期發展沒有幫助。

政府雖常提出產業發展口號，卻沒有實際效果。我不贊同政府要有產業政策，政府只要營造一個具優良稅制、公平法令、完善交通、充足水電，充分人才，司法行政等良好的投資環境，這些投資自然而然會回籠，外資也會進來，當年的經建會即是小內閣主掌經建發展，今天的國發會就不如當年嗎？

沒有兩岸和平　經濟淪為空轉

最後，要特別提出兩岸關係的重要性。當年在IBM負責全球各地的投資業務，所到之處都有一個檢核表，包括稅務是否完善、人才、水電是否充足、交通是否發達、司法透明度、行政效率等，最後一個項目是區域風險，這項目如果打叉，前面項目再優良都無效。遠見集團創辦人高希均曾說：「沒有兩岸和平，開放淪為空談，沒有開放，經濟淪為空轉」。中共十九大後，習近平完全掌權，對臺灣會有什麼政策改變，國安單位應該非常重視。

前瞻產業趨勢，我認為ET跟AI是臺灣的未來，E是電子商務（Ecommerce），互聯網+等；T是電信（telecom）、VR是4G、5G產品。至少金融科技，臺灣已比大陸落後一到兩代。二〇〇五年春天，大陸的三馬（馬雲、馬化騰、馬明哲）成立眾安保險，馬明哲還預測，二十年之內，很多中小型的金融機構會消失；十年到三十年之間，六〇%的信用卡、現金都會消失，所以網路金融非常重要。最後結論是，政府應該在產業政策扮演重要角色，但不要去干預產業，只要營造一個好的投資環境，讓產業自己發揮。

現任：怡和創業投資集團董事長，中磊電子股份有限公司董事長、軟銀中印集團有限公司資深顧問兼首席代表、臺灣多家公司之董監事（東元電機、信昌電陶、信昌化工、聯發科、神通計算機、麗嬰房……等）、臺灣多家專業協會之理監事／顧問（臺灣玉山協會、臺灣亞太產業分析專業協進會、時代基金會等）。

正視無形資產　國際競爭數據布局

周延鵬

面對數據時代，著力無形資產，改變思維模式和營運模式才能在這一輪產業拚比中勝出。

數據服務現在「機會無窮」，但是如何改變思維和行為是一大關鍵。我大學畢業因緣際會到鴻海工作，臺灣今天大部分產品技術，從ＩＴＣ到光電，我都很榮幸曾有參與。一路走來，我一直在做一件事情，就是怎樣用數據來提供服務，認為掌握數據服務可以創造新模式、新價值，現在是機會。

運用國際數據　與M&A取得創新布局

如何使用數據掌握發展趨勢和機會？臺灣大部分的科技數據、論文數據，沒有參考價值，我主要是查閱美國、歐洲與日本的論文研究、專利申請數據，再去歸納跨國企業的研發項目。跨國企業的數據重點在檢視沒做到的部分，才是機會所在，大部分公司發展到某個時間點，是靠合併與收購（Ｍ＆Ａ）來創新技術的，而非自我創新。另外，也會參考美國創投投資標的企業、跨國企業為獲取技術所做的併購數據。最後，注重這些創新技術的脈絡，掌握發展趨勢。最困難的是，數據萃取出來之後如何評量，如投資併購、研發創新、專利，一直缺乏好的評量方法，我三十幾年一直在做這最困難的部分。

人才缺思考和訓練模式　投資缺數據分析

根據專研數據的經驗，迎接數據時代，臺灣有幾個癥結問題迫切需要解決；首先是人才，臺灣學校教育，大多落後於實際國際的技術跟經營方式，需要調整。職場教育偏重線性思考，和當今數位化、數據化所需要的非線性思考模式和行為相抵觸。

其次，職場訓練不只要效率和紀律，更重要是訓練出更有思考力的人才。目前很多EMS公司工程師入社會三年大概可照圖作，沒法創造，幾乎各大公司皆如此，顯示整個職場的訓練方式應改變。新技術、新產品現進入多技術融合跟產品融合，產生很多機會，但臺灣無法培養國際的行銷和銷售人才，缺乏多領域人才。

再新技術、新產品的投資需要數據，而臺灣投資經驗，大部份投資仰賴有限的聽跟看，似應蒐集各式數據再做投資決定。

改變線性商業模式　大國專利檢驗瓶頸

第三，創新研發流程紀律需要形塑，我常和研發創新領域的人接觸，一直相信研發跟創新是有方法、工具的，你可以盡情探索，但是可以用更好的方法與工具減少失敗並加速完成。

第四，經商模式與運營需創新，技術融合跟產品融合、經商方式需要做很大幅度的改變。從事服務業，提供數據，其中的核心服務便是幫客戶設計商業模式，商業模式要經過大量數據分析形成。這一輪的技術融合中，過往線性組織的經商模式很難支撐。

第五，專利必須從大國專利布局開始，而不是從本國先申請。進入鴻海時，所面對的專利風險是美國，當時我跟郭董提出，能否雇用十個美國專利律師來臺灣？那是一九八九年，這是一筆很龐大的支出，結果郭董答應，這也是為什麼鴻海走出專利不一樣的路，用大國制度改變與檢驗我們的瓶頸。

政府除五缺六失外　尤重無形資產與科專評量

在政府層面：政府的角色，是讓市場跟技術更自足，它很難制定產業政策，只要把投資環境造好就了不起，例如工總提出的五缺六失應盡速改善，有好的環境後，聰明的人民會自尋出路。

學研機構部分：臺灣學研、科研經費每年大約一千多億，曾到技術處當專案審查委員，開會時幾乎委員都沒先讀資料，便短短幾分鐘做決定，這套機制應改變，讓政府經費有效使用。政府科技計畫應透明，考量專案背後網絡關係能否被建立，直到可用財務績效評量政府每年一千多億的投資。這絕對比年改簡單，只需用互聯網、數據就可改變政府作業。政府可將各學校、法人跟研發，建立流程紀律跟數據，並引進國外數據，大部分標的即可被評量出優劣與前景。

在產業面：過去臺灣經濟發展靠硬體，大部分產業沒法體驗無形資產威力及獲利。以往的思考都在有形，如何將無形腦力產出物變成資產是我們不熟悉的。面對數據時代，著力無形資產，改變思維模式和營運模式才能在這一輪產業拚比中勝出。

倡導東方矽文明　翻轉思維

施振榮

東方矽文明裡要動員的不僅是科技人，因為產業轉型，需要各行各業的上層人士應用與主導，在此情況之下，未來人才應是可以創造新文明的人。

十年前就談製造業在臺灣要轉型，首先要有全球研發製造服務中心，製造雖然在大陸，但由我們主導；其次是，服務業要轉型，以華人優質生活創新應用，為服務業專注的領域。服務業產生的GDP是製造業的兩倍產值，要走這一條路。

創新與提升華人優質生活應用

我倡導 Si-inovation（創新矽島）跟 Si-vilization（矽文明）二詞，以及東方矽文明，即矽文明跟優質生活結合。所有的文明演進都跟科技有關，科技是核心，過去多年，所有的裝置，不管是物聯網、感知終端、筆電等基礎建設都以「矽」為主，臺灣這部分做得很好，為迎接（IOT），提出智聯網（IOB）。過去臺灣在矽裡，創造好的物質文明表現，但精神文明則相對不足。文明之所以形成，是因城市形成、社會發展後，每日的生活與勞動產生文化慣習，要有相應的新內容豐富與機制因應。我以創新矽島加上中華文化，為東方矽文明之基本思維。

至於對政府提出的亞洲矽谷的解釋是；亞洲是未來最大的市場，「矽谷」代表創新，是很多新興產業的領航者。市場是創新龍頭，臺灣距離市場太遙遠，創新無法有效地創造市場。所以我提華人優質生活創新應用，華人的需求不一定會跟西方人一樣，尤其文化、語言有關的精神文明，大中華擁有世界最多人口，再加上東南亞也受到華人影響，這可能成為創新文明潮流，讓全世界跟著我們走。

蓄積研發能量　面對華人大市場

我在一九九二年提出微笑曲線後，變成全世界認同的觀念。

大部分企業在智財與研發投入很多後，才開始思考品牌與行銷，由品牌引導競爭是很少的。宏碁率先打造品牌來引導價值，把最終產品及自有品牌國際行銷，帶動科技產業陸續形成完整產業鏈。我五年前便思考，要從品牌引導價值，臺灣不會自己定義未來客戶的需求，成立「龍吟研論」，專門研究華人幸福生活的趨勢，研發能量為自己服務，市場面向未來，而非現成西方市場，臺灣要把研發的力量為未來華人大市場做準備。

就臺灣發展策略而言，政府應以政策將國內有限市場需求，打造成為廠商的練兵場，塑造虛擬國家隊進軍國際市場。智慧城市會是一個整合平臺的契機，在國際上競爭，需要民眾支持才有力量。我提出「千倍機會，百倍挑戰」，借重現有的硬體條件，以矽谷作為創新核心，執行上以市民為中心，我們占絕對領先的優勢。

以王道理念主導生產價值　整合國內外資源

臺灣具有矽島和資通訊（ＩＣＴ）的優勢，應思考共創王道產業生態價值，以輸出為目標，把臺灣作為練兵場，由品牌引導產品服務升級，並創造需求，由上而下，以大改小。大企業承諾資源，把中小企業與海外資源進行整合，一起合作很重要。跟國際夥伴合作的重點是，一定要由臺商主導機會，由我們當整合者。但要如何掌握主導性？是要外包，還是國內長期深耕是重要考量點。宏碁將臺灣作為全球的總部、控制中心，ＰＣ的研發中心，臺灣應發展成為跨國企業研發或後援整個亞洲總部。

東方矽文明裡要動員的不僅是科技人，因為產業轉型，需要各行各業的上層人士應用與主導，在此情況之下，未來人才應是可以創造新文明的人。資源要重置，思維要翻轉，不能只重視顯性有形的，我們要挑戰此一盲點，凝聚共識投入有前瞻無形的創新應用，政府要配合帶頭投入資源，並由民間主導。

▲講者合照，左起為游直翰執行長、劉克振董事長、施振榮董事長、陳添枝教授、余範英董事長、王伯元董事長、曾銘宗委員、周延鵬律師與王雲院士。

臺灣數位環境　借鏡愛沙尼亞

曾銘宗

其實法規能否鬆綁，和官員心態息息相關。……公務員之所以保守，主要是怕出事，一定要塑造開放創新的大環境，才能讓官員勇於任事。

我一直在財務金融領域服務，關注的也是金融科技（金融科技），根據我的觀察，行動、社群、物聯網、雲端、數據與網路這六大因素交互影響，驅動了金融科技，也驅動了產業數位化。

數位發展與愛沙尼亞的故事

現在很多國家都在推動數位經濟，其中愛沙尼亞較早推行，而且已有不錯成果，所以我以愛沙尼亞這個國家為例來討論。愛沙尼亞國土面積比我們大一點，人口只有一三〇萬人，資源非常缺乏。從一九九六年到二〇一六年，愛沙尼亞的平均經濟成長率是四．一％，臺灣是三．九％；平均薪資在一九九六年時愛沙尼亞是九，三九四美元，臺灣當時已達一二，五八三美元，但是到了二〇一六年，愛沙尼亞已有二三，六二一美元，臺灣還在一六，七二八美元；薪資成長幅度愛沙尼亞高達一五一％，而臺灣約三三％。最大差異是愛沙尼亞是數位科技為主，毛利比較高，而臺灣是科技製造業，毛利比較低。

領導人與深化數位根基很重要

一個國家的發展，領導人非常重要，一九九二年時，愛沙尼亞首相馬爾特．拉爾（Mart Laar）帶領平均年齡三十五歲的內閣進行創意創新，建立網路基礎環境，於二〇〇〇年宣布上網是人民基本權利；二〇〇七年開放線上國會公民投票，同時也是全球第一個e化政府，上網報稅僅五分鐘，公司登記僅十八分鐘，它們也啟動了電子居民證計畫，是第一個為居民提供跨國數位認證的國家；二〇一二年，為深化數位化環境，讓學生更早學程式語言，推行學生從小學一年級開始學程式，深化數位化的根基。後來很多國家陸續跟進，臺灣則要到明年才將其列為國中必修課。

公務員心態不利開放　鬆綁法規　建立數據標準

愛沙尼亞的案例值得借鏡，顯示政府塑造數位化的環境最重要。我認為，臺灣推動數位經濟，應從以下幾點努力：首先是法規要鬆綁，現在金融法令規範很嚴，如開戶要雙證件，一定要臨櫃辦理等等，讓事情無法推展。之前提到要試辦金融創新條例，但近一、兩年，最近才送到立法院。其實法規能否鬆綁，和官員心態息息相關。電子支付第三方條例現在雖有五家在實行，但是業績做不出來，我在金管會主委任內便跟多次要求負責的同仁積極推動，但他們卻向業者反映，主委隨時會換，但公務人員不會換，這種心態當然不利於開放。公務員之所以保守，主要是怕出事，一定要塑造開放創新的大環境，才能讓官員勇於任事。

其次是建立數據的共用標準等。邁入大數據時代，如果沒有共用的標準，將無法推動，所以共用標準要建立起來。有了標準，還要建置共用平臺蒐集大量資料，才能進一步的運用。以我熟悉的金融為例，金融資料裡面有保險、證券、銀行等領域，但沒有平臺做整合。數位時代重要的身分認證問題，到現在一直沒解決，如何推動金融科技？因此相關配套要盡快完成。

精確解讀數據　運用資訊時代利器

第三，深化教育，盡快把整個環境建構起來。農業時代和工業時代，生產要素是土地、勞力、資本，資訊時代，數據最重要。哪個產業有辦法掌握、並解讀數據，便掌握資訊時代的利器，比方金融業，能夠解讀數據，就能在銀行進行差異化的精準行銷，風險控管也能更精確。

第四，是資通安全。發展大數據，法務與規範也必須建立起來。最近行政院資通安全管理法已送到立法院，我們希望趕快通過才有依據。

最後，在金融層面。直接金融部分，從原始的群募、天使基金、創投、私募基金、還有上櫃等，這些臺灣現在都有，但使用上不順暢，要設法運作更順暢；間接金融的部分，目前有創業貸款、金融挺創意貸款、中小企業專案貸款、併購專案融資等等，這部分要讓它運作更好，並為整個數位經濟發展做出更大貢獻。

現任：立法委員。
曾任：財政部次長、金管會主委；金管會主委任內任內推動金融進口替代、OBU業務負面表列、開放當沖交易制度、放寬交易漲跌幅為一〇%及創立創櫃板制度等。

數位環境政府要奠基法規、人才、市場重要

陳添枝

在現行體制下，**政府跨部會研擬、協調愈來愈需要，但也愈來愈困難，國發會必須有能力主動溝通並整合意見**，如今推動事情仰賴行政院長，院長負擔很重，因此，團隊意識很重要。

半導體與代工之後的典範與模式

臺灣九〇年後的產業發展主要是以臺積電為首的半導體產業及代工模式，到二〇〇〇年後並無變化，這個模式沒了力氣，資訊代工與PC市場萎縮，產業結構無法轉型，造成經濟成長低迷。如何脫困，必須尋找新

路，代工龍頭臺積電已非純粹的代工廠，它是客戶的創新夥伴，我認為數位時代會帶動典範移轉，將是一個新時代，有新的結構發生，能帶動新一波成長動能，政府必須盡快把基礎工作做好，乘風再起。

我在國發會主委任內積極建構數位建設環境，僅從法規、人才、市場、政府數位化等角度，剖析數位化面臨的問題和政府推動的進度：

盤點僵化法規　育才留才攬才

法規和國發會最相關。發展數位經濟，法規有太多障礙。數據不能在政府內跨部會移動，例如把內政部警政資料，和金管會的資料整合看能否幫助洗錢防制，依現行法規是不行的，遑論去識別化後如何讓企業運用。再如，臺北市長柯文哲深夜在公車專用道試自駕車，嚴格來說是違法的，法律規定汽車不能在無司機狀況下上路行駛。再再顯示法規跟不上發展。現正盤點這些規定，包括：金融實驗創新需求，無人車的法規，將來個人資料運用、物聯網醫療的運用等問題。

人才面，我們培養的少數優秀軟體人才，大部分被Google和Amazon挖走，留在國內的不多，加上少子化，即便現在開始培養，並快速更新教育學程，很快趕上仍困難。一般性教育教導知識缺乏技能，在資訊科技時代，產業模式、生活方式的應用與服務型式必須與經濟轉型接軌，法人和產業界合作人才訓練部分，國發會正大力準備推動，但最終還是要延攬外國人才，以利支持產業發展需求。

由本地市場與領域出發　以新技術拓展自主性市場

市場面，臺灣網路這二、三十年發展為什麼不成功？因為沒有市場，沒有主場優勢。硬體製造時期，臺灣以代工為主，全世界都是市場，只管工廠，不管市場。數位時代是軟體和硬體的結合，這個領域需累積本地數據或網路數據，在既有的製造業、傳統產業或農業上，本諸原有市場或領域（domain）優勢，在國內發展出新的技術進一步拓展市場找新出口，一定要有自主性的市場。這是政府應該做的事，雖然不難，但觀念上要作改變。政府應發展場域，並確保廠商可以利用場域發展技術和服務。以往國內要提供服務，公務員害怕承擔失敗的責任，不是委託國際大廠製造，就是委託某個法人，如此無法開發技術。因此把本地場域和本地數據保證給自己廠商優先使用很重要，法條與法律的鬆綁需考量，至少行政處理上要優先重視。

政府領頭數位轉化　資料可創造價值與績效

推動數位經濟，如果能從政府內部做起，能起到帶動效果。臺灣多年累積很多好資料還持續中，可惜政府資料都未開發。在國發會任內我積極讓政府資料能被使用，創造正面價值。也在行政院開會時，提出政府數位化的可行

▲圖為座談討論現況。

提案，建議主計處，在公務員薪水、差旅報銷的過程能數位化；人民的服務，可由臨櫃改為數位化；工商登記、公司財務報表、公司檢送主管機關所有報告等都應數位化，同時平臺也可做為洗錢防制的用途。一旦整合，一份資料可讓所有機構共享，不必重複登錄。實施數位化之後，政府用人減少，勞動力可進行再分配，如櫃臺人員可以去進行老人服務或弱勢服務，將來整個政府服務會有很大的調整。重要的是，這些工作一定要政務官帶頭推動，才易成功，公務員不會自己去做，民代、企業、民眾應從旁監督，加速推動腳步。

國發會今非昔比　部會協調溝通重要

最後，我談一下國發會角色，現在已不可能期待國發會回到俞國華時代，俞國華曾是最有權力執行政策的經建會主委，之後就沒有主委擁有如此實權。但在現行體制下，政府跨部會研擬、協調愈來愈需要，但也愈來愈困難，國發會必須有能力主動溝通並整合意見，如今推動事情仰賴行政院長，院長負擔很重，因此，團隊意識很重要。

策劃、整理：王克敬、黃雅慧

第三篇
金融科技衝擊產業政策[21]

前言

數位時代下，金融科技（Fintech）的發展運用使金融服務更有效率，如行動支付、貸款申請等展現新資料技術的運用方式，它正席捲全球並改變商業模式與消費者生活樣貌，相關企業也隨之轉型。如何在金融科技的趨勢下，找到因應之道是余紀忠文教基金會是首要關心的議題。承金融研訓院協同策劃，從金融業因應策略等角度，尋找臺灣的契機，並為金融監理提出建言。本文是基金會整理金融研訓院的研討會內容和採訪金融科技專家彙總而成，全篇共分成金融監理趨勢、金融科技幾個層面的運用、政府角色與消費者觀點等幾個層面進行剖析。

《金融監理趨勢》
建構創新生態鏈　加快金融科技監理

鄭貞茂[22]

六大議題凸顯金融科技監理需加快腳步，即時參與處理：金融穩定、網路安全、風險集中、隱私與透明的平衡、重新檢視契約權利義務規則、跨國監理合作。

金融科技帶來的普惠金融意義，在於提升金融機構的經營效率，讓消費者享受便利的服務，金融業和科技業需要合作發展出「跨域共創」，然而要避免科技業在茁壯後步上傳統金融業的「大到不能倒」（too big to fail），又能兼顧靈活性、及時性和協調可能，監理機構的角色扮演就非常重要。

21 本篇根據金融研訓院與基金會合作於二〇一七年十一月二十八日至二十九日舉辦「金融科技前瞻高峰會」整理與採訪而成。部分內容節錄自《臺灣銀行家》二〇一八年一月號。

22 時任金管會副主委。

傳統金融思維面臨金融創新挑戰

金融科技的發展帶來許多監理的新議題，例如傳統金融業的經營思維是「know your customer」，在金融科技環境下必須轉變為「know your data」；傳統金融業者重視「financial stability」，金融科技則希望建立「financial networks」；傳統金融主要在於防弊，需投入很多法遵成本，科技業則在倡議新點子，要給客戶更多便利。監理機構必須理解其中的差異，掌握科技用於金融服務的內容，才能在金融科技業創新的同時、又能防範交易過程可能發生的道德風險。

六大議題　有待金融監理參與處理

據此，隨著金融科技發展，金融監理尚有六大待解決的議題，分別是：金融穩定——新興科技增加金融交易速度與數量，大量依賴自動化交易，可能導致金融市場資產價格產生較大的波動性和不穩定性。網路安全——網路服務廣泛採用演算法和技術的解決方案，檢測難度高，可能會增加網路攻擊的弱點。風險集中——當市場結構調整及網路互聯更加緊密，可能會產生風險過度集中。隱私與透明的平衡——區塊鏈的分散式帳冊技術將資訊儲存在網路上，開放的網路節點均可取得透明的交易資料，如何保護消費者個資。重新檢視契約權利義務規則——分散式帳冊技術記錄「數位代幣」（digital tokens）的所有權轉讓，可具有像比特幣的內生價值，或是連結外部的實體資產或數位資產，但其法律地位及轉讓的法律效力尚不明確。跨國監理合作——隨著網路跨國界的無縫運作，國際合作對於確保有效的監理至關重要，但目前各國的監理方法尚未統合。

這六大議題，凸顯金融科技監理需加快腳步，即時參與處理。

金融科技政策　三管齊下

為了深化金融科技能量，加速領域創新金融發展，目前金管會金融科技政策重點包括：金融科技發展與創新實驗條例，金融科技發展基金，以及金融科技創新園區。

其中金融科技創新實驗條例草案，目的在提供金融科技業者一個創新實驗場域，預先檢測這些創新應用可能衍生的問題，再以立法規範，期待創新和法令能共同發展，最終期望打造一個具競爭力的法規和金融環境。

金融科技發展基金，目的在發展金融科技創新生態供應鏈，培育高質量金融科技創新人才，以及打造亞太物聯網金融創新實證中心。至於金融科技創新園區，目的在引進國外資源，養成金融科技專業人才培育新創團隊，打造生態圈。

金融科技已是趨勢，但是為了平衡金融創新及保護消費者權益，金管會對金融業和非金融業的監理標準是一致的。

現任：國家發展委員會副主任委員。
曾任：金融監督管理委員會副主任委員、臺灣金融研訓院院長、行政院經建會顧問；專長為國際經濟、國際金融市場及總體經濟分析。

防止金融危機　各國監理應有共識

Lawrence G. Baxter（美國杜克大學法學院教授）

綜觀各國對於金融科技的政策考量，不外乎五大議題：可靠性（Reliability）、個資保護、責任義務界定、支持或反對創新，以及風險管控與監理作法。然而，這些議題可能在超大型科技公司如 Google、Facebook 投入龐大資金，發展自訂的金融科技新遊戲規則後，讓傳統金融體系面臨更艱難的監管環境。為了防止金融危機的再度發生，各國對於金融科技的監管應該要有共識！

超大科技公司投入　監管將更困難

金融科技在全球發燒，吸引龐大資金投入，徹底改變金融市場的支付結構、科技整合在銀行體系的應用、自動化、以及客戶體驗等等，也同時挑戰監管單位的政策規劃。

為了鼓勵創新，英國官方最早推動沙盒，現在法國、加拿大、墨西哥、新加坡、香港、日本、澳洲，以及臺灣，政府都在積極推動。其他如德國、荷蘭、盧森堡、義大利、瑞士等，雖然沒有直接劃出監理沙盒，實際上這些國家的金融監管機構持續地祭出新作法，以推動金融進步。

此外，跨國組織也發展出跨境金融科技合作模式，如歐洲聯盟及其成員國，英國金融服務管理局（FCA）和中國、日本、加拿大、澳洲簽訂資訊分享和兩國市場相互准入的備忘錄，香港和中東地區阿布達比亦有簽訂相似合約，歐洲央行和日本央行進行報告合寫，以彰顯雙方對於金融科技的共同態度。

擔心金融失控　美國不敢邁大步

正當許多國家採取監理沙盒創新實驗，以試行金融科技的到來，美國在這部分卻不是領導者，雖然美國擁有活力十足的金融科技經濟（FinTech Economy），且大量投資在金融科技，在金融科技和監理科技的架構發展上仍是後進的追隨者，因為政府很重視涉及的六項重大事務：資訊安全，洗錢防制，反恐資金管控、金融穩定和金融安全，競爭立場，公共福利和消費者保護。除此之外，銀行業戒慎恐懼的 Glass-Steagall & Bank Holding Company Act 兩大法案，也讓美國業者不敢大步越矩。

美國銀行業是特許制，需要符合資本門檻、嚴格審核經營團隊及業務內容等條件，才能從政府監管單位獲得營業許可。金融科技新創事業能在沙盒的空間裡進行創新，監管單位還會派人和這些團隊對話，要為初始概念（POC）一起找出足以落實的方法，以加速金融科技的實行。

美國聯邦級監管機構，和市場的管理單位，各領域多少都有提出與金融創新有關的規劃或新作法。例如聯邦儲備局甫在二〇一七年十一月底召開金融穩定與金融科技會議，以溝通系統內部分儲備局已經先跑、先擁抱金融科技，部分儲備局卻公開反對的觀點差異。而消費者金融保護局（CFPB）則採取專案作法，先是開放資料的使用，並提出取代傳統運作的 Upstart Network 網絡協作，以加速金融科技的應用。美國各州政府對於金融科技發展趨勢，規範也不盡相同。

各國金融科技政策　考量五大議題

綜觀各國對於金融科技的政策考量，不外乎五大議題：可靠性（Reliability）、個資保護、責任義務界定、支持或反對創新，以及風險管控與監理作法。然而，這些議題可能在超大型科技公司如 Google、Facebook 投入龐大資金，發展自訂的金融科技新遊戲規則後，讓傳統金融體系面臨更艱難的監管環境。為了防止金融危機的再度發生，各國對於金融科技的監管應該要有共識！

現任：美國杜克大學法學院教授。為全球知名金融科技監理比較分析研究專家，為聯邦政府政策提供改革上的建議。

《軟實力與人工智慧》
金融科技衝擊營運模式　軟實力是決戰點

王儷玲

發展金融科技，要掌握技術、金融與法規等三大面向，而背後所仰賴的就是掌握這些知識的人才，在這場同屬於知識競爭的挑戰中，要如何培養相關人才、塑造關鍵軟實力將是決勝的重點。

改變金融服務的三大資訊技術，分別為區塊鏈（Block Chain）、巨量資料（Big Data）以及人工智慧（ＡＩ），這些技術對金融生態帶來很大衝擊，除以新創式服務取代傳統作業模式外，也有許多金融業者用來加強服務能量，例如國外的保險業者結合ＡＩ分析，降低不當理賠的風險；銀行業者利用巨量資料與區塊鏈技術，打造高效率授信環境。

金融科技崛起，不但改變人們對消費金流的使用方式，也直接衝擊既有金融體系的營運與獲利模式，臺灣的金融體系應洞悉此一趨勢，盡快投入研發運用或尋求技術合作，以掌握進步的新契機。

強化數位科技　建立創新突破良性循環

業者跨出的第一步，可從強化自身數位科技做起，例如投入區塊鏈、巨量資料研究等，然後運用基礎科技與金融服務結合，藉此提升既有服務的品質與效率，也能結合創新創造新的商機。已經有成熟金融體系的業者，則可以先思考運用金融科技來強化服務能量，例如透過巨量資料分析打造更精準的理財投顧服務，先從改善既有服務做切入點，將金融科技融入營運體系中，再從中發展各項創新服務，建立起帶動產業不斷創新突破的良性循環。

發展金融科技，要掌握技術、金融與法規等三大面向，而背後所仰賴的就是掌握這些知識的人才，在這場同屬於知識競爭的挑戰中，要如何培養相關人才、塑造關鍵軟實力將是決勝的重點。

培訓優質人力　帶動產業轉型升級

臺灣的人力資源充沛且優質，但缺乏歷練，如果產業能增加投資金融科技，讓人才有磨練成長、充分發揮的舞臺，不僅金融產業能因此擁有更強大的技術競爭力，還能創造更多就業機會，是金融產業、臺灣社會升級轉型的新契機。

由於金融科技將成為左右市場戰局的重要一環，各大金融機構莫不積極網羅相關人才，鞏固核心競爭力。也有部分業者認為，向外尋求技術支援就可以了，然而在資料經濟的時代，委外將面臨機敏資料等問題，且金融業者與科技業者雙方合作時，金融產業也需要具備深度了解科技的跨領域人才，才能充分溝通擴大合作效益，避免高風險的合作夥伴讓自身陷入法規或無法完成技術移轉的泥淖中。

建立整合平臺　加強跨產業合作

推展金融科技，也應該思考如何整合平臺，沒有資料就無法做人工智慧與大數據的串聯，也無法推動一站式服務。政府可協助商業策略聯盟與生態系平臺的串接。

隨著數位科技的發展，金融產業也面對新創服務的挑戰，這類需要多面向橫向整合的轉型發展，靠單一企業較難推動，最好能與其它產業合作產生綜效，傳統金融業者可結合如例如微軟這類在資訊服務具有深度技術基礎，同時具備金融領域相關經驗的大型科技業者，協助金融產業充分應用新技術，以加速轉型腳步、引領臺灣邁向數位金融的新境界。

現任：國立政治大學副校長、國立政治大學金融科技研究中心主任。
曾任：金融監督管理委員會主任委員、財團法人保險安定基金董事長；研究專長為風險管理、長壽風險、年金保險、金融科技。

AI在金融、產業的智慧運用

運用AI反洗錢　反詐欺

趙亮（ＩＢＭ大中華區全球企業諮詢服務事業群副總裁暨資深合夥人）

ＡＩ對金融業的幫助不僅是業務面，在風險控管、反洗錢、反詐欺層面都能派上用場。ＡＩ已成熟到足以協助企業金融部門管理不良貸款，辨別高風險的企金客戶，或者在需要合規審查的交易中，自動檢索出對應的法規要求，結合ＡＩ從海量的歷史案例中學到的業務規則，協助審查人員搜尋出每一筆交易中不合規或有問題之處。

利用ＡＩ也可以反詐欺，它可以從各方資料平臺（如客戶交易資訊、線上申請記錄等），綜合彙整客戶資訊，經由認知計算模型的分析，協助金融業快速、準確地識別出異常行為，一旦發現，便可提醒銀行，採取因應措施。

甚至，倘若發現有洗錢嫌疑，在複雜的金流過程中，ＡＩ可以分析所有金流節點，不斷交叉比對，找出所有金流都集中通過、最是可疑的節點，這樣一來，即便洗錢手法再高明，也難以遁逃。

大數據結合AI　金融科技新利器

管其毅（LinkedIn大數據部門總監）

標榜歸納統計、邏輯推演、深度學習能力的ＡＩ強勢崛起，與大數據分析運用，極有關係。LinkedIn掌握了五億用戶的「職業圖譜」，知道客戶學經歷、換過什麼工作、職業願景等，且即時更新。

同時，LinkedIn 也可以透過公司招募人才情況，分析這九百萬家公司是成長型或衰退型公司、是否能掌握大數據或 AI 等科技潮流等資訊。

同時，透過搓合會員求職資訊、適合的就業機會，看到個別公司成長態樣，進而拼湊出全球產業發展藍圖與趨勢。對金融業而言，其實也是一樣的道理。

進入「大數據」的時代後，坐擁海量數據的業者，自然有其優勢，金融業者累積的客戶基礎，普遍都很龐大，若能深入挖掘出客戶在不同場景的行為差異，當然有無限的機會。

往後數據科學的發展方向，就是從大數據邁向 AI，以後的戰場，取決於誰將數據玩得最精、最好。這裡說的數據，不是指財務報表上的營收、獲利、成本，而是「客戶經驗」，重點在於 KYC（了解客戶）、KYD（了解數據）、CRM data（客戶管理資訊），知道客戶們的面貌到底是什麼樣。

你知道你最能賺到錢的客戶是什麼樣子嗎？他今天早餐會選擇吃什麼？平常最喜歡從事什麼活動或消費行為？這當中有非常多的大數據可以探討。現在愈來愈多銀行開發 APP，就連用戶的使用行為也值得列入追蹤範圍。妥善管理、分析、運用這些數據，將能夠更了解如何留住客戶、拓展新客戶、找出最有貢獻的潛在客戶。

要發展 AI 產業，首要元素包括重裝備（相關硬體設備）與技術能力。以技術能力而言，過去臺灣走了三十年才有現在高科技產業的成就，美國大概是發展了十年，以中國來說，若有企圖心要趕上，可能只要花五年就可以了。接下來誰能搶到最多機會？其實真的就是看誰夠快、夠狠、夠準了。

透過ＡＩ輔助　帶動產業典範轉移

張益肇（微軟亞洲研究院副院長）

真人助手的學習效率、上手速度與精準度皆高，但人力畢竟有侷限，ＡＩ的訊息處理量大，但需要很長的學習周期，如果人類加上機器，那就是超人了。要讓兩者相輔相成，應該讓ＡＩ處理簡單、重複性高的任務，並讓ＡＩ協助真人助手處理複雜、少見的任務，人類助手必須與ＡＩ互動，增強ＡＩ的學習經驗。

當ＡＩ不斷與人類對話、讀取照片與辨識人臉、搜尋資料庫，累積豐富的學習歷程後，可以針對客戶的需求提出回應，比方說，若有網友在於網路上購物，可以透過大數據樣本，找出該用戶的評價，客戶若發送相關圖片給ＡＩ，ＡＩ還可以就既有的樣本做出分析，再將自己的意見提供給用戶。

既然ＡＩ的崛起已是銳不可當之勢，金融業應當思考的是：ＡＩ的存在不是要取代人類，而是輔助，不要糾結在新科技出現後，會害金融業從業人員失去多少工作，惟有將整個產業的典範轉移、升級所帶來的助益，發揮到最大，才是未來的贏家。

物聯網設備費用高　需要銀行協助

黃能富（清華大學資訊工程系特聘教授兼電機資訊學院院長）

當各界強調普惠金融時，一般人、尤其是小農是否有機會能享受到智慧農業的各項設施，是一個值得探討的問題。學研單位有能力實際建置物聯網智慧農場場域，並協助農民搜集資料，減少人力需求，提升品質，增加產值，但由於物聯網設備動輒數十萬元，農民在添購上確實有進入門檻，希望有人能「作莊」，這是要靠銀行提供農民優惠貸款，提高農民參與的機率。

金融管理結合網路行銷　吸引年輕人回鄉

陳亭如（永豐銀行資深副總經理兼商品總督導）

金融業可以是協助農業加速發展的一大助力，將金融服務推向農業，也是實踐普惠金融的重要一步。新北市的板橋果菜批發市場，每天提供三百萬人的果菜需求，從上游提供拍賣、繳款的交易平臺，需要大量人力維持運作，永豐銀行結合市場交易平臺的整合支付方案，農民或採買均免帶現金，全都在農產多功能承銷卡裡，提供承銷人融資代墊貨款、場域內各式費用代扣繳及存款功能，一卡解決所有的問題。

銀行正在轉換角色，以「夥伴」角色與農業一起工作，臺灣農產品偶而有生產過剩的問題，從永豐銀行與農產公司合作經驗可看出，現在行銷平臺需維持價和量的平衡，當拍賣機制運作好，量也有支持，交易自然成長，也有了穩定菜價的功能。亦可採用大數據作法，產地端的農民事先提供今年的可能產量及價格期待，各方攜手合作，達到農產升級的目標。

未來若進一步將網路行銷和金融管理有效整合，服務對象擴及文創業、地方小農，解決買賣雙方彼此不信任的問題，也讓小型賣家的銷售對帳、庫存管理等繁瑣工作獲得解決，將會有更多年輕人願意回到家鄉來幫忙農業。

強化金流服務　縮短農民與消費者距離

黃昱程（財金資訊公司副總經理）

財金公司正在推動的「臺灣 PAY」，是「金融卡」多元支付品牌，涵蓋了遠端及近端交易，提供購物、轉帳、繳費、繳稅、提款等多元服務，以行動支付應用發展為基礎，創造國內及跨境的全方位電子金流服務，致力成為臺灣第一、放眼天下的「國家支付品牌」。

這項服務與農業需求有很大關係，完善行動支付的要項有安全、便利、可控制等，用於轉帳，繳費，繳稅等功能多元化，近年增加普惠金融，讓個人店家、小農可以透過任何品牌手機載具，以 QRCODE 獲得金流服務。根據調查，六成農民希望有電商服務，未來用手機銷售。未來若以財金公司的 QRCODE 收單，小額支付、金流管理都不是問題。現在一銀，華銀，彰銀，臺企，合庫已能提供服務，二〇一八年會有二十七家銀行加入收單服務，消費者在線上線下，以 APP 能隨時付帳，真正縮短農民與消費者、交付之間的距離，這是電商背後的最後一哩路，需要各銀行一起投入。

區塊鏈聯盟　精準監控金流資訊

馬智濤（前海微眾銀行副行長兼首席信息官）

微眾銀行是中國第一家互聯網銀行，採取「無實體分行、輕人力、管理小規模資產」的經營模式，最具代表性的小額信貸產品「微粒貸」，透過線上申請，一分鐘即可以跑完核貸流程，貸款額度最少人民幣五百元、至多三十萬元，在QQ錢包、微信錢包上都可以「隨點隨貸」，主要策略是吸引大量用戶，滿足微小金融需求。

在金融科技的時代，對金融業者而言，很多業務需要和很多夥伴一起完成。作為新加入的業者，不僅要以「補充者」的定位積極入局，更要扮演「連接者」的角色，將合作夥伴、自己與合作夥伴的業務與產品、大量客戶連接起來，進而與中小銀行建立起密切的合作網絡。

這正是為什麼各界如此看好區塊鏈的前景。透過區塊鏈聯盟，足以為自身、合作夥伴、中小銀行、客戶搭建起這樣的價值共享網絡。

傳統思維中，吸收存款，是銀行業務的主要資金來源。身為非傳統銀行，無法吸收存款，資金來源不夠充足是瓶頸之一。為此，必須走出另一套創新的做法：借助同業間的合作力量，解決資金問題。目前微眾銀行發放的貸款中，八〇%的資金是由合作銀行所提供，只有二〇%是自有資金。

在這樣的合作模式下，與銀行之間的對帳、清算的流程與效率格外重要。幸賴區塊鏈技術的輔助，交易後即可以同步完成清算，同一區塊鏈聯盟中的「盟友」銀行，便可以迅速檢查聯貸備付金、對帳金額等重要金流資訊，精準監控銀行間的頭寸，把風險降至最低。

加入區塊鏈聯盟　需捨棄中心化思維

不過，這也代表區塊鏈聯盟的參與者，必須捨棄過往「中心化」（以自我為中心）的思維，對於注重風險控管的傳統金融業者是一大挑戰。若有意加入區塊鏈聯盟，首先就得評估：如何與公司現有的ＩＴ（資訊科技）軟、硬體架構融合？真正加入後，如何與同聯盟中的盟友們一起定義「何為合適的應用場景」？這些都是不得不做的轉變。

當然，在新科技崛起的趨勢下，未知的風險也更形複雜，絕對不能缺少金融科技監管（RegTech），金融創新永遠都會是雙面刃，金融創新業者與金融科技監管互相合作，同步前進，才是健康的。

整合平臺　加強跨產業合作

推展金融科技，也應該思考如何整合平臺，沒有資料就無法做人工智慧與大數據的串聯，也無法推動一站式服務。政府可協助商業策略聯盟與生態系平臺的串接。

隨著數位科技的發展，金融產業也面對新創服務的挑戰，這類需要多面向橫向整合的轉型發展，靠單一企業較難推動，最好能與其它產業合作產生綜效，傳統金融業者可結合如例如微軟這類在資訊服務具有深度技術基礎，同時具備金融領域相關經驗的大型科技業者，協助金融產業充分應用新技術，以加速轉型腳步、引領臺灣邁向數位金融的新境界。

新技術　讓缺糧難民受惠　Vitalik Buterin（以太坊、以太幣催生者）

業之所以對區塊鏈技術抱持期待，主要是區塊鏈技術擴大應用後，從記帳、支付、交易結算等基本業務，到保險、借貸、外匯及其衍生性商品，管理時間及人力成本都可以大幅降低。

不過，區塊鏈的應用並非僅如此而已。二〇一七年五月WFP（世界糧食計畫署）利用以太坊的區塊鏈技術，為缺糧難民提供援助。具體做法則是透過加密貨幣的憑證兌換券，便可換取糧食、物資。

對以太坊而言，這項技術的運作成本不高。但對WFP來說，從前執行援助難民計畫時，每一筆交易都必須付費給背後的中介商，現在只要透過以太坊的區塊鏈，不僅省下這筆支出，記帳速度也加快了，同時也能落實保護難民個資與隱私。

另一個案例是：印度土地制度問題嚴重，常因而衍生出產權糾紛、詐欺等案件，為解決此問題，印度政府與瑞典一間新創公司合作，以區塊鏈技術來管理傳統的土地登記資料庫。可預見的是，未來區塊鏈將有愈來愈多元的應用。

政府決心 是成敗關鍵

曾銘宗

大環境不鼓勵創新，致使公務員心態保守，擔心一旦出錯可能被迫去職甚至被追究是否圖利業者。因此，政府有多大推動決心，事務官願不願意承擔，是金融科技發展的最重要關鍵。

金融科技的發展，主要是受到行動（Mobile）、社群（Social）、雲端（Cloud）、大數據（Big Data）、網路（Internet）等五大要素快速發展的驅動。世界經濟論壇在二〇一五年發表的報告就指出金融科技六大發展趨勢，分別是：創新來自傳統金融無法服務的市場；在平臺導向、資料密集、小資本額的業務模式下，有最大影響力；銀行業將最快受衝擊，保險業可能受衝擊最大；傳統業者將同時與新進業者競爭，並提供協助；政府、傳統業者及新進業者需合作，以了解創新如何改變產業風險；將改變消費行為、業務模式、金融服務業的長期結構。

從業人員工作權受衝擊　須不斷學習與時俱進

目前金融科技以傳統金融未滿足的市場，如中國大陸、非洲，在需求驅動下，發展最快，臺灣因為傳統金融涵蓋面廣，腳步較慢。儘管現階段金融科技對傳統金融業的衝擊有限，但近幾年來，隨著科技產業的發展，國際間大金融機構裁撤人員、縮減分行已成趨勢，未來金融科技將改變金融服務業的營運和行銷模式，加上更多的科技業者進入市場，勢必對金融從業人員形成極大衝擊，也將侵蝕傳統業者獲利。

舉例來說，未來產品行銷可透過互聯網，或透過新的市場平臺及更聰明快速的機器人，分解現有價值鏈，預估到二〇二〇年，美國機器人管理資產將高達二千二百億美元，未來對理專等行銷業務人員的需求將大量減少。P2P等另類放款興起，將分食傳統放款市場。臺灣現在已出現創新不足的問題，也缺乏服務差別化，業者只進行價格競爭。現在臺灣從事金融服務的業者約有四十五萬人，必須體認未來工作內容、行銷載具都會改變，必須與時俱進，不斷學習新的技能和知識，才能因應多元化的需求。

金融科技的發展能否成功，取決於市場規模、研發專利、法規生態環境、和其他配套措施。臺灣市場規模太小，產品創新應放眼國際市場。在研發專利部分，據統計目前全球金融科技的專利項目已超過十萬個，像VISA、BANK OF AMERICA就各有一千多個專利，臺灣如果不加快金融創新，將來動輒要支付專利費用，增加業者成本。

鬆綁金融法規　才能建立生態體系

在法規生態環境層面，我在金管會主委任內，就推動「金融科技發展與創新實驗條例（監理沙盒）草案」，目的在一定程度的控管下，暫時排除現有法規限制，讓業者實驗測試創新產品與服務，避免扼殺業者的創新點子。

創新就有風險，可能會失敗，但是臺灣社會氛圍不容許出錯，再加上任何事情都泛政治化，陷入政治操作，使得公共政策沒有理性討論空間。大環境不鼓勵創新，致使公務員心態保守，擔心一旦出錯可能被迫去職甚至被追究是否圖利業者。因此，政府有多大推動決心，事務官願不願意承擔，是金融科技發展的最重要關鍵。監理沙盒只是起步，未來還要全面檢討鬆綁金融法規，才能建立生態系統。

以客為尊　量身打造客製化服務

萬幼筠

> 報告歸納出轉變金融業服務樣貌的五大關鍵力量，分別是：整合平臺興起、區域型金融服務、延攬關鍵技術能量、提升數據資料應用價值、人工智慧拓展擬真人力。

金融科技的破壞式創新，已對傳統金融形成挑戰。勤業眾信與世界經濟論壇二〇一七年共同發布的《超越金融科技：金融創新翻轉產業實務解析》報告中指出，儘管金融科技規模還不足以翻轉現有產業架構，消費者也未完全轉移到新的消費習慣，但愈來愈多非金融公司透過科技專長跨足金融業版圖，競爭只會愈演愈烈。面對這種情況，金融業要如何因應？

報告歸納出轉變金融業服務樣貌的五大關鍵力量，分別是：整合平臺興起、區域型金融服務、延攬關鍵技術能量、提升數據資料應用價值、人工智慧拓展擬真人力。企業應掌握這五大關鍵，擬定轉型策略。

從這五大關鍵力量可看出，對消費者而言，隨著金融科技發展，大幅提升消費者體驗，不需要再面對過去與大型金融機構打交道的無力感。透過金融科技提供的整合性產品銷售平臺，消費者不論是存放款、理財，都可在平臺上可自行比價，在各金融機構間輕易轉換、享受各項產品和服務。消費者掌握了主動權，未來業者也應轉換過去的產品設計和行銷思維，而是透過各種生活情境，重新與顧客產生關係，設計出與競爭對手差異化的產品，打造以客為尊的客製化服務。

善用人工智慧　培養數位金融核心能力

其中RPA（Robotic Process Automation）流程機器人與人工智慧，是最值得重視的科技發展重點，不僅可以協助業者重塑金融服務的呈現與執行方式，甚至將改造銀行內部營運的機制與資源分配，提升行政效率與節省人力。讓金融業可以端到端地從Do Digital（業務數位化）、到Be Digital（營運數位化），培養數位金融的核心能力（Core Digital）。

此外，想要進軍金融業的大型科技公司，和為了提升客戶數位體驗的金融機構，都可能透過內部人才的培養訓練、金融科技或新興科技新創公司的併購、策略聯盟等營運策略，以提升其對金融科技的應用與情境發展能力，以因應未來數位金融環境的發展與挑戰。

現任：勤業眾信聯合會計師事務所董事，專精於資訊策略與資訊架構規劃、資訊治理、資訊平衡計分卡及資訊風險策略與流程改善規劃以及舞弊調查與數位鑑識分析。曾獲 BSi 臺灣頒予前五大資訊安全專業人士之殊榮，並擔任國際電腦稽核協會臺灣分會理事及 itSMF Taiwan Chapter 之常務理事與創始會員。

採訪、整理：王克敬

| 輯四 |

資本市場

產業轉型與創新的開發須要良好的投資環境。在亞洲資本市場的競合當中，臺灣如何找到定位？產業與金融市場之間又應該是如何相輔相成？ 在動盪的大環境中，如何察覺變化，並立穩腳步。

國際新態勢　檢視投資布局 23

前言

產業的轉型與資本市場、總體銀行信用安定依序分別為促進經濟的兩座動力閥及一座安定閥。臺灣資本市場如何營造良好環境，以利一方面支持國內產業發展與轉型，一方面在亞洲資本市場立足，是促成臺灣經濟成長的重要基礎；又總體銀行信用管理是維持臺灣金融安定，協助促進臺灣經濟在穩定中成長的基礎。基金會於二〇一八年一〇月二十二日特邀產官學為臺灣的未來作一剖析與深思。

引言

國際新態勢　檢視臺灣投資布局及以總體銀行信用安定共同促進臺灣經濟成長及金融安定

邱正雄

川普表示，當前中、美兩國關係十分良好。他相信雙方將最終達成一個有意義、對兩國都有利的協調。美國財政部長穆努欽：「美國要求大陸穩定人民幣匯率，不能透過貶值來抵銷美國加徵關稅的衝擊。」美國農業部長珀杜透露，大陸承諾向美國購買額外一千萬噸大豆。（資料來源：2019/2/24中國時報）。

國際新態勢　檢視臺灣投資布局

從一九八五—一九九二年美國對日匯率及科技政策看當前美國對臺灣當前匯率及投資的可能影響。面對全球變局，目前亞洲已成資金聚集、發展快速地區，臺灣如何營造良好投資環境，在科技產業基礎上切入未來轉型，又如何在變局中未雨綢繆，在兩岸、東南亞乃至全球分工布局。題目大，範疇廣，意義深遠，對談將求教諸賢、提出高見。

1.美國在川普總統上任後，政策上以降稅鼓勵在美國美商增加其國內投資及海外美商返美投資。另依一九九三年九月美國國會 Office of Technology Assessment 資料指出，一九八七—一九九一年時日本在美國全體半導體公司股權中占百分之四二，美方等股權只占百分之五八，對此，當時美國國會大為緊張，好在其後一九九〇年代起美國高科技大幅進展，此外，自一九八五年九月美國廣場協議後日圓大幅升值，一九九〇年代日本經濟進入蕭條，並曾造成日本對美貿易逆差，影響所及，R.N. McCauley ect.（1999 p.263）指出一九九二年到一九九三年上半年日本匯錢到美國作直接科技投資之金額即甚低，日本對美科技之直接投資占比只占美國新興初創公司股權百分之十以下。現在美國仍重視對其高科技智慧財產權之保護。又，美國亦避免經常帳逆差太大，如二〇一五、二〇一六年時美國逆差太多，是故美國很關切，常指責匯率操縱國，要求對方貨幣升值。臺灣現在對美經常帳（包括貨貿及服貿）順差仍超過臺灣GDP三%，在這情況下未來美方對臺灣匯率是否還會要求台幣大幅升值。央行指出台灣二〇一六年GDP總額是五千六百一十三億美元，同年經常帳流入達七百零九億美元，占GDP的比重高達十四%，遠超過美國設定三%的標準。這點讓央行甚為頭痛，因為美

[23]本篇由二〇一八年十月二十二日舉辦之「臺灣挑戰與布局—產業轉型、投資與資本市場」研討會整理而成。

國此項標準對臺灣非常不利。此外，二〇一六年臺灣對美國的出超只有百三十二億美元，並未達美國認定為匯率操縱國二百億美元的第二項水準。（註：二〇一九年二月二十二日報導「陸美貿易終戰協議呼之欲出」，值得注意。）

2.臺灣總體經濟要好，科技一定要發達，臺灣一九九〇年後長期發展地位已定。在一九九〇—一九九五年期間，臺灣高科技代工產業之上市、上櫃公司大幅增加，創投亦非常光鮮，主要是電子業發展迅速。臺灣迄今高科技相關企業上市股約占資本市場比率四〇%，其出口占臺灣總出口約五〇%左右。另外在二〇一七年臺灣上市公司「負債占淨值」比率僅六一%，比其他國家上市公司「負債占淨值」比率（約一二〇%以上）低很多，臺灣財務健全。臺灣一九九〇年代上半期之資本投資基本上靠新創企業增加，一九八七年台積電成立，它一方面是一個全球重要的專業晶圓代工廠，另一方面它帶動全球「無晶圓廠的ＩＣ設計業」快速成長。臺灣能切入晶片市場源自一九八五年聯電掛牌上市起，因工研院與交通大學合作，早期派人至美學習ＲＣＡ電子技術，這些人才回國後在臺創業，加上上述台積電及其引發之ＩＣ代工業發展，及大量引進美國技術，故使臺灣在一九九五年後迄今之經濟體變為全球重要電子產品供應鏈的一環，並成為在二〇〇〇年以後以外貿順差帶動臺灣經濟成長的主要貢獻者，全球著名。

3.有關臺灣未來投資；觀察香港、新加坡政府鼓勵外資投資單位，曾於二〇〇八—二〇〇九來臺引資時表示：只要到香港、新加坡投資，就幫你把房子、水電找好，申請土地也盡量幫你找，這不是空談，而是真正的行動，我們可以學習。

有關技術進步方面，劉遵義院士著（余江譯）《共贏》（二〇一九年中文版第七章）指出，主要各經濟體的研發支出中用於基礎研究的比率越高對創新越有幫助，二〇〇七—二〇一六年此一比率美國平均值一七·

三%，韓國與英國大致一六%，日本為一三%，臺灣在二〇〇三年為一一·七%，但二〇一六年降至八·二%，值得注意。

臺灣當前金融穩定的分析

1. WEF（世界經濟論壇）F. Ohnsorge 及 S. Yu（2016.7.27）之部落格指出：「總體銀行信用餘額上升告訴我們此為一國金融風險上升所在」。另WEF《2017-2018年報》指出，其利用二〇〇二年－二〇一六年之十五年間各國總體銀行信用資料，並用風險值（VaR）模型分析，得到：在二〇一六年時各國總體銀行信用（bank credit）風險值，在標準常態分配下其風險值在二或其以下，則該國總體銀行信用風險值對其總體經濟（實質GDP）不造成總體金融信用的風險及實質經濟風險問題。若總體銀行信用風險值高於二則有總體銀行信用風險問題，並可能影響實質經濟穩定（如美國二〇〇八－二〇〇九年金融風暴引發其經濟大緊縮之例）。

2. 按二〇一八年WEF就二〇一六年各國相關總體銀行信用風險值作評分，若各國所得全體銀行信用風險值等於2·0（即在常態分配下的風險值為二%）或以下者，則WEF對其評分皆為一〇〇分；反之，若風險值超過二，則宜改善其風險值。茲將WEF評級中的幾個國家的總體銀行信用風險數值列於表一供參考，其中臺灣風險值為零，顯示臺灣對總體銀行信用風險控管甚為良好（見表一下之註）。

表一：WEF 對 2016 年各國之風險值評分

國家（經濟體）	風險值（VaR）（%）	評分	排名
香港	-13.5	100	13
韓國	-5.2	100	37
美國	-1.6	100	54
臺灣	0.0	100	74
瑞士	2.0	100	97

本文對表一臺灣風險值為零之補充說明：依我國2014.1.28金管會修正之「銀行資產評估損失準備提列及逾期放款催收款呆帳處理辦法」第五條規定，銀行授信餘額扣除對中央及地方政府授信餘額後，對企業及個人債權餘額至少提百分之一之備抵呆帳及保證責任準備。又，實務上二〇一六年臺灣銀行業債權實際發生的呆帳比率只為〇．三%，遠小於上述法令規定之至少一%之提存率，故臺灣呆帳準備充足，不會因授信風險而致影響臺灣風險值之惡化。此外，我國中央銀行對不動產融資均能適時做選擇性信用管制及金管會嚴格執行銀行法72-2條規定「商業銀行辦理住宅建築及企業建築放款之總額，不得超過放款時所收存款總餘額及金融債券發售額之和之百分之三十」，亦為造成二〇一六年臺灣銀行信用之風險值為零之重要因素，此與優秀製造業要求產品達六個標準差優良品質風險值為〇之品質管理條件相同。

臺灣榮景不再　應認清外部威脅

梁國源

我認為厲害的政府要想辦法把外部威脅充分告知全體人民，這遠比人民內部抵抗重要。

資本市場榮光不再　債市缺活力

從宏觀角度看臺灣資本市場；先談臺灣資本市場的榮光；一九九九年九二一大地震後，美道瓊與NASDAQ皆下跌，充分表示臺灣電子業對全球產業鏈影響非常大。事實上臺灣股權市場開放措施，與IPO建制跟股票上市機制大致非常完整，上市、上櫃與興櫃都有規則，開放外人投資也做得不錯。二〇〇四年前，上市、上櫃公司家數年增率蠻高，二〇〇一年小幅上升，但相較八〇、九〇年代少很多，成長呈現停滯。從創業投資商業公會資料看當年募集資金及新增實際營運家數，與二〇〇〇年相比，現在表現相對黯淡，退出比增加多，這是臺股的挑戰，連帶影響GDP成長率；債權市場方面，從臺灣十年期公債波動率觀察，短期比長期債券殖利率波動率低，這不利交易，故債權市場相對不振。與美債權市場對比，美債波動率比我們高，極具活力，臺灣債權市場欠活力。

受政治所限　錯失 gate to china 的角色

亞洲資本市場趨勢對臺灣的啟示：全球經濟概況中，一九九〇到二〇〇〇年已開發國家對全球經濟成長貢獻率是五一%、中國三一%；二〇〇一到二〇一七年中國貢獻率提升至四七%，同時段已開發國家貢獻率是一九%。談亞洲趨勢，中國是大經濟體。二〇一七年上海與深圳股市達八．七兆美元，掛牌上市的A股企業超過三千家，現為全球第二大股市，其債權市場也發展中，雖有債務脫鉤問題，但債權市場持續擴大，現為全球第三大。明顯香港做到「gate to china」的穩定角色。香港在股市方面有滬股通、深股通。在債市方面有債券通，現中美貿易緊張，香港反而得利，大家會更加利用 gate to china，深港通跟滬港通的成交量明顯持續成長。另外，新加坡事實上是亞洲金融交易中心，吸引全球投資者及資金流入，它具地理上的優勢，東南亞及其他國家富裕人士將資金投到新加坡，然後它再把資金投向需求者。從ＢＩＳ外匯交易的資料，二〇一六年四月，新加坡外匯市場日均交易量高達五一七〇億美元，已成英、美之後全球第三大外匯交易中心，新加坡主權基金跟私募基金規模非常可觀，吸金能力強大。因其雙語環境、國際接軌的定位而受國際投資者青睞。最近國際政經情勢變化、美歐政策轉為內向，這對新加坡持續肩負全球金融市場的角色有利。

做幾點總結：一，臺灣經濟基本面前景不樂觀，故資本市場發展跟動能受限制。市場制度面偏向增加供給措施，如開放當沖交易，但缺乏與亞太、國際化的連結，導致格局不大。一九九〇年一度有發展亞太金融營運中心的宏願，後不了了之；二，兩岸關係的政治現實，原具的文化優勢，因政治、貿易量太大而滯殆，無法爭取到 gate to china 的關鍵角色，端看是否重新翻轉思維。

應覺知外在威脅　重於內部抵抗

很多國際政治學家把臺灣資本市場發展，特別是股市及創投市場當成教科書範例，國家發展創新產業時會面對許多外在威脅與內在抗拒力量，想想我們八〇、九〇年代國際情勢環境不佳，當時外在威脅蓋過內部抵抗的考量，大家齊心讓臺灣生存，全民一致支持ＩＣＴ產業，發展高科技。今日發展臺灣資本市場，同樣面臨跟當年不太一樣的外在威脅與內部抵抗，可否突破就看能否朝正確方向思考。這是政治現實，特別在民粹主義高漲、所得分配不平均時期，我認為厲害的政府要想辦法把外部威脅充分告知全體人民，這遠比人民內部抵抗重要。

現任：寶華綜合經濟研究院院長及國立臺灣大學經濟學系兼任教授。
曾任：國立清華大學教授與經濟學系系主任；世新大學管理學院院長、行政院公平交易委員會委員；主要研究領域為經濟預測、景氣循環、經濟計量方法及總體經濟。

臺灣資本市場政策的競爭力

郭政弘

資本市場中，獲利穩定且擁有核心價值的中小企業及其發展是未來需要關注的方向。

目前資本市場在IPO表現不差

資本市場是經濟櫥窗，其榮枯反映經濟環境變化。從新IPO案件看，臺灣資本市場沒想像中差。IPO是直接金融的一項，臺灣在亞洲國家用資本市場直接金融在企業資金應用上較低，占比不到二〇%，相對美國、日本直接金融約有三〇%到四〇%，臺灣資本市場運用協助企業籌措資金發展部分可再努力。二〇一八年前三季，掛牌上市櫃新公司四一家，籌措的資本市場資金一六一億，本年度掛牌公司有望突破六〇家，募集資金約二三〇億左右，基本上有不錯成績。

臺灣、香港與中國亞洲資本市場比較

香港二〇一八年前三季掛牌一五八家，募集資金約臺幣九四〇〇億，較去年同期增加一八四%，平均每家募資約一五．四億港幣，香港家數與募集資金高出臺灣許多；中國資本市場問題是，A股審查制度時弛時緊，申請IPO存在不確定性。二〇一八年前三季掛牌家數衰退七五%，市場募集資金，衰退三四%。以今年臺灣、香港跟中國前三大募資案，臺灣雖家數跟募資都成長，但每家募資金額相對小，這是臺灣資本市場面對的狀況跟問題。

二〇一八年前三季，臺灣前三大募集資金掛牌公司，第一名是方電訊是雲端科技公司，為中華電信轉投資子公司，客戶包括google、Amazon；募資才一四．八億新臺幣。第二，尚億是F股，為臺商在中國創立回臺灣掛牌，募集一二．九億。第三，全球傳動，募得一二．五億；同時期香港募資的前三大，第一，中國鐵塔，在4G跟5G等電信產業具潛力，募集資金約二二〇〇億臺幣；第二，小米集團，募資一六〇〇億臺幣這兩大在香港掛牌，已創下香港募集資金最大公司。現香港資本市場已開放同股不同權的表決權，加上兩家超大型企業在港掛牌，今年香港

▲講者討論，左起為邱正雄顧問、郭政弘董事長、葉銀華教授、鄭貞茂副主委、梁國源董事長與王伯元董事長。

在全球資本市場募資規模應是最大；中國Ａ股前三大募資企業，第一是去年在上海Ａ股掛牌的ＦＩＩ（富士康工業富聯）；第二是寧德時代；第三是華西證券。除ＦＩＩ一支獨秀，募集資金達二七一億人民幣。其餘企業寧德、華西，規模相對小。評量企業掛牌選擇，香港成長可再做關注，中國存在不穩定跟不確定性，相對沒有香港那麼好機會。

關注市場競爭政策　評估中小企業發展價值

ＦＩＩ上海掛牌引起許多臺灣企業關注，因快速在中國Ａ股市場掛牌，且募集資金多，但因存在不確定性，到中國Ａ股掛牌，仍會做審慎評估；這也是臺灣資本市場的優勢。另，臺商過去在中國投資，希望槓桿（leverage）資本市場力量協助臺商轉型跟創新，但美中貿易戰的衝擊下，臺商要應用過去事業在中國生產，出口到歐洲、美國等地，就須更仔細衡量是否往其他資本市場發展；再則，須特別關注香港、新加坡兩大資本市場政策，香港彈性比臺灣高，臺灣需吸引更大投資規模的公司與獨角獸來資本市場。為吸引臺灣生技類股，今年香港開放無獲利公司到香港掛牌，由於投資人對其資本市場不熟悉下，今年香港掛牌公司前三季截止雖有一五〇多家，其中跌破掛牌價比率也達八成。總之，香港及新加坡在開放新產業或吸引獨角獸公司確實較靈活，這也是臺灣在資本市場發展過程應該思考的，然而資本市場中，獲利穩定且擁有核心價值的中小企業及其發展也是未來需要關注的方向。

現任：勤業眾信聯合會計事務所董事長。

曾任：臺灣併購與私募股權協會副理事長、臺灣財務工程學會理事、臺灣財務金融學會理事、中華公司治理協會理事、臺灣玉山科技協會常務監事

山高水深方有巨龍　產業、資本須整合

葉銀華

山還是要高才有神仙，水還是要深方有巨龍。經濟產業發展怎麼樣，資本市場就那麼樣，達成這些政府應是一體的。

發掘優勢、延展價值、扶植新創

資本市場發展策略必須緊密跟著經濟產業發展，創造資本市場成長。「山不在高，有仙則名，水不在深，有龍則靈」，思考臺灣有哪些神仙跟巨龍，可在資本市場翻騰跟神遊。我認為再造臺灣資本市場有三：發掘未來優勢、延展現在價值、扶植新創產業。嘗試尋找自己適當的模式，讓臺灣資本市場在全球占一席之地。

未來優勢：隱形冠軍、長照產業、AI產業價值鏈

對政府政策五十二產業有三意見：一，隱形冠軍不要讓第一代退下後，第二代斷掉。有很多未上市好公司，創業第一代已老，第二代不一定接班。私募基金是中間轉折點，可協助IPO變成制度化公司；二，支持長

照產業。臺灣進入高齡社會，七年後將進入超高齡社會，六五歲以上失智約八到一〇％。長照事業未來一年約有一到二兆服務需求。但前提在：一，衛福部對長照有無足夠能力，長照機構水準能否從社會福利提到高層次品質供給；二，內政部與金管會能否同司法院合作，把利益信託、法定監護與意定監護，透過修改民法等法規，把資源信託監護制度引進，創造長照到金融的產業。這叫挖掘未來產業，是內需產業，也是隱形冠軍；三，以ＡＩ為主體的產業價值鏈，臺灣要有ＡＩ產業價值鏈，善用既有硬體跟軟體。程式結合金融與其他領域物聯網。

跨部會整合修法　放寬證券從業規定

建議於延展價值面：一，將人民的錢移到資本市場，希望民眾長期投資，政府可提出臺灣個人投資儲蓄帳戶機制（ＴＩＳＡ），這基金須專門投資臺灣，每人買進後持有五年，鼓勵長期持有，有稅務優惠，希望每人每年可扣除額二．四萬元，且併入儲蓄投資特別額二七萬元限額；二，勞工退休金新制能否開放自選投資制度，新制目前六％的提領是現有的。修改勞工退休金條例由勞動部管轄，但修改勞工退休金開放自選投資制度，需與金管會密切合作，好處是臺灣九百萬勞工，在六％以外自選，會加大資本市場。三，臺灣有證券業、期貨業、投信投顧業，且需申請經營執照。但中國大陸、新加坡、香港沒有分行業別，只需申請執照。對券商應更開放，讓他們能夠經營私募基金，允許私募基金成為保險業資金投資對象，擴展金融業人力，加大市場流動性；四，扶持新創產業。目前是無本金交割遠期外匯（ＮＤＦ）、國發基金、臺杉投資、創投與私募股權，還有育成中心跟金融科技基地，交易所有科技事業免成立年限或獲利的規定，並縮短期間。其實臺灣早就可以，只要到科技部或工業局取得科技事業證明，就免除成立年限跟獲利規定。

引進基石投資人、開放無獲利公司發行　無擔保公司債

另有兩點可思考：一，引進基石投資人制度，IPO開放一定比例給基石投資人以利新創產業的籌資跟發展。原公募、私募各有所歸，能否在IPO階段融合公募跟私募，好處是可引進戰略投資人；二，可否開放大型無獲利公司發行無擔保公司債、無擔保可轉換公司債。今新創企業要發有擔保實有困難，可否發無擔保，特別是無擔保的可轉換公司債。讓債權人先拿一點利息，等好轉後，債可換成股票，刺激投資人承擔風險。這應在為保護投資人，只有專業自然人等級以上才能購買，一般投資人先不得購買，至少做投資上的區別。

二十年來臺灣十大上市公司無甚改變，竄出新秀少，IPO被排擠到後面。從未來產業、現在價值開放、新創，才能將資本市場做大，在國際資本市場立足。總體看，臺灣每年GDP都有成長，但人民實質薪資成長未達預期，原因是沒在臺灣投資，產業未升級。唯一解決方案是投資臺灣：財政政策、貨幣政策要鼓勵投資臺灣；抓住臺商回流機會，回臺投資創造所得成長。對政府的呼籲：「山還是要高才有神仙，水還是要深方有巨龍。」經濟產業發展怎麼樣，資本市場就那麼樣，達成這些政府應是一體的。

現任：交通大學資訊管理與財務金融系教授、國家金融安定基金管理委員會委員、國家發展基金管理會委員。

曾任：行政院金融監督管理委員會專任委員、行政院改革公司治理專案小組委員；主要學術研究領域為公司治理、合併與收購、兩岸金融；主要著作：《公司治理：全球觀點、臺灣體驗（第二版）》、《公司治理：個案與分析模式（第二版）》

政府重決策嚴謹　國發基金扶植新創業

鄭貞茂

據了解經濟部有意願擔任私募股權基金主管機關，金管會就會考慮開放私募股權基金的投資，讓國內金融業者可投資。政府制定政策時，首要考慮誰負責，如果有主責機關，開放便不是問題。

臺灣制度較嚴謹　資本市場相對穩定

看資本市場滿意度：一，企業希望掛牌時，程序透明、費用低、能募到更多資金，臺灣資本市場對中小企業募資環境是友善的。如果今天中小企業到中國大陸或香港掛牌，掛牌費用可能負擔不起。臺灣掛牌在大中華地區裡應是最便宜的；二，投資人希望投資賺錢，比較港、中、臺三地股市今年表現，應是臺灣最好，其他兩地股市都是重挫，臺灣表現相對穩定。資本市場也會跟國家GDP作比較，臺灣資本市場市值占我國GDP約一五〇%左右，高於韓國與中國大陸。臺灣資本市場的經濟支持不低於其他國家。最近WEF世界經濟論壇公布的世界競爭力排名，在金融部分排名是第七，臺灣金融對經濟的支持排名是前段班。

臺灣特色是：適合中小企業掛牌，本益比不如大家所言偏低，看櫃買本益比也近三、四十倍，現也開放讓無獲利公司掛牌。另外，放寬彈性，增加電商類股。又制度較嚴謹十分保護投資人，過去我任職金管會，科技業者常說掛牌沒有彈性，限制頗多。換個角度看，如讓無獲利公司掛牌，對投資人的保護是什麼？過去發生有些公司股價變化大，對投資人沒有保護，是少數股東操弄股權。

政策開放需明確主責機關　社會守法程度

關於私募、代幣眾籌（ＩＣＯ）；現在保險業可投資海外私募股權基金，卻不能投資國內私募股權基金。原因在臺灣私募股權基金目前沒主管機關。如同在談ＩＣＯ，雖金管會願意擔任洗錢防制主管機關，但是未提到願意當虛擬資產主管機關；私募股權基金也一樣，金管會最近也開放證券業成立子公司成立私募股權基金。基於美國曾經發生過相關弊端，證券業對所謂信息長城（Chinese wall），內部防火牆看得非常重。臺灣在防火牆制定上較嚴格。據了解經濟部有意願擔任私募股權基金主管機關，金管會就會考慮開放私募股權基金的投資，讓國內金融業者可投資。政府制定政策時，首要考慮誰負責，如果有主責機關，開放便不是問題。目前規劃為ＩＣＯ制定專法，整體持續朝開放進行，但速度快慢取決於民意。不只政府是一體，政府跟民眾也是一體的，政府施政根據民意。葉老師建議開放大型無獲利公司可發行無擔保公司債，由專業投資人先做投資，但有前車之鑑，過去金管會開放目標可贖回遠期契約（ＴＲＦ），投資人或是專業投資人兩造雙方有定義不清楚，糾紛還是找主管機關。社會、民眾的認知度、對法律的遵循度也影響政府對開放的評估。

國發基金帶動投資　尋找臺灣獨角獸

如何規劃新創環境；資本市場過去百家齊放太成功現在要轉型，重量級公司占市值比重大都平均。現在只剩臺積電占二〇%，投資人投資幾乎涵蓋臺積電，現需要臺積電外的公司。如何讓掛牌的小公司養成大公司，基本上靠自己努力，資本市場只是輔佐角色。我擔任國發基金執行祕書，國發基金扮演煽風點火角色，希望臺灣新創事業多點資金活水，臺灣私募基金不甚理想原因並非找不到好標的物，擔任資金跟創業者間橋梁，藉由國發基金投資新創業者，帶動外面私募基金的投入。我無法評論國家發展基金未來政策模式，但執行面同仁兢兢業業嚴格審視案子，找未來的獨角獸。最近稅法修訂也增加「有限合夥」跟「穿透式課稅」等優惠，希望公司的成立，不一定要走有限股份公司或有限公司，而有比較多元的形式。

企業應具國際視野　政府營造環境為要

王伯元

政府應設主權基金，主權基金並非只對臺灣內部投資，最重要是對國外投資，結合國外產業跟臺灣產業。政府應把握臺商回流機會，改善五缺弄好環境，調整臺灣經濟模式，協助臺灣產業升級。

為貿易持久戰準備　解決五缺　臺商回流

中美貿易戰主要防堵中國製造二〇二五，貿易戰會否對消費者造成影響，預測聖誕節後才會反應到稅的增加。重要的是美國副總統彭斯（Ponce）在哈德遜研究院（Hudson Institute）的談話，確立美國對中國外交政策，《華爾街日報》便提出是否為冷戰開端。美學者多認為貿易戰將持續，臺灣一定要做準備。

臺灣產業大都以代工為主，臺灣接單，大陸生產到出口美國，這三角貿易絕對受到衝擊，對ICT影響最大，且非短期而是長期。中國外資十大出口到美國的公司，臺商就占八家，因此對臺灣而言現在是危機也是轉機，端看我們如何處理。政府立場當然是希望協助臺商回流，但回流前，我們已面臨了缺電警訊。所以政府應把改善產業環境當前提，先解決五缺，才能吸引臺商回來；五缺中人才問題是最重要的，得人才者得天下。我過去談廚房政策，政府營造好廚房，營造好的投資環境，業者自然會來投資生產。要調整臺灣經濟發展模式，過去臺灣產業以舊經濟為主，只談成本、產量，新經濟還有軟體、平臺服務、IOT、AI等。去年玉山科技協會請張忠謀董事長演講，他回應五加二產業也說：「基礎建設是政府的責任，至於民間要做什麼產業政府最好不要介入太多。」。

從麻將理論到四創合流的新啟示

政府協助產業升級，創業投資跟私募基金扮演重要角色。我是創投老兵，在高科技產業服務二十年，臺灣創投服務三十年。一九九五年到二〇〇五年，臺灣創投有過輝煌歷史。我也曾在一九九七年到二〇〇五年我擔任創投公會理事長。當時我發明了「麻將理論」，也就是活絡創投要有四要素：「資金、技術、市場、創投業者跟創業者」。臺灣麻雀雖小，五臟俱全，所以曾是全世界創投最活躍地區第二名，僅次於美國。然而二〇〇五年後因為資金減少、投資案衰退、專業人才不足、資本市場不好，加上中國經濟崛起，臺灣創投開始衰退。最近政府鼓勵年輕人創業，創投有了新的機會，包括很多ＶＣ、種子基金、開發基金都對年輕年創業給予支持。再加上臺商回流，對臺灣創投而言更是很好的機會。所以我將麻將理論予以修改，稱新麻將理論：「創新、創意、創投、創業」，也叫四創合流，以創投做推手，將創新、創意落實到創業。

創業——商業模式、新思維重要

創業時錢是第一步，但並不是只找到錢就好，所謂 dumb money vs smart money. 好的創投並不僅僅是提供資金，而是會參與經營，很多ＶＣ都深具管理經驗，他們加入董事會後，除了可以協助公司評估及發展商業模式（business model），還可以提供管理經營上的建議，甚致可以幫忙尋找合適的人才就位，發揮淋漓盡致的功能。

創業方面我有五點建議：一，創業要商業化，要有商業模式；二，創業要有市場觀，馬雲講過將來會有很多新創公司，公司規模雖小，但市場很大，這樣才能有前景；三，創業一定要有國際觀，就拿我個人的公司來說，二〇〇〇年時，我們就在國外募集三五〇億美元，是第一個走出國內市場的創投基金；四，要有決心；五，要有豺狼性，嗅到機會何在；最後，要有磨練，我建議年輕人創業前先到大公司磨練，在巨人肩膀上可以看比較遠。

對於創業，我們也需要破除一些迷思；一，創業不再是年輕人天下，我就是四九歲創業；二，創業不限高科技公司，傳統產業內有新思維也可創業；三，創業是本地事業（local business），大公司內部也可創業；最後，擔心政府過度鼓勵年輕人創業，年輕人創業多是小確幸，如不成功會造成不必要的負擔，政府需要多多關注。

企業應善用併購增加競爭力

對於臺灣創投的未來，我有三大建議：一是自由化，鼓勵創投去從事併購、重整的業務，擴大創投範圍；二是國際化，到國外去募資及尋找國際的資金及投資標的。同時可以與國外創投做策略聯盟；最後，創投之間的整合，臺灣創投規模大部分很小，可以考慮互相整合，增加規模。

臺灣過去產業大都以內生成長（Organic Growth）為主，缺乏併購（Merger & Acquisition）。併購在全球非常活躍，全球併購交易二〇一七年達三．五兆美元。過去政府對私募基金不大友善，如早期日月光併購案，現在又有榮化案。但併購是增加企業競爭力的好方法，臺灣企業大部分規模不大，應建議併購。

政府職責：設立主權基金、建造良好環境

政府應設主權基金，主權基金並非只對臺灣內部投資，最重要是對國外投資，結合國外產業跟臺灣產業。政府應把握臺商回流機會，改善五缺弄好環境，調整臺灣經濟模式，協助臺灣產業升級。對創業投資者而言，私募基金扮演重要角色。臺灣將來的方向應是5I：Innovation（創意）、Intelligence（智慧）、Investment（投資）、Infrastructure（基礎建設）、International（國際化），從舊經濟模式轉型新經濟，環境弄好，國內、外資金自然會到臺灣來，要想大想遠。

臺灣在WEF二〇一八全球競爭力報告排行十三。評估條件是：環境便利性、人力資本、市場跟創新生態體系；洛桑評估排名十八，評估條件是：經濟表現、政府效率、企業效能、基礎建設。這些臺灣排名都很

好。但想提問：為何外人直接投資（FDI）那麼低，為何臺灣在競爭力排名佳，但外資投入不多？這是值得思考的問題。

建南向產業連結　積極加入RCEP　徐遵慈

RCEP當然非常重要，但因中間涉及中國大陸，在兩岸關係僵局下政府參與RCEP不夠積極。

中美間貿易摩擦，勢必會持續地打下去，臺灣除了解貿易摩擦與單邊主義外，最重要的是要往前看、往外看。

單邊主義盛行　鄰國紛提因應策略

過去一年，亞洲周邊國家陸續提出因應對策。例如，美單邊主義也促成中國大陸與日本關係改善，讓

RCEP談判僵局有所突破，將使中日韓三邊FTA出現轉機。也因此，日政府表面上不積極參與一帶一路，但日企已在跟大陸一帶一路聯繫，也正了解一帶一路中個別基礎建設、金融運作相關資訊。此外，周邊國家新因應對策：越南近年提出重要新產業發展政策，包括汽車業、鋼鐵業等產業，臺商於汽車零組件、輪胎等在越南有長久且綿密的運作，會是新契機；另，寮國是新南向國家不受重視小國，但泛亞鐵路下的中寮鐵路（也稱中老鐵路）建設中，鐵路通車對寮國帶來的發展機會已在構想中。因應G2間的摩擦、國際保護主義趨勢，必須努力在自身產業政策跟國家發展政策上有所調整。

臺商南向基地　須與當地產業連結

企業方面也開始準備，亞洲開發銀行在兩、三年前就解析，未來亞洲成長引擎有三具：A（東協ASEAN）C（中國China）I（印度India）。印度現是各國重點目標市場，今年已超英、法為全球第五大經濟體；未來東協國家經濟發展、經濟規模會有所調整，如菲律賓在東協被認為人均GDP較低國家，但過去幾年臺商陸續積極到菲律賓布局。較成熟的經濟體如泰國、馬來西亞、新加坡，經濟成長速度會放緩，但越南、柬埔寨、緬甸、寮國等後進國開始成為東南亞勞力密集產業的發展重鎮，這說明為何臺商到中南亞投資的勞力密集產業，主要集中在中南半島。

很多臺商思考大陸出口到美受挫，是否轉到其他國家，建立迂迴進入美市場新基地。根據統計，日政府表面上不積極參與一帶一路，但日企已在跟大陸一帶一路聯繫。二〇一七年中對美貿易順差是三七五二億，臺灣是一六七億等，如要利用他國建立出口到美基地，需參考相關數據：越南在二〇一七年對美貿易順差已超過三八三億，川普今年對東南亞貿易制裁裡未對越南手軟，包括越南鋼鐵、馬來西亞太陽能電板等都被單邊制裁；未來臺商在東南亞布局，必須思考這些國家可能陸續有反傾銷、美國制裁問題。最終要選擇非單純加工出口，而是跟當地產業政策發展有所連結。

政府應有系統協助海外投資　積極參與 RCEP

中美至今互課關稅對東南亞國家產生影響，轉單效應在勞力密集產業跟農業較明顯，其他轉單機會目前還不清楚。勞力密集產業見越南臺商在成衣紡織上陸續接到訂單，一方面是美品牌大廠把訂單從中國轉到其他國家。一定要注意印度，過去一年，臺商、韓商智慧型手機組裝廠已轉移至印度，三星七月在印度完成海外最大智慧型手機組裝廠。未來供應鏈會調整，依國家、產業別有所不同，供應鏈轉移將帶動這些國家的投資。故新南向政策對此情勢要有所調整，如果臺灣無法留住勞力密集產業，也解決不了五缺，是否應有秩序、系統地協助臺商解決在海外投資遭遇到的問題。

政府現在重點在 CPTPP，但另一個 RCEP 對企業非常重要，RCEP 十六國中，中、日與日、韓跟中、印間無 FTA，但未來在 RCEP 架構下，中日、日韓要開放市場，協定如按計畫實施，印度有機會參與到區域供應鏈，首先會從智慧型手機跟相關電子產品開始。臺商不織布大廠已到印度投資，主因印度未來會是區域供應鏈中心之一，另一原因日本客戶請廠商直接到印度生產，直接當地賣給日本客戶供應印度國內和海外市場。RCEP 當然非常重要，但因中間涉及中國大陸，在兩岸關係僵局下政府參與 RCEP 不夠積極。

調整新南向政策　建置競合商機

未來即使政府政策調整也有極大的困難度，東南亞的工資、人口老化、缺工問題比想像更嚴重。東南亞人口紅利並非只是勞動力緣故，而是城鎮化帶動，包括產業發展、運輸、住房、各種消費習慣改變等。到二〇二五年，東南亞將有超過三十五座城市，千萬人口城市會有好幾個。這也是必須關注的重點，中南半島的幾個國家現是臺灣重中之重，柬埔寨雖享有歐盟或美國的優惠關稅，像FTA、GSP等，但最終會畢業。眼光放遠看，這些國家可能今年適合做勞力密集產業，未來還是往最終市場移動。

臺商在東南亞的投資布局新模式，從內需市場延伸到周邊，如利用越南的FTA出口到歐盟、俄羅斯等。另外，廠商也從製造業下游開始往上游走，到相關服務產業，尋找新藍海政策。再者，講究專業的園區模式發展，製造業跟服務業的供應鏈有所調整，過去臺商到東南亞投資會希望百分之百獨資，但臺塑在越南給我們上了一課，需適當結合當地優質企業，合資型態可能提供更多機會。政府應針對最新趨勢，參考其他國家做法調整新南向政策，了解其市場投資時，要觀察未來會發生的資訊，仍以工資為考量到這些國家布局，可能錯過很多新商機。此外，東南亞國家如馬來西亞、泰國每年對外投資超過一五〇億，政府在招商對象中並未把這些國家當成重點。呼籲未來如要引進外資，除了解這些國家布局，把他們資金、技術與背後重要人力也當成引進對象。

現任：中華經濟研究院臺灣東南亞國家協會研究中心主任、越南臺灣商會聯合總會顧問、財團法人對外關係協會顧問；研究領域包括國際組織與國際經貿法、區域整合、東南亞研究、性別與經濟議題等

縱觀全球競合環境　振衰除弊　端看投資

許嘉棟

在國內環境不見起色下，更大的麻煩非經濟面因素，包括對立內耗，消耗前進的動能。包括藍綠對抗、統獨爭議、民粹興起、專業退位、所得分配惡化等。

提供誘因促進國內投資

臺灣的經濟問題相當多，這二十年來可說低靡不振。臺灣經濟如何振衰除弊，很多人認為要轉型、升級，這必須看能否提升國內投資，有配套條件，包含人才，資金能充分支持、政府法規應鬆綁、市場應開放、投資環境改善等，這都是大家需要關切。臺灣目前最大困難在於投資，要促進經濟發展，投資是最重要的關鍵。投資有幾個基本理念，經濟學談供需，投資帶動需求也刺激供給，且要靠企業家，但企業家追求利潤，全球化資金無遠弗屆，臺灣國內投資如果要提振，投資環境要提供適當誘因，提高國內投資意願。也需吸引外資。

核心資本淨額低至五％是警訊

據我國國民所得統計，固定投資毛額占GDP的百分比，二〇一〇年是二三・六三％，二〇一七年是二〇・四八％，降了三個百分點，二〇〇〇年還有二六・三二％，更重要是，折舊占國民所得的百分比蠻高。扣掉折舊，固定投資淨額（固定投資毛額－折舊）才是能帶動經濟成長或生產潛力的指標，其占GDP部分，從二〇一〇年的七・二六％降到四・七八％，剩不到五％，經濟成長靠淨額，淨額降到如此，問題很嚴重。

正視政策風險　避免社會內耗

還有問題是，不只國內投資意願低，國內企業對外投資者眾，外國投資來臺是越來越少。對外直接投資的淨額也一樣，我們國際收支呈現赤字。什麼是投資不振的根源，在國內環境不見起色下，更大的麻煩非經濟面因素，包括對立內耗，消耗前進的動能。包括藍綠對抗、統獨爭議、民粹興起、專業退位、所得分配惡化等。

再就是兩岸關係，如果好好利用大陸快速崛起，對臺

▲活動合照，左起為許勝雄董事長、馬凱老師、吳中書董事長、余範英董事長、徐遵慈主任、許嘉棟顧問、蔡練生秘書長與陳國瑋社長講者討論，左起為邱正雄顧問、郭政弘董事長、葉銀華教授、鄭貞茂副主委、梁國源董事長與王伯元董事長。

灣是有力優勢。但很遺憾，雖我們認為加強跟大陸的往來對經濟有利，但有國安問題，經濟跟國安兩方拉鋸，結果便是左支右絀、進退失據。

國內投資與外來投資依舊相當低迷。年金改革又對國內需求產生抑制作用，兩岸關係緊張也讓內需受到傷害，加上美中貿易戰對全球經濟、金融投資有負面影響，中國大陸經濟的下行對臺灣也是風險。現在新南向政策的效果如何，仍保持觀望。

結語

掌握國際趨勢　攜手企業　人資　技術

吳中書

臺灣擁有優秀人力資源、製造業競爭力，與市場靈活度。政策規劃宜因應國際經濟發展趨勢，發揮產業競爭優勢，按步就班落實解決發展瓶頸，營造更有彈性、有效率、有競爭力的金融環境，使更能承受外面干擾及多變國際情勢。最重要的是要停止彼此攻訐，若能團隊合作，定有美好前程。

東協國家經濟值得注意

觀看二〇〇五年與二〇一六年世界經濟結構的轉變，傳統經濟大國G7，如美、日、法等國經濟規模比重逐漸下滑，取而代之的是中國、印度、巴西等開發中國家，其慢慢在世界版圖中占有顯著地位。若趨勢未變，未來新興經濟體的影響力會愈強。例如東協國家的經濟成長，在大量資金注入跟豐沛人口紅利下，成長快速。東協經濟體，除所得較高的新加坡、或是政經情勢較為不穩定的泰國，經濟成長率不到五%外，大多國家經濟成長率在二〇一九年還是在五%以上，這地區經濟成長率若能夠維持擴張，在國際的發言權將會越來越高。

美中矛盾關鍵在於技術競爭

川普對自由貿易協定的簽訂有其個人看法，然WTO整體簽自由貿易協定的數目，雖受制川普政策但未減反增；顯示川普政策稍有壓抑部分國家自由貿易風氣，但國際間對自由貿易協定的簽訂仍有一定意願，尤其是亞洲各國。中國大陸隨經濟實力的增加，在全球政治、軍事，甚至各層面的地位、角色益發重要。大陸為加速技術成長，不斷利用併購或不當要求，要求國外機構技術轉移，對美是大威脅。近期美國貿易代表署對中國提出四項不公平貿易的行為：中國採取行政審查或合資方式迫使美國廠商技術移轉；中國剝削美國企業在談判中設立條款的能力；中方有系統地對美進行投資與併購獲取技術；並稱中國支持侵入美網站竊取商業有價值資訊，這些指控是支撐美國對中國貿易制裁的理由。

中國製造二〇二五是中國發展的重要綱領。然回顧德、英、日等國的發展內容與此差異並不大。但由於中方在技術取得面更為積極，更有資源，對美形成重大威脅。二〇一七年美國國家安全戰略白皮書清楚建議要對中採取更積極、更為防範的行動，此聲浪不會因川普政權變動有所改變。尤其是中國製造二〇二五裡的5G

技術，益發突顯科技發展領頭羊的重要性。歐洲的5G現已不構成氣候，中國是美國最具威脅的國家，美國非常清楚不可讓中國在這方面取代美國領導地位。中國5G技術不只是通訊技術的提升，若發展穩固，在應用面以及與AI、物聯網結合，可帶來龐大商機與政治影響力。基於要對中國大陸的全面性遏止，美中貿易逆差是個好的藉口，但美中貿易逆差非一日之寒，也不是短期間內能夠根除。由此可知美中之間的糾葛非暫時，將會延續一陣子。

臺灣技術與人才是中國的鎖定目標

對臺灣的影響；貿易方面，臺灣出口到中國大部分是中間財，以生產加工為主。中國出口美國屬於資本、技術密集產品的廠商，七成是外資企業，其中臺商所占比重達三、四成，二〇一九年若如期課徵貿易關稅，對臺商衝擊非常大，連帶也會影響臺灣對中國的出口。短期當然也有轉單的部分正面效益，但最令人擔心的是，從各國經濟預測顯示，二〇一九年經濟成長將下行，再加上美中糾葛，將對世界經濟產生更大負面衝擊。於技術與人才面，美國擴大外人投資委員會的審查範圍，對中方很多收購行為加以控管。然而中國不會因美國的制裁減緩技術升級意願，臺灣會是挖角人才的重要對象，盼政府注意留才的重要性。

預計美中貿易糾葛，軍事、政治跟其他經濟折衝應會持續，然而世界各經濟體不只是中國大陸，其他經濟體如東協、非洲、拉丁美洲國家，都值得我們重視。政策上，臺灣對外外交空間不大，FTA因政治考量能簽的不多，但臺商表現傑出，能到世界各地擴展營運，然在此之際應密切注意國際經濟發展及趨勢的轉變，國際布局所面臨的不確定性高，要研究每個國家所可能產生風險對自身產業的影響。政府更應積極的促成國內法律規章及管理制度與國際接軌。

解決內部結構性問題　為長期打算

臺灣長期著重於解決短期問題，導致結構性問題越發沉重。目前臺灣經濟成長動能不足，內需不暢旺，長期注重OEM、ODM製造業發展模式，使多數產業利潤低，薪資成長率亦低。又，房價已高、租金低，服務業發展緩慢，銀行過剩資金，利率水準雖低，但國內投資不興旺。長期低迷且平躺的收益曲線，政府部門如何健全資本市場功能、推動金融商品評價、風險分級、健全社保與年金財務規劃？在低迷的長短期利率，狹窄的存放款利差，更應正視資本市場功能、關注壽險業與銀行業的長期可能風險。長期高儲蓄，接近零的實質利率，促成房地產價格節節高升，及財富分配不均加深，社會正在付出代價。上述結構性問題，政府應擬訂整體的發展策略，循序漸進地進行結構調整。就投資面而言，面臨美中貿易糾葛，臺灣企業短期會以在不同國家生產布局或會計上的原產地認列方式因應。但對中小企業而言，短期能夠調整的空間有限。若在中長期，貿易保護主義仍持續發酵，產業鏈可能會出現大幅度變動，如何因應亞洲、歐洲、美洲各供應鏈的可能變化，則是臺商必須未雨綢繆之處。

臺灣擁有優秀人力資源、製造業競爭力，與市場靈活度。政策規劃宜因應國際經濟發展趨勢，發揮產業競爭優勢，按步就班落實解決發展瓶頸，營造更有彈性、有效率、有競爭力的金融環境，使更能承受外面干擾及多變國際情勢。最重要的是要停止彼此攻訐，若能團結合作，定有美好前程。

現任：金融研訓院董事長、中央研究院經濟研究所兼任研究員、國立臺灣大學經濟學系兼任教授。
曾任：中華經濟研究院院長、臺灣經濟學會理事長、總統府財經諮詢小組委員；專長為貨幣經濟、國際金融、經濟預測。

策劃、整理：黃雅慧

後記

黃雅慧

臺灣的年輕人如我有探索世界的渴望，處於觀察中常感徬徨，認識世界缺乏方向。在網路資訊通達與氾濫的時代，快速瀏覽、無限制地搜索資訊，然判斷力與知識性的精進卻待商榷。在基金會的日子裡，長年與產官學界的先進與老師們，就治理的經驗與專業，為認識、理解世界變動，務實思考臺灣處境，為國家前途與世代綢繆，提煉有內容、有價值的社會貢獻。追隨的過程中不捨何志欽校長與胡勝正院士的離開，那些辛勤的背影、不止息的探索，每位老師的付出，將永遠難忘。

前輩播下的種籽與遺留的課題，需待年輕一輩持續努力、思考與面對。

在王克敬主任、郭威瑤兄長後加入一段摸索、成長的過程，今天有幸將這段期間老師們研討、對話作整理是榮幸，深致感謝。

在時代洪流中，感恩臺灣擁有這些先進們的指引。

在時代洪流中，很感恩臺灣擁有這些老師與先進們的引導。

附表：國內外大事紀與座談日誌

<table>
<tr><th>時間</th><th>舉辦座談</th><th>國內外大事件</th></tr>
<tr><td>2014.12.20</td><td>承擔與試煉</td><td>國內：
2014年3-4月間因兩岸服貿議題，臺灣青年開始占領立院、攻陷政院進行為期約23天的太陽花運動；
2014年8月，高雄發生氣爆；
2014年11月，臺灣舉行地方公職人員選舉，執政黨國民黨大敗。
國外：
2014年1月，中共全面深化改革小組召開第一次會議，此為中共對黨與國家各層面領導改革揭幕；
2014年9月-12月香港大學副教授發起和平占中，後演變為為期約79天的雨傘革命。
2014年12月，中共出資成立「絲路基金」，向一帶一路沿線國家提供基建等項目的融資。</td></tr>
<tr><td>2015.4.14</td><td>全球化下發展與分配的省思與挑戰</td><td rowspan="2">國內：
2015年6月，新北市八仙樂園發生粉塵氣爆意外，造成多人傷亡，為大型公安事件；
2015年7月，青年發起反課綱運動；2015年11月，兩岸領導人馬英九與習近平於新加坡進行歷史性會晤，目標為鞏固臺海和平。
國外：
2015年2月，中共一帶一路工作推進小組正式成立。</td></tr>
<tr><td>2015.4.18</td><td>分配正義新詮釋下的發展與規劃</td></tr>
</table>

時間	舉辦座談	國內外大事件
		2015年5月，英國大選保守黨成功連任； 2015年11月，法國巴黎發生恐怖攻擊；美國FED自九年半來首次加息0.25厘。
2016年		**國內：** 2016年1月，總統與立委大選，民進黨蔡英文得票率56%當選總統，民進黨亦取得立院多數，實現全面執政；2016年2月，臺南大地震造成嚴重傷亡； 2016年5月，總統蔡英文就職； 2016年7月，第一銀行盜領案，為首起國外遠端植入病毒盜領，金融資安問題得到關注； 2016年9月，行政院推動亞洲矽谷方案； 2016年12月，臺美領導人蔡英文與川普首次越洋熱線。 **國外：** 2016年1月，北韓宣告成功試爆氫彈，引發多國反應；中國亞洲基礎設施投資銀行正式開業； 2016年6月，英國脫歐全民公投，51%公民支持英國脫離歐盟； 2016年7月，土耳其軍事政變；南海仲裁庭支持菲律賓，南海爭議再起； 2016年9月，G20在杭州舉行，為中國首次舉辦全球級領導峰會，中國勢力在峰會中受到矚目； 2016年10月，國際貨幣基金組織（IMF）宣布人民幣入特別提款權（SDR）一籃子貨幣； 2016年11月，美國總統大選，共和黨候選人川普當選； 2016年12月，南韓總統樸瑾惠遭彈劾下臺；美國FED再度升息一碼。

時間	舉辦座談	國內外大事件
2017.5.9	經濟全球化的前景與困境	**國內：** ２０１７年３月，國造潛艇計畫啟動；行政院公布前瞻基礎建設計畫，分軌道、綠能、水環境、城鄉及數位等五大項目； ２０１７年６月，巴拿馬與我國斷交；
2017.9.2	數位建設翻轉臺灣	**國外：** ２０１７年１月，美國總統川普就職，簽署多項行政命令，包括停止接收難民，退出ＴＰＰ等； ２０１７年４月，中美領導人習近平與川普首度會晤； ２０１７年５月，法國總統馬克宏以66％得票率當選；大韓民國總統選舉，由文在寅當選； ２０１７年７月，日本與歐洲簽定歐日經濟夥伴協議（ＥＰＡ）； ２０１７年11月，川普提出印度太平洋戰略（印太戰略）
2017.11.27-28	金融科技前瞻高峰會	
2018.1.18	國際金融動盪臺灣的深思與因應	**國內：** ２０１８年１月，臺大校長遴選爭議，至12月教育部同意管中閔出任臺大校長，「卡管案」告一段落； ２０１８年５月，多明尼加與我國斷交； ２０１８年10月，臺鐵普悠瑪發生翻覆意外； ２０１８年11月，地方公職人員選舉，民進黨只在六縣市勝出； ２０１８年12月，教育部同意管中閔出任臺大校長；
2018.9.19	從全球貿易戰看國際政經變化	

時間	舉辦座談	國內外大事件
2018.10.22	臺灣挑戰與布局—產業轉型、投資與資本市場	**國外：** 2018年3月，中共十三全召開；俄羅斯總統選舉，普京連任；美國總統川普簽署備忘錄，啟動301條款，對中國商品課徵關稅，為中美貿易戰濫觴； 2018年4月，南北韓總統文在寅與金正恩在板門店進行南北首腦會談； 2018年5月，川普宣布退出伊朗核協議； 2018年6月，美朝首領川普與金正恩於新加坡進行歷史性會面； 2018年11月，美國期中選舉，民主黨重掌眾議院，共和黨守住參議院；法國民眾不滿漲燃料稅，發起黃背心運動
2019.2.12	《共贏：中美貿易戰及未來經濟關係》座談——貿易戰的未來—剖析貿易戰政經變化	**國內：** 2019年2月，華航機師罷工。 **國外：** 2019年1月，中共中央總書記習近平發表《告臺灣同胞書》發布40週年紀念講話。提出具體一國兩制目標；美國對華為涉嫌從美企竊取商業機密行為進行調查；劉鶴率中國代表團至美國首都華盛頓進行協商。 2019年2月，美國貿易代表萊特希澤、財政部長梅努欽抵達北京展開中美經貿高級別磋商。

余紀忠文教基金會叢書59

承擔與試煉：觀察、追蹤變動世界

策畫委員：余範英、薛琦、許嘉棟、陳添枝、王健壯
執行編輯：黃雅慧、王克敬、郭威瑤
攝　　影：陳信翰
封面設計：Lun
排　　版：林鳳鳳
出 版 者：財團法人余紀忠文教基金會
地　　址：臺北市大理街一三二號
專　　線：〇二二三〇六五二九七
初版一刷：二〇一九年三月二十八日
定　　價：新臺幣三五〇元